국가 · 주권

한국개념사총서 |2|

국가·주권

박상섭 지음

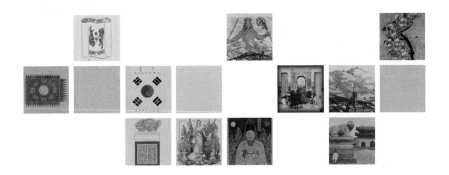

小花

한국개념사총서 ❷
국가 · 주권

초판 3쇄 발행 / 2017년 6월 30일

지은이 / 박상섭

펴낸이 / 고화숙
펴낸곳 / 도서출판 소화
등록 / 제13-412호
주소 / 서울시 영등포구 영등포동 7가 94-97
전화 / 2677-5890
팩스 / 2636-6393
홈페이지 / www.sowha.com

값 16,000원

ISBN 978-89-8410-345-0 94300
ISBN 978-89-8410-337-5(세트)

19세기 중엽부터 우리 사회에 격랑을 몰고 온 인문·사회과학의 개념들에 관하여 혼돈 상태가 아직도 계속되고 있습니다. 몇 가지 예를 들어 봅니다. 민족과 민족주의, 근대국가와 주권, 자주와 독립 같은 핵심 개념들조차 비학문적으로 사용하고 있습니다. 이탈리아에서 19세기 통일 운동 이전의 민족과, 부활리소르지멘토을 지향하는 민족주의운동의 원동력이 된 민족은 서로 구별됩니다. 근대국가는 서유럽에서 등장한 독특한 정치사회의 한 형식이며, 이 형식을 지탱하는 것이 주권 개념입니다. 주권은 서양의 중세사회나 동양의 사대 질서에서 보는 통치권과는 다른 차원의 개념입니다. 자주와 정교금령은 사대 질서의 개념이며, 독립과 내치 외교는 서양 공법 질서의 개념입니다. 이런 역사적 개념을 서로 구별하지 않는 것은 반反역사적은 아닐지라도 비非역사적입니다.

인문·사회과학의 개념은 정태적인 것이 아니라 정치·사회운동을 함축하고 있는 역동적인 성격을 지니고 있어서 개념사 연구는 정치·사회제도의 분석을 전제로 합니다. 그리고 개념들은 장소topos와 시간tempo에 따라 그 성격이 다르기 마련입니다. 그런데 이 지적 작업을 수행하는 데 세계 정치의 중심 지역 학자들보다 훨씬 어려운 위치에 놓여 있다는 것이 우리 한국 학계의 고민입니다.

우리는 외국 학자들처럼 개념의 공시적이고 통시적인 분석, 의미론이나 명의론에 안주할 수 없습니다. 우리는 여러 장소의 개념들의 충돌을 연구해야만 합니다. 더욱이 우리의 한반도는 독특한 역사적 성격을 지닌 장소입니다. 유럽 열강의 세계 팽창 대상 지역 중에서도 오지奧地에 속하는 곳입니다. 오지의 특징은 외래 개념에 대한 저항과 오해가 그 어느 지역보다 강렬하다는 데에 있습니다. 저항이 강하다는 것은 이미 지켜 온 개념들에 대한 집착이 강하다는 것을 의미합니다. 이른바 가정假晶·pseudo-morphosis의 현상이 두드러진 곳입니다. 가정은 광물이 그 내부 구조에 따른 본래의 결정형과는 다른 결정형을 나타내는 현상을 지칭하는 광물학의 용어입니다. 다른 장소의 개념이 전파되는 경우, 본래의 의미가 왜곡되는 사회 현상을 은유적으로 표현하기 위해 슈펭글러O. Spengler가 광물학에서 차용한 낱말입니다. 이런 점에서 한반도는 중국이나 일본과도 판이한 역사적 경험을 지니게 되었습니다. 오지라는 장소의 특징은 시간의 역사적 성격에도 반영됩니다. 세계 정치 중심 지역의 개념들이 뒤늦게 전파되는 특징을 지니고 있습니다. 오지와 세계사의 접목은 세계사 흐름의 최후 단계에 이루어져서 오지의 세계화는 난항을 겪게 됩니다.

그런데 한반도의 장소적인 특징은 여기에 머물지 않습니다. 같은 동북아 질서에 속하였던 중국과 일본의 변모로 동북아 삼국 사이에도 개념의 갈등이 야기됩니다. 교린 질서 안에 살고 있던 한국과 일본은 1868년부터 개념의 충돌이 시작되어 1876년까지 8년의 위기를 맞습니다. 이 위기를 거치면서 일본은 개념의 세계화 노력에 박차를 가하고 이런 개념에 의한 담론을 세계에 전파합니다.

같은 사대 질서에 살고 있던 중국이 1880년을 전후하여 사대 질서의 변형을 주장해 한국은 중국과 충돌하고 그리고 고민합니다. 유길준의 '양절체제兩截體制'라는 천재적인 직관은 사대 질서의 개념들을 서양 공법 질서의 개념으로 전환시키려는 중국에 대한 우리의 처절한 저항입니다.

이런 역사적 특징을 지닌 한반도라는 장소에서 인문·사회과학의 근대적인 기본 개념 형성에 중요한 시기tempo는 1850년에서 1950년에 이르는 1백 년이라고 생각합니다. 이질 문명권과 만나 충돌하면서 동시에 동북아 삼국 사이에 개념의 마찰이 병행하는 시기입니다. 이 시기의 개념들은 크게 세 부류로 나눌 수 있습니다.

첫째, 19세기 중엽 이전 우리에게는 알려지지 않았던 새로운 사회현상들의 전파 양상을 가리키는 개념들이 있습니다. 이런 생소한 유럽 학문 체계상의 개념들에 대한 오해는 아직도 존재하고 있습니다.

둘째, 19세기 이전에 사용되었던 개념 가운데 그 본래의 내용이 굴절되어 새로운 현상을 지칭하게 된 개념들이 있습니다. 본래의 의미와 굴절된 내용이 혼재하게 됩니다.

셋째, 19세기 중엽을 전후하여 사라진 개념들이 있습니다. 통용의 중단이 일시적인 것도 있고 다시 부활하는 경우도 있습니다. 어떤 경우이건 스스로 일어난 것이 아니라 그 배경에는 사회적인 격동이 있습니다.

이런 개념사 연구를 우리는 어떤 시각에서 어떻게 서술해야 합니까?

시간의 문제에 대해서는 공시적이고 통시적인 분석을, 그리고 장소의 문제에 관해서는 비교문명권의 입장에 입각해야 한다고 생각합니다. 우리는 이런 방법론에 따라 다음과 같은 순서로 주요 개념들을 서술할 것입니다.

먼저 동서양의 어원을 고찰합니다. 어원은 통시적 분석의 출발점입니다. 개념이 19세기 이전에도 동양 세계에서 통용된 경우에는 그 동양적인 의미와 19세기 이후의 변천 과정을 추적합니다. 그리고 19세기 중엽 새로 동양에 전파된 서양의 개념인 경우에는 서양 세계에서 통용된 의미와 동양에 전파되는 과정을 추적합니다.

그러나 서술의 중심은 한반도라는 장소에서 일어난 개념들의 해석, 번역, 굴절, 선택, 그리고 오해를 포함한 모든 충돌 현상에 관한 분석입니다. 그리고 1950년 이후 이 개념들이 한국 학계에 정착되는 데에 따르는 오늘날의 문제점들을 제시합니다. 정착 문제는 우리 학계의 수준을 폭로하는 일입니다.

이렇게 볼 때 개념사 연구는 인문 · 사회과학의 모든 분야에 걸친 연구입니다. 이른바 '전체의 역사 l'histoire totale'를 시도하는 지적 작업입니다. 이런 학술 사업을 진행하기에는 우리 학계의 수준이 아직 일천하다고 걱정하는 소리도 있습니다. 그리고 개념사 연구 자체에 관한 회의와 냉소도 있습니다. 그러나 한국이라는 장소 topos 의 인문 · 사회과학 기본 개념에 관한 연구는 단지 학문상의 문제만이 아닙니다. 이 연구는 우리의 생존에 관한 현실적인 문제이기도 합니다. 개념의 정확한 인식에 의한 학술적인 담론의 세계화는 21세기에 우리가 한반도에서 한국적인 삶을 영위하기 위한 전제 조건입니다. 담론의 세계화를 이룩하지 못한 것이 1910년의 불행을 자초한 한 원인이기 때문입니다.

2008년 8월
한림대학교 한림과학원
한국개념사총서 편집위원회위원장　김용구

  필자가 '국가 · 주권' 항목의 집필 제의에 응한 것은 그 작업을 잘
할 수 있을 것이라는 자신감 때문은 전혀 아니었다. 한림대학교의
한림과학원이 기획하고 있는 「한국개념사총서」 발간 작업의 중요
성에 공감하였기 때문이다. 과연 이 작업을 필자가 해낼 수 있을까
하는 의구심 때문에 주저하기도 했다. 그러나 누가 하더라도 첫 작
업의 불완전성 때문에 비롯될 비판을 면할 수 없을 것이고, 또한 그
러한 비판이야말로 학계의 수준을 높여 나갈 수 있는 불가결한 계기
가 될 것이라는 믿음 때문에 감히 작업을 하기로 하였다. 그러나 집
필을 해나가는 동안에 역시 혼자의 힘으로 감당하기 어렵다는 점과
필자의 제한된 능력을 뼈저리게 느끼지 않을 수 없었다. 더 좋은 작
업 결과가 나오기 위해서는 한참 더 많은 공부가 필요할 것이라는
생각 때문에 불완전한 그대로 감히 출판하기로 하였다.
  「한국개념사총서」의 원래 작업 의도는 한국 근대사에 초점을 맞
추는 것이었다. 그러나 국가의 문제에 관한 한 동서양의 개념이 섞여
있고, 또한 서양적 개념의 흐름에 대해서 만족스럽게 정리된 것이 없
는 것처럼 여겨져서 서양 쪽에 상당한 비중을 두고 집필하였다. 물론
이 점은 필자의 전공과 무관하지는 않겠지만, 우리의 의식 속에 깊이

들어와 있는 서양의 조류를 정확히 파악하는 것이 나름대로 선결되어야 할 중요한 작업이라는 생각 또한 적지 않게 작용하였다.

이 작업을 수행하는 동안에 여러분으로부터 직간접의 도움을 받았다. 일일이 모두 기재하는 것이 무의미한 일처럼 여겨지기 때문에 직접적인 도움을 준 몇 분만 적고자 한다. 우선 한림과학원의 김용구 원장님은 필자의 은사이기도 하지만 무엇보다도 이러한 방대한 작업의 중심 기획자로서 필자가 느끼는 고마움은 이루 다 말할 수 없다. 다만 첫 번째로 언급함으로써 필자가 갖는 깊은 고마움의 뜻을 간접적이나마 전하고 싶다. 한편 이 총서 '헌법' 항목을 집필하는 동아대학교의 김효전 교수는 그동안 한말의 정치학 및 법학 관련 저술에 대한 기초 연구를 해놓으셨고, 또한 필자에게 귀중한 자료들을 사용할 수 있도록 많은 도움을 주셨다. 이 자리를 빌려 다시 감사의 뜻을 전하고 싶다. 한림과학원의 이경구 박사 또한 여러 가지 어려운 실무 작업 때문에 많은 노고를 아끼지 않았다. 이 점을 잊지 않고 있음을 말해 두고 싶다.

한편 이화여자대학교의 남궁곤 박사, 중앙대학교의 박성우 박사 및 서강대학교의 이근욱 박사는 바쁜 중에서도 필자를 위해 문헌 자료를 구해 주는 수고를 아끼지 않았다. 그리고 필자가 재직하는 서울대학교 외교학과에서 박사과정을 이수하고 있는 설인효 석사와 이경미 석사 또한 필자에게 많은 도움을 주었다. 이들에게도 다시 한 번 고마움의 뜻을 전하고 싶다.

2008년 12월 지리산 기슭 우거에서
박상섭

차례

한국개념사총서 발간사 · 5
저자의 말 · 10

서론 | 국가 개념의 다의성과 연구의 의의 · 15

Part 1 **국가**
     1. 서양에서 국가 개념의 변화
        Status · Stato의 기원 · 27 | 국가이성 · 43 | 근대적 국가 개념의
        성장 · 54 | 독일에서의 국가 개념의 형성과 발전 · 70
     2. 한자문명권에서 국가의 개념
        중국에서의 국가 개념 · 90 | 일본에서의 국가 개념 · 99
     3. 한국사 전통에서 국가의 개념
        고구려 · 고려(『삼국사기』−『삼국유사』) · 103 | 조선조의 기록물 · 108 |
        새로운 국가 개념의 시작 · 123 | 취약한 국가 전통과 국가지상주의의
        위험 · 177

Part 2 **주권**

    4. 근대 유럽사에서 주권 개념의 형성 과정

        서양 주권이론의 전사(前史) · 189 | 근대적 주권 개념을 위한 준비 ·
        195 | 근대 주권이론의 탄생—보댕과 홉스 · 202 | 대외적 주권 ·
        207 | 근대 국제정치질서에서 최고 규범으로서의 주권 · 219

    5. 주권 개념의 조선 전래

        주권 개념 전래의 의미 · 226 | 김윤식과 양편론 · 양득론 · 230 | 유길
        준과 양절체제 · 234 | 유길준 이후 · 238 | 주권 현실의 부재와 주권 개
        념 확립의 지연 · 242

결론 · 245

참고문헌 · 254
찾아보기 · 265

| 일러두기 |

1. 외래어 인명 및 지명은 한글맞춤법 통일안의 외래어 표기법을 따랐으며, 관행적으로 굳어진 것은 그 용례를 따랐다.
2. Part 1에 사용한 이미지는 '왕실의 책봉 문서인 조선의 교명'임을 밝혀둔다.
3. Part 2에 사용한 이미지는 '대한제국 국새(출전: 규장각 『의궤집』)'임을 밝혀둔다.

국가 개념의 다의성과 연구의 의의

선사시대를 포함하는 인류사 전체를 놓고 본다면 인간이 국가the
state라는 이름으로 불리는[1] 제도화된 조직적 지배질서 속에서 산 시

---

1 실제 여기에서 언급된 '국가'라는 개념은 정치인류학에서 사용되는 'the state'를 지칭하는 것이
   다. 이러한 국가의 개념은, 보다 일반적으로 사용되는 포괄적 정치공동체를 지칭하는 개념으로
   서 '나라'의 개념에 비해 협소한 것이다. 모든 학자가 전부 동의하는 것은 아니지만, 일반적으로
   가장 널리 이해되는 정치인류학적 국가 개념의 예로서 엘먼 서비스의 정의를 소개한다. 서비스
   는 모든 정치조직의 기초는 억압적 물리력이라고 말하면서 국가에 대해서는 제도화되고, 법으
   로 제정되고, 공식적인 폭력 사용 조직이기 때문에 국가는 폭력을 사용하고, 폭력의 사용을 위
   협하며, 또한 폭력의 사용을 암묵적으로 의미하는 조직이라고 말한다. Service, Elman R.(1975),
   Origins of the State and Civilization, New York : Norton, p.10, p.14. 이러한 서비스의 국가
   개념은 막스 베버의 정치사회학적 정의에서 그 고전적 모습을 찾을 수 있을 것이다. Weber,
   Max(1968), *Economy and Society*, G. Roth and C. Wittich(eds.), New York : Bedminster,
   pp.54~56. 이러한 정의는 그후 많은 학자에 의해 반복되는데, 현대 사회학에서는 앤서니 기든

기는 그렇지 않았던 시기에 비해 짧다. 그러나 주어진 정치적 지배의 현상이, 문자 또는 그와 유사한 기록 수단을 바탕으로 부동의 존재론적 지위를 획득하거나 정당화된 것은 국가 생활이 시작된 이후의 사태로 여겨진다. 달리 말한다면, 국가 생활은 안정된 지배질서의 구체적인 표현이라고 할 수 있을 것이다. 따라서 정치문제와 관련된 일반적인 관념이나 토론이 대부분 국가 생활을 전제로 하고, 또한 그것을 중심으로 이루어지는 것은 자연스러운 일이거나 아니면 피할 수 없는 일처럼 보인다. 국가의 존재가 없을 가능성은, 말하자면 정치인류학 같은 특수한 학문에서만 취급하는 특수한 현상으로 취급되는 것이 현실이다. 굳이 이러한 점을 지적하는 이유는 국가의 현상이 인류사의 특정 단계에 국한되는 현실임에도 불구하고 '국가'라는 개념이 일반적 정치 관념의 기초가 되고 있고, 모든 정치적 담론의 출발점 또는 중심점이 되고 있다는 사실을 강조하고자 하기 때문이다.

이러한 '사실'에도 나름대로의 함정이 없지 않다. 우리는 많은 경우 국가의 개념을 마치 자명한 것처럼 여긴다. 그러나 조금만 더 깊이 고찰할 경우 국가의 개념이 모든 정치적 담론의 중심을 이루거나 전제가 된다는 사실을 제외하고 나면 동의되는 점이 생각보다 의외로 적다. 대단히 이론異論의 여지가 많은 개념이다.

현실적으로 나타나는 정치적 담론들은 대부분 특정 시기의 특정 사회 속에서 공통적으로 느껴지는 문제를 두고 서로 양해되는 언어

스의 논의에서 전형적인 모습을 띠고 나타난다. Giddens, Anthony(1985), *The Nation-State and Violence*, Berkeley : University of California Press.

개념을 통해 진행되기 때문에 일정 기간, 일정 지역 안에서 담론의 진행에는 별다른 큰 어려움이 따르지 않는다.

그러나 문명권을 넘어서서, 그리고 시간적으로도 수백 년 또는 그 이상 되는 시간을 뛰어넘어서 각자가 사용하는 개념들을 그대로 사용하면서 진행되는 (어떤 가상적인) 정치담론을 시도할 경우 곧바로 엄청난 오해와 혼돈에 봉착할 것이다. 서로 다른 시기와 지역에서 국가라는 동일한 용어가 사용되는 경우라도 국가에 대한 이해 또는 관념은 서로 다른 문화적 또는 역사적 환경에 따라 엄청나게 다른 내용을 지시하게 됨으로써 토론의 접합점을 찾기란 대단히 어려울 것이기 때문이다. 이러한 사실을 의식하지 못한 채 토론을 지속하게 된다면 의미 있는 대화는 기대하기 어렵고, 다만 혼란만이 지속될 것이다.

일반적으로 국가의 개념은 제도화된 지배 · 복종관계를 지칭하는 추상화된 개념으로 제시되고, 이것을 통해 경제적인 담론을 가능하게 하지만, 실상 시대와 지역에 따라 서로 다른 모습을 하고 나타나게 될 현실을 의식하지 못한 채 그러한 국가의 개념을 일반화된 정치적 분석 작업에 필요한 엄밀한 도구로서 삼으려고 할 경우 상당한 혼란이 야기된다. 따라서 그러한 다의성多義性은 모호성으로 나타나게 된다. 바로 이러한 뜻에서 국가의 개념을 과학적으로는 무용한 것으로 치부하면서 정치학에서 추방해야 한다는 주장도 야기되었다.[2]

---

2 이러한 주장의 대표적인 예를 들자면 데이비드 이스턴을 말할 수 있을 것이다. Easton, David (1953), *The Political System*, New York : Alfred Knopf. 이스턴이 국가 개념의 추방을 주장한

이렇게 국가의 개념은 그것이 경험되는 시간과 장소에 따라 다의적일 수밖에 없으며, 따라서 모호하게 느껴질 수밖에 없기 때문에 어떤 정치현실의 엄밀한 분석을 위한 도구로서는 그리 유용한 것이 될 수 없을 것이다. 그러나 바로 그러한 모호성 또는 다의성 때문에 국가의 개념은 더욱 유용하게 사용될 수 있다. 특정 시기, 특정 장소에서 사용되는 국가의 개념 속에 포함된 다양한 내용을 파헤쳐 보이고, 시기와 장소의 이동에 따라 달리 나타나는 개념 내용을 비교함으로써 우리는 시기와 장소에 따라 정치의 관념이 변하는 모습을 찾아낼 수 있다. 나아가 그러한 관념을 낳게 한 정치현실의 모습을 유추해 나갈 수 있다.[3]

정치학자들에 의해 불신의 대상이 된 국가 개념에 대한 새로운 관점에서의 활용은, 주어진 개념을 분석도구로서가 아니라 분석의 대상·자료로서 취급하는 역사학자들에 의해 자연스럽게 이루어졌는데, 독일에서의 개념사 연구그룹과 영국에서의 '케임브리지 학파'

첫 번째 학자는 아니지만, 아마도 국가의 개념을 애써 피하고자 했던 그 이후의 상황에 가장 강력한 영향을 미쳤던 학자로 언급될 수 있을 것이다. 그후 20~30년간 특히 영미 학계에서는 국가에 관한 논의를 애써 회피 또는 망각하려는 노력이 지속되었다. 이러한 상황은 정치학에서의 행태주의 및 사회학에서의 기능주의의 융성과 함께 이루어졌던 것으로 보이는데, 이러한 점에 대한 강력한 비판과 국가 개념의 유용성에 관한 강조는 Nettl, J. Peter(1968), "The State as a Conceptual Variable," *World Politics*, 20-4, pp.559~592 참조.

3 케네스 다이슨은 바로 이러한 점에 착안하여 서로 다른 정치 발전의 길을 걸어 온 영국, 프랑스 및 독일에서 나타난 국가와 관련한 담론들을 비교·분석하고, 이것을 서로 달리 나타난 정치 발전의 경로와 연결시켜 논의한다. 이러한 작업을 바탕으로 국가의 개념의 사회과학적 유용성을 확립시키고자 한다. 이러한 작업은 결국 다양한 국가 관념이 다양한 역사적 전통의 결과로 이해되고 있기 때문에 그러한 다양성은 개념적 모호성의 원인이 아니라 정반대로 문화의 풍요로움의 원천으로 다루어지고 있다. Dyson, Kenneth(1980), *The State Tradition in Western Europe : A Study of an Idea and Institution*, New York : Oxford University Press.

정치사상사 학자들을 그 대표적 예로서 지적할 수 있을 것이다.[4] 지역과 시간에 따라 다른 의미로 사용되던 국가 개념의 내용을 추적함으로써 그러한 다양한 의미를 만들어 낸 정치현실의 차이를 찾아내고 이해하려는 작업은 기존의 정치사상사 작업들에서는 거의 다루어지지 않던 새로운 작업 과제로서 등장하게 되었다. 이러한 차이의 구체적 내용과 그러한 차이를 만들어 낸 정치사회학적 뿌리를 찾아냄으로써 정치사상사의 작업은 단순히 이데올로기나 관념의 역사가 아니라 그러한 특정 이데올로기나 관념 속에 투영되어 있는 현실의 역사를 이해하기 위한 또 다른 길로 제시되었다.

우리가 국가 개념의 변화 과정을 공부하는 궁극적인 목적은 우리의 정치현실에 대한 이해에 있다. 표면적으로 볼 때 현재 우리의 정치체제는 서양에서 도입된 근대 국민국가the modern nation-state이고, 구체적인 권력구조는 자유민주주의체제를 따르는 것으로 이해된다. 그러나 실제의 행동이나 그 행동을 규정하는 정치의식 또는 정치문화는 전통적인 색채를 완전히 탈각한 것은 아니다. 따라서 현실정치의 진정한 모습을 알기 위해서는 도입된 정치제도와 상호작용함으로써 그 도입된 제도가 원래의 생산지에서와는 다른 방식으로 작동하게끔 만든 전통적 정치문화의 실상을 이해할 필요가 있다. 우리가 압도적으로 서양식 제도를 채택하고 있는 정치현실 속에서도 우리의 전통 정치사상을 공부하는 것은 그것이 단순히 우리의 것이기 때

---

4 이 두 계통의 '학파'와 그 작업에 대한 비교 및 '협동' 가능성에 대한 자세한 소개로는 Richter, Melvin(1995), *The History of Political and Social Concepts : A Critical Introduction*, New York : Oxford University Press 참조.

문이라는 소박한 민족주의에서 비롯한 것도 아니고, 우리의 것이 다른 외국의 제도에 비해 올바르거나 우월한 제도이기 때문인 것도 아니다. 그것은 전통의 문화가 알게 모르게 현실의 일부를 구성한다는 의미에서 오늘의 현실을 제대로 이해하기 위해 필수적으로 수행해야 하는 작업이기 때문이다.

현재 우리가 경험하는 대내외적 정치문제는 1차적으로는 세계적 수준에서 조직되고 있는 권력구조의 틀, 즉 근대국가체제the modern state system의 틀을 기초로 규정된다. 이 때문에 우리의 의지 여부와 무관하게 국가 개념의 상당 부분이 서양적 개념에 의해 지배되는 것은 거부할 수 없는 현실이다. 따라서 현재 우리가 갖고 있는 국가 개념 형성의 역사를 알기 위해서도 서양적 국가 개념의 역사적 뿌리를 알아야만 하는 것이다.

근대국가체제는 16세기 유럽에서 출현한 배타적 영토 관념을 기반으로 만들어진 독특한 정치권력조직의 방식이었다. 그 체제는 단순히 국가의 내부 체제만을 지칭하는 것이 아니라 군사조직으로서의 내부 체제와 관련하여 주변국들과 긴장된 경쟁관계를 수반함으로써 출현하게 된 독특한 국제관계 체제를 의미하는 것이기도 했다. 근대국가체제라고 불리는 이러한 독특한 권력조직의 방식은, 서양의 경우 16세기 이후 모든 측면에서 삶의 구체적 모습을 규정지었다. 이러한 삶의 방식의 변화에 따라 당연히 국가에 관한 사회적 관념은 큰 변화를 겪고 새롭게 규정되었다. 개념사 연구작업에서 국가에 관한 논의는 바로 이 문제를 다루고 있다. 따라서 우리는 국가 개념의 변화와 동시에 그러한 변화에 따라 다른 이름들이 부여된 역사를 추적하면서 서유럽 사회 전체의 구조적 변동 및 확산 과정의 중심적 부분을 이해할 수 있는 것이다.

앞에서 잠시 지적했듯이 우리의 국가 개념은 적지 않은 부분에서 전통적 개념의 영향하에 있다. 현재 우리가 사용하는 국가의 용어가 서양어인 the state의 번역어인 경우가 많지만, 이 국가라는 말 자체는 서양어인 the state가 소개되기 훨씬 전부터 우리가 사용하던 말이었다. 따라서 한국사 전통에서의 국가 개념을 연구하기 위해서는 이 부분도 중요하게 고려되지 않으면 안 될 것이다. 서양 이론의 틀 속에서 국가의 문제를 논의하지만, 어느 정도 서양적 국가 개념을 받아들이고 있는지는 확실하지 않다. 또한 서양적 개념이라고 해도 근대적 개념과 전통적 개념에는 편차가 존재하는데, 어느 쪽에 더 기울어져 있는지도 불확실하다. 아니면 논의의 틀만 서양 이론을 사용하면서 실제로는 한국사의 또는 동아시아의 전통적 국가의 개념을 그대로 사용하고 있는지의 여부도 불확실하다.

왜 이러한 문제에 관심을 가져야 하는가? 개항 이후, 그리고 보다 더 직접적으로는 광복 이후 축약된 근대화 과정을 겪으면서 새로운 제도와 전통적 사고 관습의 다른 변화 속도 때문에 여러 가지 착종과 혼돈을 겪어 왔고, 아직도 그 혼돈 상태를 완전히 벗어나지 못하고 있다. 이 상태를 빨리 극복하고 안정된 삶의 조건을 마련하기 위해서는 우리가 겪는 여러 가지 문제의 성격과 우리의 역사적 입지를 정확히 파악할 필요가 있다. 이러한 필요를 충족시키기 위해 우리가 일상적으로 큰 의문 없이 채택하고 있는 정치·사회제도와, 일상적 사고·행동의 기저에 있는 사회와 정치를 보는 기본 관념 사이의 정합관계를 알아야 한다.

예컨대 우리가 서양에서 도입해 채택하고 있는 각종 제도, 즉 시장경제, 정당민주주의, 그리고 이와 관련되는 다른 다양한 정치·사회·경제제도들은 서양에서 비롯한 것들로서 서양에서 발전된 개인주의, 계약사상, 시민권 의식, 정치권력의 견제 필요성 등 다양한 기초적 정치·사회사상에 바탕을 두고 있다. 그런데 이러한 기초적 태도 면에서는 가족중심주의, 가부장주의, 온정주의 등의 전통적 유교식 관념이 많이 남아 있기 때문에 표면적인 제도 등이 제대로 기능하지 않고, 대신 여러 가지 부작용만 생산되는 경우가 많다. 물론 사회 전반적으로 조속한 서양화가 필요하다는 점을 말하는 것은 아니다. 다만 표면적인 제도 등이 제대로 작동하기 위해서는 그 제도를 떠받치는 정치·사회의 기초와 관련된 일정한 태도나 가치의식(예컨대 근대적 기율, 개인의 권리와 의무에 관한 명확한 의식)이 마련되어야 한다는 점을 말하고자 하는 것이다. 즉 원활하고 안정된 사회의 기능을 위해서는 제도와 기초태도, 두 영역 사이의 정합이 필요하다는 것이다. 어떤 제도의 수립이 외부의 영향을 거의 받지 않고 자체의 필요에 따라 만들어질 경우 이러한 점은 큰 문제가 될 수 없다.

그러나 우리와 같이 많은 정치·사회제도가 외부로부터 전래되어 이식된 사회의 경우, 표층의 제도와 기저층의 사회의식 사이의 정합 여부는 중요한 문제로 부각된다. 물론 이 정합이 바람직한 것이기 때문에 이 정합을 위한 노력이 필요하다는 것은 아니다. 다만 표층의 제도가 그 액면가치대로 움직이지 않는 점을 설명하기 위해서는 이 두 개의 층위 사이의 정합 여부가 검토되어야 한다는 점을 말하는 것이다. 개념사 연구와 같은 인문학의 작업방식은 특정 정치·사회제도가 만들어지는 과정을 검토하는데, 이러한 작업의 원칙은 특정 제도나 개념의 지역적 이동 과정과 그 결과를 이해하는

데 원용되어 연구될 수 있다.

이러한 작업을 수행하는 방식은 여러 가지가 있을 수 있겠다. 이 글에서는 이 글이 포함하는 넓은 의미의 개념사 연구의 기본 취지를 그대로 살려서 '국가' 개념의 다양한 원천을 찾아 표면에 드러나 있지 않은 우리의 독특한 정치적 사유방식을 발견할 수 있기를 희망한다. 나아가 현재 한국 사회에서 이루어지고 있는 정치 관련 담론 형성 방식의 독특한 성격도 파악할 수 있기를 희망한다.

Part **1**

국가

1. 서양에서 국가 개념의 변화

Status · Stato의 기원

근대 서양의 정치담론의 전통에서 국가의 개념과 관련하여 다루어지는 기본 문제는 근대국가의 성립과 변화를 둘러싸고 나타난 여러 쟁점들이다. 즉 근대국가라는 역사적 유형의 정치사회학적 성격, 출현의 배경과 성장의 요인 · 기회, 그러한 성립을 뒷받침한 정당화 이데올로기의 성격, 현대적 변화 등 실로 다양한 문제가 논의된다. 근대국가라는 역사적 유형이 그 이전의 유형과 특히 다른 대안적 유형의 정치조직들을 물리치고[5] 지배적인 정치질서로 자리 잡는 과정

---

5 찰스 틸리는 근대국가의 대안적 정치조직의 형태로서 다음과 같은 것을 들고 있다. ① (느슨한 형태일지라도) 어떤 단일 중심부에 의해 통제되는 정치적 연합 또는 제국, ② 가톨릭교회 조직을 통

은 단순히 실제 세계에서 만들어진 '객관적' 변화의 출현만으로 충분한 것이 아니라, '주관적' 의식의 수준에서 새로운 정치현실이 인지되고 수용 또는 수락되는 것으로 완성된다. 뒷부분의 작업은 통상적으로 그러한 새로운 현실을 지칭하는 새로운 이름이 만들어짐으로써 완결되는 것으로 간주된다. 새로운 어휘의 등장은 그것을 통해 지칭되는 새로운 개념과 이 개념을 통해 지적되는 사태들이 '현실'로서의 존재론적 지위의 확보를 의미하기 때문이다.[6] 우리의 문제와 관련하여서는 정치지배단체 또는 질서를 지칭하는 the state 또는 그 친족어의 채택과 사용을 통해서 새로운 정치질서의 주관적 수용의 측면이 확인될 수 있다.

이러한 뜻에서 우리의 기본 문제는 이미 오랫동안 사용되던 정치공동체 또는 일반적 의미에서의 '국가'를 지칭하는 경합적 단어들, 예컨대 polis, civitas city, res publica république · commonwealth, regnum realm 등을 물리치고 the state(및 서양 각 지역의 해당 단어, 예컨대 이탈리아어의 stato, 프랑스어의 état, 스페인어의 estados, 독일어의 der Staat)가 국가를 지칭하는 개념으로 정

해 유지되는 신정적 연합체, ③ 대규모의 중앙집권적 정치조직을 갖지 않는 무역 네트워크(예 : 한자동맹), ④ 기존의 봉건적 조직의 유지. Tilly, Charles(1975), *The Formation of National States in Western Europe*, Princeton, N. J. : Princeton University Press, pp.26~27. 근대 유럽사에 있어 근대국가와 경쟁관계에 놓여 있던 다른 유형의 정치조직 전반에 관한 연구로는 Spruyt, Hendrik(1996), *The Sovereign State and Its Competitors an Analysis of Systems Change*, Princeton, N. J. : Princeton University Press 참조.

6 이 점에 관해 한 사회가 분명히 의식하는 정치 · 사회문제와 관련한 어떤 새로운 개념을 가지고 있다는 가장 중요한 징표는 그 개념을 명료한 형태로 토론할 수 있는 수단으로서의 어휘가 만들어져 있다는 퀜틴 스키너 교수의 지적을 상기할 필요가 있을 것이다. Skinner, Quentin(1978a), *The Foundations of Modern Political Thought*, Vol.1, Cambridge : Cambridge University Press, p.x.

착하게 되었는지에 관련된 논의이다. 그러나 이 문제는 단순히 새로운 용어의 채택과 정착 그 자체에 관한 문제로 그치는 것이 아니다. 우리가 특히 유의해야 할 점은, the state 및 그 친족어들이 기존의 용어들을 물리치고 정치질서 또는 국가를 지칭하는 단어로 채택된 것은 재래의 개념들로는 충분히 지적되거나 전달될 수 없던 새로운 문제나 양상이 출현했다는 역사적 사실을 바탕으로 한다는 점이다.

여하튼 새로운 단어의 채택과 유포는 단기간에 수행된 의식적인 작업은 아니었고, 그러한 새로운 정치 유형의 등장과 마찬가지로 장기간에 걸쳐 서서히 일어난 일이었다. 우리는 그러한 과정을 통해 새로운 현실을 지칭하기 위해 등장한 새로운 개념을 사용했던 사람들의 의식의 저변을 검토함으로써 새로운 개념이 갖고 있는 역사적 깊이를 헤아리고자 하는 것이다.

근대 이후의 새로운 국가를 지칭하는 영어의 the state 및 유럽 각국의 친족어들은 라틴어의 status에서 기원한 것임은 잘 알려진 사실이다. 라틴어의 status는 stare, 즉 서다立·to stand라는 동사에서 파생된 명사로서 가장 기본적인 뜻은 직립直立의 행동 또는 그 양식을 말한다. 여기에서 출발하여 어떤 물건이나 사람 또는 계급·지역 등이 차지하고 있는 위치나 자세를 의미하게 되었고, 이 자세는 단순히 물리적 의미를 넘어서 지적·도덕적 또는 정치적 자세나 입장이라는 의미도 포괄하게 되었다. 나아가서는 어떤 제도나 정치조직의 기본적 양상 또는 공공복리 상태를 의미하는 것으로 확장되어 사용되었으나, 이 경우 물론 status라는 단어만으로 그렇게 사용된 것은 아니었다.

이러한 용법은 고대부터 자주 사용되었는데, 그 대표적 예로 키케로의 status reipublicae가 자주 언급된다. 요즘 말로 (공화제가 전제되는) '국가의 상태'로 바꿀 수 있는 이 말은 리비우스Titus Livius, B.C. 59~A.D. 17나 살루스티우스Gaius Sallustius, B.C. 86~B.C. 35? 같은 로마 고전작가들에 의해 자주 사용되던 것으로 지적된다. 이러한 용법은 6세기에 편찬된 유스티니아누스 법전에 대표적인 법고전으로 수록된 3세기 초의 울피아누스Domitius Ulpianus, 170?~228의 논의에서 status rei romanae 라는 형식으로도 나타난다.[7] 여기에서 확인할 수 있는 두 가지 중요한 사실은 status라는 단어가 어떤 정치 상황을 언급하는 것으로 사용되었다는 점과 동시에 그때까지는 부가어 없이 사용된 경우가 거의 없었다는 점이다. 이러한 사용례에서 발견되는 의미는 기본적으로 정체政體와 관련된 것이었다.

그 존재가 한동안 잊혔던 로마법이 11세기 후반 이탈리아에서 발견된 후 유럽 각 지역에서 재수용되면서 로마법의 법률 용어들이 다시 통용되기 시작했는데, 14세기에 이르러서는 영국이나 프랑스에서 '왕국의 상태(공공복리)status regni · the state of the realm 또는 estat du roialme'에 관해 논의하는 일이 일상사가 되었다고 한다. 12세기에 이미 status는 국가city · republic의 공공복리 또는 공공안녕public welfare · utilitas publica 의 의미로 사용되었는데, 이 관념은 시간이 가면서 국가의 수장 또

---

7 Publicum ius est quod ad statum rei Romanae spectat(Public law is that which pertains to the status rei romanae)(D. 1, 1, 1, 2). 이 status rei Romanae라는 구절에 대해서는 로마법이 재발견된 직후부터 많은 법학자가 의미를 해석하여 왔다. 일반적으로 (로마의) 공공사 또는 공공복리의 상태로 이해되었고, 좁게는 로마제국 정부의 공권력으로 해석되기도 했는데, 보다 일반적으로 공법은 헌정질서와 공공권위의 법률로 이해된다. 이 점에 대한 보다 자세한 논의로는 Post, Gaines (1964), *Studies in Medieval Legal Thought : Public Law and the State, 1100~1322,* Princeton : Princeton University Press, pp.336~339 참조.

는 그의 대리인들의 권력과 연관되게 되었다. 앞의 주 7에서 인용된 울피아누스의 명제도 이러한 각도에서 해석되었다. 이러한 해석이 연장 내지는 확장되어 13세기 후반 프랑스에서는 status republicae 는 regimen imperii 국가의 통치의 의미로도 사용되기에 이르렀다고 지적된다.[8] 그리고 왕국의 통치의 개선 노력은 곧 왕국을 좋은 상태로 만드는 일로 여겨지게 됨으로써 status state, estat는 정치문제의 논의에 빈번히 사용되는 말이 되었다.

이러한 점은 이탈리아의 도시국가에서도 마찬가지였다. 즉 도시국가의 지배자인 podesta나 고위행정관들에 대한 정책건의서로서 저술된 조언서의 필자들은 전부 자신들의 기본적 관심이 독립적 정치단위체로서 (도시)국가의 상태, 즉 status civitatum임을 지적하고 있다. 이들이 공통적으로 강조하고자 하는 바는 최고 행정관들은 그들이 다스리는 (도시)국가를 좋은 상태나 번영하는 상태를 유지할 수 있도록 해야 한다는 점이었다. 이러한 좋은 또는 최선의 (공공사(公共事) 또는) 국가의 상태optimus status republicae로 유지시켜야 한다는 주장 또한 키케로나 세네카 등의 고전 로마공화국의 유산이었다고 지적된다. 이 '최선(최적)의 국가 상태'는 15세기 인문주의자들의 기본 관심사가 되었고, 이러한 논의의 전통은 토머스 모어Thomas More, 1478~1535가 자신의 『유토피아Utopia』1516의 원제목으로 이 '최선의 국가 상태optimus

---

8 Post(1964), 앞의 책, pp.338~340. 게인스 포스트는 status가 공공복리(안녕)에서 통치자의 권력으로 확장된 논리적 과정을 다음과 같이 압축적으로 설명하고 있다. "status regis와 status regni는 모든 사람의 복리의 문제를 건드린다. 모든 사람의 공동 이익과 실용을 건드리는 것은 국왕과 왕국의 공공복리(안녕)의 문제를 건드리는 것이다. 그런데 그러한 공공의 업무는 국왕의 권위(potestas)와 지위의 행사를 건드리고 또 요구한다"(p.362).

status republicae'라는 말을 택한 16세기 초에 이르기까지 이어졌다. 결국 중세에는 status라는 말이 원래의 상태라는 의미를 넘어 독자적으로 어떤 정치적 의미를 띠면서 사용되는 경우는 드물었다고 지적된다. 대부분의 경우 국왕이나 왕국의 상태 또는 지위status regis · status regni를 의미하는 것으로 사용되었다.[9] 이러한 의미의 status는 공공의 편익utilitas publica이라는 뜻으로 확장되어 건재하는 공동체salva respublica 또는 공공복리common wealth의 의미를 띠게 되었다.

이 status라는 단어가 정치학적으로 더욱 활발하게 사용된 것은 이탈리아의 도시국가를 배경으로 한다. 13세기 이후 특히 14세기 이후에 활발해진 정치문제와 관련된 논의는 그 당시 이탈리아에 있었던 다수의 자치도시 또는 도시국가들의 흥망성쇠를 그 배경으로 한다. 더 구체적으로는 신성로마제국과 로마 교황청이라는 두 개의 상위 정치세력이 대결하는 틈새에서 발생한 소규모 도시국가들의 존재론적 지위의 확보 노력과 동시에 전통에 뿌리를 둔 정당성을 결여한 신흥 정치세력의 정치적 처세를 위한 방법의 모색, 다양한 내부 세력의 갈등 해소 등 현실적으로 절박하게 주어졌던 정치문제에 활발한 토론을 자극했다.

---

9 12~14세기 사이에 '국왕의 상태'와 '왕국의 상태'라는 두 개념은 서로 구분 없이 사용되었는데, 여기에서 알 수 있는 점은 개인으로서의 국왕과 왕국 · 공권력이 명백히 구별되지 않고 사용되었다는 사실이다. Weinacht, Paul-Ludwig(1968), *Staat : Studien zur Bedeutungsgeschichte des Wortes von den Anfängen bis ins 19. Jahrhundert*, Berlin : Duncker & Humblot, p.58 참조. 여기에서 우리가 알 수 있는 점은 근대적 국가 개념의 중대한 지표가 되는 인격성의 탈각이 아직 전혀 흔적도 보이지 않는다는 사실이다. 이러한 점은 월터 울먼에 따르면 국가를 포함하는 모든 단체에 대해 독자적 활동 능력을 인정하지 않는 로마법의 전통에 의해 상당히 오랜 기간 고집되었던 사실이다. Ullmann, Walter(1968/1969), "Juristic Obstacles to the Emergence of the Concept of the State in the Middle Ages," *Annali di Storia del Diritto*, pp.43~64.

전통적인 봉건질서 속에서 확실한 지위의 인정이 애매했던 소규모 자치도시국가들에게 존재론적 지위를 부여해 줄 수 있는 새로운 정치적 담론의 구성을 위한 대표적 작업으로서, 우리는 다양한 정체의 존재를 인정한 아리스토텔레스Aristoteles, B.C. 384~B.C. 322의 『정치학 Politica』의 라틴어 번역과 보급을 들 수 있을 것이다. 특히 이러한 점은 전통적인 세습군주국들의 틈새에서 이 세습군주체제에 적대적인 태도를 취했던 피렌체나 베네치아의 공화정 이론가들에게는 중요한 이론적 자원의 확보를 의미하는 것이기도 했다. 이들에게 복수의 정체론은 단순한 비교정치의 논의를 넘어서는, 즉 자신들의 공화정체의 존재를 당연한 것으로 확인해 줄 수 있는 이론적 자산이었다.

『정치학』을 최초로 라틴어로 번역한 뫼르베크의 윌리엄William of Moerbeke은 정체유형론에서 언급되는 귀족정, 과두정, 민주정을 각기 aristocratia, oligarchia, democratia로 즉 그리스 원문을 거의 그대로 사용했다. 윌리엄의 라틴어 번역을 통해 아리스토텔레스의 논의를 적극적으로 소개한 토마스 아퀴나스Thomas Aquinas, 1225?~1274는 이 세 개의 정체를 인용하면서 status paucorum, status optimatum, status popularis 등으로 바꾸어 사용했다.

따라서 여기에서 status는 정치조직의 상태 또는 현황을 지칭하는 말로 사용되고 있음을 알 수 있다. 이러한 의미의 status는 그리스어의 kratos, 그리고 라틴어의 dominatio와 같은 의미를 갖는 단어로서 이해된 것이다.[10] 이러한 사용을 통해 stato라는 이탈리아어의 의

---

10 Rubinstein, Nicolai(1971), "Notes on the Word Stato in Florence before Machiavelli," in J. G. Rowe and W. H. Stockdale(eds.), *Florilegium Historiale : Essays Presented to Wallace K. Ferguson*, Toronto : University of Toronto Press, p.315.

미 폭이 넓어지게 되었다. 따라서 14세기 피렌체인은 자신들의 정부 형태를 popolare stato 또는 popularis status로 지칭했다. 이러한 관행에 따라『정치학』의 두 번째 라틴어 번역본을 출판한 피렌체의 인문학자 레오나르도 브루니Leonardo Bruni, 1370~1444도 demokrati를 popularis status로 번역했다.[11]

한편 자신의 실력만으로 최고통치자의 지위를 확보했던, 따라서 아직 정치적 정당성 기반이 취약했던 새로운 정치지도자들을 상대로 한 정치조언서 또는 귀감서 등이 많이 출현했는데, 그 내용은 기본적으로 효과적으로 통치하는 군주 또는 지배자의 지위를 획득하고 유지하는 방법에 관한 것이었다. 여기에서 그 지위를 지칭하는 말은 바로 status, stato였다. 따라서 르네상스기 이탈리아 정치담론의 중심주제가 status, stato로 된 것은 자연스러운 일로 보인다. 그리고 이 status, stato라는 단어가 뒤에 국가를 지칭하는 말로 정착하는

---

11 브루니의 새로운『정치학』의 번역은 보다 기술적으로 정확한 번역의 목적도 있었지만, 동시에 아리스토텔레스의 논의를 당시 이탈리아 도시국가의 상황과 관련하여 보다 적합하게 만든다는 실천적 목적도 있었음을 고려할 필요가 있을 것이다. 아리스토텔레스의 정체유형론은 15세기 이탈리아 인문주의자들에게는 모든 정치담론의 출발점이 되었다. 예컨대 프란체스코 파트리치(Francesco Patrizi)와 베스파시아노 다 비스티치(Vespasiano da Bistici) 같은 사람들을 들 수 있고, 마키아벨리(Niccolò Machiavelli)도 예외는 아니었다. 다만 마키아벨리의 경우 그러한 정체유형론이 큰 의미를 갖는 것은 아니었다. 그의 관심은 모든 정체 유형에 관통되는 '유효한 진실(verità effettuale della cosa)'에 있었다. 이러한 점에서 정체 유형을 넘어서서『군주론(*Il Principe*)』제1장 첫 문장에 보이는 stato에 대한 일반적 정의가 가능한 것이었다. 박상섭(2002),『국가와 폭력 : 마키아벨리 정치사상 연구』, 서울대학교출판부, pp.124~131 참조. 우리의 논의 맥락에서 크게 중요한 점은 아니지만, demokrati나 status popularis가 현대적으로 이해되는 민주정의 개념과는 차이가 있다. 라틴어의 populus는 재산과 신분 면에서 일정한 자격을 갖춘 시민권 보유자들을 지적한 것이고, 주민 전체를 지적할 경우에는 plebs라는 단어를 사용했다. 따라서 고대 맥락에서의 민주정은 현대의 기준으로 본다면 상당히 제한적 참정권을 바탕으로 하는 정체였음을 기억해 둘 필요가 있다.

데에는 이 이탈리아 논객들의 작업이 대단히 중요한 역할을 했다는 점 또한 기억해 둘 필요가 있을 것이다.[12]

아리스토텔레스가 소개되면서 논의되기 시작한 정체라는 말로 이해되는 status는 곧 정치권력 배분의 특정한 구조 또는 방식을 말하는 것이었다. status · stato는 기왕에 civitas · città라는 말로 지칭되던 정치공동체 안에서 최고의 권력을 갖고 있는 기관 · 조직 · 구조 또는 권력 지위를 의미했는데, 이 status · stato의 유지는 기존의 특정한 권력 배분구조(방식)의 유지를 의미하는 말이 되었다.[13] 이렇게 되면서 정치적 지위를 뜻하는 status · stato는 civitas · città 안의 특정한 권력 배분구조 즉 정체를 의미하는 말이 되었다. 따라서 status · stato는 civitas · città와 구분되게 되었다.

우리가 현재 the state라는 말로 일반적으로 이해하는 국가를 지칭하기 위해, 이탈리아는 중세 말까지만 해도 stato 대신 città 또는 patria라는 말이 사용되었다. 이것은 모든 정치 경험이 도시국가를 바탕으로 이루어졌던 역사적 사실을 반영하는 것이다. 여하튼 stato는 città 안의 것이었다. 이러한 식의 용법은 13세기 말에서 14세기 초에 활동한 이탈리아의 외교관이자 역사가였던 조반니 빌라니 Giovanni Villani, 1275~1348의 다음과 같은 문구에서 쉽게 발견된다. "······ tradire il popolo e sovertire lo stato della città인민을 배반하고 국가의 권력체(통치기구)를 전복하는." 한편 1348년 페스트로 사망한 형 조반니 빌라니의

---

12 Skinner, Quentin(1989), "The State," in Terence Ball, James Farr and Russell L. Hanson (eds.), *Political Innovation and Conceptual Change*, Cambridge : Cambridge University Press, pp.96~97.

13 Skinner(1989), 앞의 논문, p.98.

뒤를 이어 13세기 연대기를 저술한 마테오 빌라니Matteo Villani도 "reggere e governare lo stato della repubblica 국가의 권력기구를 지휘하고 다스리는"라는 표현을 사용했다. 같은 시기에 역시 피렌체 연대기를 저술한 마르키오네 스테파니Marchionne Stefani도 "reggere lo stato di Firenze"라는 표현을 쓰고 있다.

한 국가 안의 권력기구·통치기구의 의미로 사용되던 stato는 곧 지배적인 정권(정부 집권세력)의 의미로 이어지게 되었는데, 예컨대 스테파니가 1371년 리치 가문과 알비치 가문의 정치적 상승과 관련하여 lo stato delli Ricci e Albizi라는 표현을 사용할 때의 의미는 바로 그러한 것이었다. 그리고 15세기 초의 과두제 정권도 마찬가지로 stato라고 기술될 수 있었다.[14] stato의 의미가 이런 식으로 완전히 굳어진 것은 메디치 정권 수립 이후의 일이다. 예컨대 로렌초 데 메디치Lorenzo di Piero de' Medici, 1449~1492는 가문의 수장직을 계승하면서 "피렌체에서 stato 없이는 불행한 삶을 살게 된다"라고 말하고 있다. 이것은 국가의 권력기구에 참여하지 않고서는 아무리 저명한 시민이라도 잘살 수 없다는 점을 강조하는 의미로 해석된다.[15] 15세기 피렌체 인문주의자였던 베스파시아노 다 비스티치Vespasiano da Bisticci, 1421~1498는 메디치 정권을 처음 수립한 코지모 데 메디치Cosimo de' Medici에 관해 언급한 글에서 메디치의 집권체제를 '현재의 stato' 또는 그냥 'lo stato'로 불렀고, 그 반대자들은 'stato의 적敵' 또는 '위험인물sospetto'

---

14 Burckhardt, Jakob(1860), *The Civilization of the Renaissance in Italy*에서는 "지배자와 신하는 모두 lo stato라고 불렀다"고 말한다. 부르크하르트, 야코프(1983), 『이탈리아의 르네상스 문화』, 정운룡 역, 을유문화사, p.33.
15 Rubinstein(1971), 앞의 논문, p.318.

이라는 말로, 그리고 지지자들은 'stato의 사람들' 또는 '시민'이라는 말로 불렀다. 여기에서 stato와 città의 구분, 즉 정권과 국가의 구분이 명백해지기 시작한다. 로렌초 데 메디치는 자신의 비망록에 부친인 피에로 데 메디치Piero de' Medici, 1416~1469가 사망하자 città와 stato의 유력자들이 찾아와 그 지도권을 장악할 것을 권했다고 기록했는데, 여기에서 stato는 città라는 말로 표현되는 국가보다 하위의 좁은 개념임을 알 수 있다.

메디치 가문의 지배가 끝난 1494년까지는 정체를 뜻하는 stato의 원래 의미가 대체로 사라지게 되었다. 이것은 피렌체의 권력구조가 메디치 정권에서 공화정으로 바뀌었기 때문이다. 메디치가의 정권이 수립된 1434년의 사건은 당시에는 stato의 변혁이라는 말로 표현되었는데, 이 말은 정체의 변화가 아니라 지배적 집권세력의 변화를 의미하는 것이었다.

1530년 피렌체의 연대기 작가인 프란체스코 귀차르디니Francesco Guicciardini, 1483~1540는 메디치 정권과 그 뒤를 이은 공화제 정권을 비교하면서 두 개의 다른 정체stato의 차이로서가 아니라 stato 방식의 정부와 공화제libertà 방식의 정부의 차이로서 말한 바 있는데, 이때의 stato의 개념은 피렌체가 획득한 15세기의 정치 경험에 더 가깝게 다가가는 것으로 지적된다. 그러면서도 귀차르디니의 stato 개념은 메디치 정권이나 이탈리아의 다른 도시국가 독재정부들과 같은 상이한 정부 형태들을 포함할 정도로 충분히 광범위한 것이었다. 이 점은 이탈리아의 다른 지역에서도 비슷했던 경험으로 이해된다. 특히 외교관계에서는 전제 정부와 공화제 정부를 동일시하는 경향이 보편화되었다. 예컨대 1478년 페라라 에스테 가문의 에르콜레Ercole d'Este, 1471~1505는 '밀라노의 stato 또는 피렌체의 stato'를 원조할 것을 약속했다. 이러한 점은 귀차르디니도 마찬가지였다. 그는 자신의 저술인 『피렌체사』에서 1454년의 피렌체와 밀라노의 동맹을 평가하면서 하나의 stato와 또 다른 stato의 결합이라고 말했다.[16]

앞에서 보았듯이 르네상스 시기의 이탈리아에서 stato는 기본적으로 '정권' 또는 '집권자의 지위' 등을 의미했다. 그런데 이 지위를 유지하기 위해서는 일정한 영토에 대한 통제력 또는 장악력을 가져야만 하는데, 이러한 의미에서 stato에는 영토 또는 영토에 대한 지배력의 의미가 부가되고, 이 점은 시간이 가면서 더욱 선명해졌다. 앞에서 언급한 바 있는 조반니 빌라니는 피렌체의 stato를 도시·농촌 및 직집 관할 구역으로 구분함으로써 영역의 의미를 부각시킨 바 있고, 귀차르디니는 피사가 피렌체의 stato에 속한다고 함으로써 영역 지배의 개념을 강조한 바 있다.

독립적인 말로써 stato에 대한 명확한 정의를 내리고 있는[17] 마키아벨리도 이 정의와는 무관하게 당시까지 정체의 의미로 stato라는 말을 관행적으로 사용하고 있다. 대표적인 예로 『군주론』 제5장에서 과두정을 의미하는 stato di pochi라는 말을 사용하고 있다는 것이다. 그럼에도 마키아벨리가 쓰고 있는 stato라는 말은 권력구조, 권력 지위, 또는 그것을 행사할 수 있는 정치·행정의 기구 등을 의미하는 경우가 압도적으로 많다. 헥스터의 조사에 의하면, 마키아벨리

---

16 Rubinstein(1971), 앞의 논문, p.320.
17 『군주론』제1장 첫 문장에서는 국가를 "주민들에 대하여 명령권을 가져왔고 또 가지고 있는 (영역 기반의) 지배조직(dominii che hanno avuto e hanno imperio sopra gli uomini)"으로서 정의한다.

는 자신의 『군주론』에서 stato라는 말을 115회 사용하고 있다. 이 중
에서 특별한 정치적 의미를 갖지 않는 5회를 제외한 나머지 110회
는 전부 중세 후기 때의 의미, 즉 통치자의 지위 또는 통치 영역의
상태라는 의미로 사용되고 있다. 이 가운데에서 주격으로 사용되는
것은 7~8회에 지나지 않고, 나머지는 전부 동사의 목적어로 사용된
다. 이 말을 바꾸면 행동의 주체로서, 특히 주권을 행사하는 행동의
주체로서 이해되는 오늘날의 국가 개념과 달리 당시의 stato는 군주
또는 정치인·조직의 정치적 행동(획득, 보유, 유지, 탈취, 상실 등)의 대상으로
서만 이해되었다는 것이다.[18] 마키아벨리에게 stato는 기본적으로 세
가지 방식으로 사용된다. 첫째, 통치자·지배자의 권위 또는 영향
력, 둘째로는 통치권력의 지배하에 있는 지역 및 대상물, 그리고 셋
째로 군주 및 그의 일당을 의미한다. 위에서 지적된 주격으로 사용
되는 7~8회는 모두 세 번째 의미로 사용된 것이다. 여기에서 주의
해야 할 점이 있다면, stato는 어떤 경우에도 국가 일반을 지칭하는
societas civilis의 의미로 사용된 경우는 없다는 점이다.[19]

---

18 Hexter, John H.(1973), *The Vision of Politics on the Eve of the Reformation*, New York : Basic Books, pp.156~160. 국내 문헌으로는 박상섭(2002), 앞의 책, pp.239~242.

19 Weinacht(1968), 앞의 책, p.62. '시민사회'의 개념은 유럽사에서는 전통적으로 나라 또는 국가의 의미를 갖는 말이었다. 사회는 개인들이 특정한 목적을 위해 무리를 만든 것인데, 이때 civil이라는 말은 원래 라틴어의 civitas의 형용사형인 civilis의 영어식 표현으로 '공적·국가적'이라는 의미를 갖는 단어였다. 즉 사람들이 공적인 목적을 위해 합의 또는 계약을 통해 만든 결사체라는 의미의 단어였다. 그러나 헤겔에 와서 국가와 구분되는 국가의 하위결사체, 즉 개인들이 자신들의 사적 목적을 위해 만든 결사체라는 새로운 의미를 갖게 되었다. 이 점에 관해서는 Riedel, Manfred(1984), "'State' and 'Civil Society' : Linguistic Context and Historical Origin, in Riedel," in *Between Tradition and Revolution : The Hegelian Transformation of Political Philosophy*, Walter Wright(tr.), Cambridge : Cambridge University Press, pp.129~156 참조.

당시의 stato는 외교 용어로서 널리 사용되었는데, 외교 용례에서는 정치권력과 영토적 지배가 결합된 것으로 이해됨으로써 상당한 정도 근대적 국가의 개념에 접근한 것으로 평가된다. 『군주론』 제3장에서 다루어지는 새로운 stato의 획득이나 제24장에서 다루어지는 stato의 상실에 관한 논의는 바로 이러한 당시의 외교 관행을 따른 것으로 평가된다. 마키아벨리가 『군주론』 제1장 첫머리에서 시도한 정의에서 제시되는 imperio는 일정 지역과 그 속의 주민들을 지배하는 정치권력을, dominio는 그러한 지배력을 바탕으로 효과적으로 통치되는 영역을 갖는 지배조직 또는 단체를 의미하는 것이었다. 16세기 후반에서 17세기 초까지 활동한 지롤라모 프라케타Girolamo Frachetta에 의하면, stato는 그 우두머리가 방대한 영역grande paese을 지배하는 국가città로 정의된다. 여기에서 우리는 영토의 요소를 바탕으로 하는 지배능력이 stato의 핵심요소가 되고 있음을 알 수 있는데, 이런 의미에서 아프리카의 국가들, 아시아의 국가들이라는 일정한 지리적·정치적 단위체 개념에 관한 조반니 보테로Giovanni Botero, 1544~1617의 언급을 이해할 수 있다.[20]

이러한 stato 개념은 당시까지 이탈리아의 도시국가 경험을 바탕으로 하는 조언서나 군주귀감서에서 제시되는 독자적인 권력구조, 조직으로서의 stato 개념을 가장 훌륭하게 압축한 것이다. 따라서 권력조직으로서의 stato에 관한 논의는 권력조직의 확보와 유지에 관한 논의로 좁혀지게 되는데, 이것이 바로 'arte dello stato' 또는 국가관리기술경세지술(經世之術)로 표현될 수 있는 마키아벨리의 정치학이다.

20 Weinacht(1968), 앞의 책, p.62.

전통적인 국가, 즉 civitas · città 전반의 문제를 다루는 재래의 정치학은 다양한 정체 유형의 상대적인 도덕적 우월성을 중심문제로 한다. 이러한 정치학은 마키아벨리에게는 가상의 정치학이다. 왜냐하면 이 정치학에서의 중심문제는 바람직하지만 현실적으로는 존재하지 않는 것이기 때문이다. 국가가 유지되기 위해서는 그것을 가능케 하는 권력조직의 효과적 장악과 유지가 보다 중요한 문제이다. 이러한 점에서 보면 마키아벨리의 정치학은 공학 또는 기술학의 측면이 강한데, 국가 전체의 안위가 문제 되는 상황에서 그 기술학적 측면으로서의 경세지술의 측면을 무시한 일체의 논의는 무의미한 것이기 때문에 그 기술적 측면이 바로 정치 또는 국가라는 사태와 관련된 유일하게 유효한 진실인 것이다.[21]

위와 같은 이탈리아와 스페인의 정치 경험을 바탕으로 하는 새로운 국가 관념은 16세기 중반 프랑스에도 전파되기 시작했다. 1568년만 해도 아직 고위 통치업무의 수행이라는 일반적 의미로 이해되던 'gouvernement de l'estat'라는 표현은 1599년에 이르면 국가Estat et Empire의 통치라는 의미로 미묘한 의미의 변화가 나타났다고 지적된다. 즉 프랑스의 국가는 지리적 구획에서 지배조직으로서 변화되기 시작했는데, 이 시기는 아직은 절대주의적 관념이 완전히 수용되기 이전이었다.[22]

이러한 국가 관념에서 우리는 근대적 요소와 전통적 요소가 혼재하는 것을 발견할 수 있다. 근대적 요소로 지적되는 것은 국가의 논

---

21 『군주론』 제15장.
22 Weinacht(1968), 앞의 책, p.63.

의에서 현실과 괴리된 이상적 측면, 즉 바람직한 정치체제에 관한 논의가 빠지고 대신 정치의 본질적 측면인 권력 장치의 논의가 중심적 지위를 차지한다는 점이다. 그러나 이 권력 장치로서의 stato가 여전히 누군가의 소유물로 논의됨으로써 인격적인 면이 그대로 남아 있다는 점에서, 그 인격적인 면이 제거된 스스로 행동하는 주체, 또는 사회적 가치의 기반으로서의 정치체body politic로 보는 근대적 관점이 결여되어 있다는 점을 지적할 수 있을 것이다.[23] 퀜틴 스키너Quentin Skinner에 따르면, 16세기 전반까지는 아직 군주 또는 통치자 개인의 지위와 확실하게 분리된 state · stato의 개념은 출현하지 않았다.

---

23 이 점에 대해서는 박상섭(2002), 앞의 책, pp.244~245 참조. 더 자세한 논의를 위해서는 Hexter(1973), 앞의 책, pp.169~172 ; Skinner(1989), 앞의 논문, pp.102~103 참조. 국가를 정치체(body politic)로 보는 견해는 일반적으로 근대적 국가 관념의 한 징표로서 지적된다. 이 때 정치체의 의미는 개인으로서의 지배자의 의지와 독립하여 자신의 고유한 도덕적 목적과 윤리적 부호 시스템을 바탕으로 독자적 판단에 따라 행동할 수 있는 객관적 실체를 의미한다. 이러한 관념이 만개한 것은 훨씬 뒤의 일이지만, 원래 국가를 신체에 비유하는 사고는 중세적 기원을 갖는 것이었다. 11세기 후반 로마 교황 그레고리우스 7세와 신성로마 황제 하인리히 4세 사이에 벌어졌던 성직서임권을 둘러싼 충돌이 정리된 이후, 제국의 이론가들이 교회를 신체 (corpus)로 비유하던 교회이론가들을 모방하여 국가를 역시 신체(unum corpus republicae)로 정의한 데에서 정치체로서 국가의 정의가 시작되었다. 이에 따르면 국왕은 두 개의 신체를 갖는데, 하나는 개인으로서의 신체이고, 다른 하나는 국가로서의 신체(corpus republicae mysticum) 이다. 후자의 mysticum은 후일 학자들에 의해 '의제적(擬制的)'이라는 말로 해석되었다. 이러한 신체의 비유는 국가뿐 아니라 가정에서 세계로 이르는 다양한 단체에 대한 이해를 위해 적용되었다. 이때 군주는 국가라는 신체의 머리에 해당하는 것으로, 또는 국가라는 신부를 갖은 남편으로서 이해되기도 했다. 바로 이러한 관념 때문에 국가가 독자적으로 행동하는 독자적 실체로서 관념되는 데까지 상당한 시간이 걸렸다는 앞에서 인용된 울먼의 논의를 다시 상기할 필요가 있을 것이다.

국가이성

16세기가 시작될 때까지 stato는 여전히 중세적 의미를 완전히 탈각하지 못하고 있었지만, 그래도 stato가 어떤 부가어도 동반하지 않고 자체적으로 분명한 정치적 의미를 갖는 단어로 정착되어 가고 있었던 사정을 확인할 수 있다. 앞에서 마키아벨리의 stato 관념이 갖는 근대적 측면을 논의하면서 그의 stato 관념은 여전히 국가 일반을 지칭하는 societas civilis 또는 civitas와는 거리가 있음을 지적했는데, 그럼에도 그의 stato 정의가 그러한 방향에 보다 가까이 접근하는 것임을 우리는 짐작할 수 있다.

이러한 stato 개념의 발전 과정에서 중요한 역할을 한 것으로 17세기 초에 유행하기 시작한 국가이성國家理性 · ratio status hodierna의 담론을 언급하지 않을 수 없다. 특히 그러한 담론의 대표적 논객들은, 예컨대 장 보댕Jean Bodin, 1530~1596에서 보이듯이 비록 질적으로 변화된 국가의 새로운 양상을 지적하거나 토머스 홉스Thomas Hobbes, 1588~1679와 같은 새로운 철학적 기초를 놓는 시도를 보이지는 않지만, stato라는 단어가 근대 초 유럽의 정치담론에서 더 이상 피하거나 제외할 수 없는 개념으로 정착하는 데 중심적인 역할을 수행했던 것으로 보인다. 이러한 논의는 흔히 마키아벨리에게서 유래하는 것으로 지적된다. 그러나 마키아벨리 자신은 국가이성이라는 표현을 사용한 적도 없고, 국가를 독자적으로 사고하고 결정하거나 행동하는 주체로 보고 있지도 않기 때문에 근대적 의미의 국가이성 개념을 이해하지 못했을 것이라는 설득력 있는 논의가 제시되고 있다.[24]

---

24 Hexter(1973), 앞의 책, pp.168~173.

그러나 그 시작점에서의 국가이성론은 기술적 또는 탈윤리적 사고를 오해의 여지없이 드러내고 있다. 이러한 사고는 정치학의 기본 문제가 권력조직의 효과적 장악과 유지라는, 즉 마키아벨리가 말하는 경세지술arte dello stato과의 연결 속에서 잘 이해될 수 있다. 이러한 의미에서 마키아벨리 자신이 국가이성이라는 말을 몰랐어도 근세 초 서양의 국가이성 사상을 마키아벨리즘으로 보는 점은 큰 무리가 없을 것이다.[25]

　　국가이성의 개념에 대한 체계적 논의나 정의는 아니지만, 여하튼 그 단어를 처음 사용한 사람은 마키아벨리의 동시대인이면서 또 그와 친분관계를 유지했던 그의 고향 후배인 프란체스코 귀차르디니였다고 전해진다. 현실정치를 관통하는 날카로운 인식에서는 마키아벨리에 못지않거나 오히려 앞섰던 그는, 사람들 특히 정치인들의 행동이 명예나 영광 또는 윤리적 판단이 아니라 기본적으로 이익interesse에 의해 그 동인이 만들어진다고 보았다.[26] 이러한 논의는 마키아벨리에게서도 지적되는 부분이지만, 이익이라는 명백한 개념을 제시한 이는 귀차르디니가 처음인 것으로 평가된다. 이러한 정치의 현실을 바탕으로 정치문제를 논의하는 것을 그는 '국가이성과 국가

25　독일의 역사학자 프리드리히 마이네케(Friedrich Meinecke)의 *Die Idee der Staatsräson in der neueren Geschichte*(1924)의 영역판 제목은 이러한 뜻에서 *Machiavellism*으로 되어 있다.

26　마키아벨리와의 관계 및 비교의 측면에서 귀차르디니를 다루고 있는 종합적인 안내로는 Gilbert, Felix(1965), *Machiavelli and Guicciardini : Politics and History in Sixteenth Century Florence*, Princeton, N. J. : Princeton University Press 참조. 르네상스 시기 이탈리아 정치사상의 전반적 구조 속에서의 논의로는 Viroli, Maurizio(1992), *From Politics to Reason of State : The Acquisition and Transformation of the Language of Politics 1250 ~1600*, Cambridge : Cambridge University Press, 특히 제4장 참조.

의 관행에 따르는secondo la ragione ed uso degli stati' 것이라고 말했다.[27]

이 ragion(e) di stato라는 말은 1540년대에 이르면 상당히 널리 유포되었던 것으로 보인다. 그러나 이 말이 집중적인 논의의 주제가 된 것은 1590년대였다. 이때는 유럽 각국이 주로 종교문제를 둘러싸고 내란 상태를 겪고 있던 시기였던바 그 해결책의 제시와 관련하여 ragion di stato의 논의가 전개되었다.

이러한 논의를 주도한 저술가들은 1500년대 전반까지의 이탈리아 인문주의와는 약간 성격을 달리하는 새로운 인문주의를 공통의 지적 배경으로 삼았다는 것이다. 구인문주의와 새로운 인문주의의 결정적 차이점은 구인문주의에서 중심적 역할을 차지한 고전 인물이 키케로Marcus Tullius Cicero, B.C. 106~B.C. 43였다면, 이 새로운 인문주의자들에게는 타키투스Publius Cornelius Tacitus, 55~117가 그 역할을 했다는 것이다. 로마의 고전 저술가 중 정치문제에 대해 가장 회의주의적 입장을 보여 준 타키투스가 모델로 등장하게 되었다는 것은 초월적 가치규범을 바탕으로 인간 행동을 판단하던 기존의 지적 풍토의 변화를 예고하는 것이었다. 키케로를 대신하는 타키투스의 등장은 고대 그리스의 카르네아데스Carneades, B.C. 214?~B.C. 129?가 제창한 회의주의 및 스토아주의 등과 결합하여 새로운 정치이론의 토대를 제공했는데, 이러한 지적 토대를 마련하는 데 기여한 두 사람의 새로운 인물로 프랑스의 몽테뉴Michel Eyquem de Montaigne, 1533~1592)와 네덜란드의 립시우스Justus Lipsius, 1547~1606를 들 수 있다. 이러한 새로운 지적

---

27 Tuck, Richard(1993), *Philosophy and Government 1572~1651*, Cambridge : Cambridge University Press, pp.38~39.

배경하에서 이루어진 정치이론에서는 정의 같은 윤리적 문제의 논의가 애써 외면되고, 대신 한 국가의 수장으로서 군주들이 자신의 위치를 유지해야 할 필요성의 문제가 더 전면에 나서게 되었다.[28] 그리고 정치행동을 설명하는 기초로서 지금까지의 모든 윤리적 명제가 부인된 후 마지막으로 더 이상 부인하기 어려운 자기 보존 또는 자기 이익의 명제가 제시되었다. 즉 자신을 보호하기 위한 군주의 행동이나 기타 이익의 추구를 위한 이기적 행동은 더 이상 도덕적 비난의 대상이라기보다는 오히려 모든 정치적 행동의 출발점으로 당연히 인정받기에 이르렀다.

1590년대까지 유럽의 여러 나라에서는 종교문제를 둘러싸고 혼란 상태를 겪고 있었다. 이러한 갈등은 내부로 국한되지 않고 국가 간 분규로도 이어졌는데, 혼란의 극복 방안으로서 모든 갈등 위에 군림하는 새로운 보편적 정치질서의 필요성이 주장되었다. 보다 구체적으로는 당시 오스만제국의 위협으로부터 유럽을 보호하는 기독교 세계의 보호자로 자처하던 최대 강국 스페인의 '제국주의'를 정당화하고 옹호하는 논의들이 본격적으로 제기되었다. 이 논객 중 이탈리아 출신 가톨릭 신부였던 조반니 보테로는 국가이성의 이름으로 그러한 작업을 수행한 첫 번째의 사람으로 기억된다.

보테로는 1544년에 태어나 예수회 교단의 교육을 받고 성장했지만 세속 군주에 대한 교황의 우월성을 부인하여 교단에서 축출되었던 성직자로, 오랫동안 밀라노 주교의 보좌 업무를 담당하면서 당시 밀라노를 지배하던 스페인제국의 정치적 입장에서 자신의 정치적

---

28 Tuck(1993), 앞의 책, pp.45~56.

의견을 전개했다. 그가 관심을 둔 기본 문제는 국가의 효과적 운영과 그에 따른 영광의 확보를 위한 군주의 방침과 같은 과거 인문주의 귀감서와 유사한 것이었다. 다만 키케로적 입장 대신 타키투스적 입장을 논의의 출발점으로 했다는 점에서 구 인문주의자들과 기본적인 차이를 보였다. 이러한 맥락에서 그는 여러 권의 책을 출판했는데, 가장 잘 알려진 것은 1589년에 출판하여 4판까지 발행한 『국가이성론*Ragion di stato*』이었다. 여기에서 그는 국가이성을 국가의 창건, 유지 및 확장을 위한 수단에 관한 지식으로 정의하면서 군주들의 기본적인 행동 동인이 오로지 이익에 있음을 강조했다. 그에게 국가의 이성은 결국 이익의 논리에 따르는 것, 즉 '이익의 이성*ragione d'interesse*' (=이익을 추구할 수 있는 권리)에 다름 아니었다. 따라서 군주들을 상대하는 사람들은 우정, 가족관계 또는 조약 같은 이익에 근거하지 않는 일체의 것들에 대해 신뢰를 두면 안 된다고 강조했다.

보테로는 잘츠부르크 대주교에 대한 헌정사를 통해 이 책의 저술 목적을 다음과 같이 말하고 있다. 즉 많은 정치논객이 마키아벨리와 타키투스를 따르고 있는데 자신은 그들을 불신하기 때문에 그들의 견해를 기독교 정신에 따라 교정하고자 한다는 것이었다. 그러나 그는 마키아벨리의 교훈 자체를 부인하는 것은 아니었다. 그가 의도한 점은 마키아벨리의 가르침이 단순히 이탈리아 국내 정치의 수준에서가 아니라, 가톨릭적 보편주의 또는 제국주의 수준에서 적용되어야 한다는 것이었다. 이것은 당연히 스페인 또는 합스부르크 왕실의 정치적 이익을 대변하는 것이었다. 물론 단순히 스페인의 정치적 이익을 옹호한 것이 아니라, 당시 유럽 전체의 안전을 위협하던 오스만제국의 군사적 공세에 효과적으로 맞설 수 있도록 단결된 힘의 조직을 위한 스페인의 주도적 역할에 대한 옹호가 그의 논의의 주안점이었다. 이에 따라 그는 '진정한' 국가이성과 '어리석고' 또는 '야수적인' 국가이성을 구분한다. 전자는 기독교 및 유럽의 통일을 위한 정책을 말하고, 후자는 터키와 신교도의 존재를 허용하던 당시 프랑스의 정책을 지적하는 것이었다.

보테로와 거의 같은 시기에 토스카나공국의 대공을 위해 봉사하던 스키피오네 암미라토Scipione Ammirato, 1531~1601는 『타키투스 논고』라는 제명의 책을 저술하고, 여기에서 국가이성에 관한 일반이론을 전개한 바 있다. 그는 동물의 생존을 위한 자연적 본능과, 재산과 계약의 안정을 위한 공동체를 형성하는 인간의 능력을 같은 수준에서 논의하면서 이것을 자연적 이성이라고 부른다. 그리고 공공의 복지를 살피고 공동체 또는 공공을 대표하는 군주의 선을 추구하는 것을 국가이성이라는 이름으로 부른다. 암미라토도 터키의 위협에 맞서는 유럽의 단결이라는 기본적 관심사, 즉 가톨릭 보편주의의 시각에 입각하여 스페인의 헤게모니를 선양할 의도에서 정치문제를 논의함으로써 보테로와 같은 논의 맥락에 있었다.

이러한 가톨릭 보편주의의 입장은 이들보다 20여 년 뒤에 태어난 도미니카 교단 출신 성직자 겸 논객이었던 톰마소 캄파넬라Tommaso Campanella, 1568~1639에 의해서도 반복된다. 다만 그는 스페인의 헤게모니 지위를 공격하고 대신 가톨릭 세계의 통일을 위한 교황의 정치적 우월성을 강조한다. 스페인제국의 헤게모니가 군사력을 기초로 하고 있기 때문에 도덕적 올바름을 대표하는 교황이 통일된 세계의 중심이 되어야 한다는 것이다. 여기에서 우리의 논의와 관련하여 중요한 점은 그가 국가이성을 정면으로 공격하고 있다는 사실이다. 그에 따르면 고대에는 공동체의 이성ratio politica이 존재했는데, 이것은 형평과 정의의 원칙을 의미하는 것이라고 말하면서 '현대'의 국가이성과 구분되어야 한다고 강조한다. 즉 국가이성은 권력자의 이익을 위해 국내법, 자연법, 신법, 그리고 국제법의 위반을 정당화하는 폭군의 변명일 뿐이라고 말한다.[29]

이러한 국가이성의 담론은 17세기 초에는 프랑스에서 반복되었던바 이번에는 프랑스 외교정책의 정당화라는 실천적 맥락 속에서 이루어졌다. 1624년 프랑스 재상에 취임한 리슐리외Armand Jean du Plessis Richelieu, 1585~1642 추기경은 반反스페인 정책을 공공연히 천명했는데, 이것은 프랑스 왕국의 불가피한 선택이었다. 이러한 입장을 옹호하기 위해 그의 주위에 있던 논객들은 보테로와 암미라토의 국가이성론을 받아들였다. 이들이 제시한 두 가지 주장, 즉 가톨릭 보편주의와 스페인 헤게모니 중에서 전자는 받아들이고 후자는 배척했다. 더 나아가 가톨릭 보편주의는 프랑스의 정치적 운명과 결합되어 있다는 점을 주장했다. 특히 리슐리외의 측근으로서 그의 입장을 잘 대변하던 보르도대학의 법학 교수 프리에작Daniel de Priézac은 리슐리외의 신교도 관용정책과 관련된 비판에 대한 반박으로서 국가이성론을 인정할 필요성을 역설했는데, 프랑스의 생존은 기독교제국의 영광과 보존에 필수조건임을 강조했다. 따라서 필요하다면 신교도뿐 아니라 이교도와도 동맹할 수 있음을 언급했다. 이것은 프랑스가 합스부르크제국의 포위를 벗어나기 위해 오스만제국과 우호적 관계를 맺어 온 사실에 대한 정당화이기도 했다.

29 Viroli(1992), 앞의 책, p.267.

리슐리외의 현실주의정책은 비단 대외정책에만 국한된 것은 아니었다. 리슐리외는 그의 해임을 공작해 온 왕비 마리 데 메디치와의 정치적 대결을 종식시킨 1630년 11월 11일의 사건Day of Dupes에서 자신의 정적들을 가차 없이 숙청했는데, 이때의 상황은 법적 절차를 무시한 면이 많았다. 따라서 이 사태의 정당성 또는 적법성을 둘러싸고 상당히 심각한 논쟁이 전개되었다. 그의 옹호자들이 전개한 정당화의 이론적 근거는 국가의 안전이라는 명제였다. 당시 제출되었던 적지 않은 수의 정당화 논의 중 가장 설득력 있는 것으로 후대에 전해진 논의는, 이 사건을 직접적으로 옹호하기 위해 쓰인 것은 아니지만 가브리엘 노데Gabriel Naudé의 1639년 팸플릿이었다.[30] 이 글에서 노데는, ragione di stato는 왕국의 보존을 위한 규칙들로 일상적인 도덕을 뒤엎을 수 있다는 주장을 폈다. 그가 구체적인 예로 든 사건은 1572년의 성 바르톨로뮤 축일8월 24일 학살사건이었는데, 간접적으로는 1630년의 사건도 암시되었다. 그가 사용한 논거는 몽테뉴, 립시우스, 또는 샤론Pierre Charron, 1541~1603 같은 당시의 대표적 회의주의 논객들의 주장이었다.

　　이 국가이성의 논지는 1630년 이후 리슐리외에 의해 공개적인 주장이 고무되었다. 그 내용은 1643년에 쓰인 루이 마숑Louis Machon의 글에서 가장 잘 요약된 것으로 평가된다. 즉 "주권자인 군주는……백성의 안전, 공공의 이익 및 국가의 보존이라는 의무 외에 다른 어떤 지도원리를 갖지 않는다. 백성의 복리가 최고의 법이다Surema lex salus populi."

30 *Considérations politiques sur les coups d'estat* (1639).

원래 가톨릭 보편주의의 창달을 위해 제시된 국가이성 개념은 1630년대 이르러서는 타키투스적 인문주의의 반헌법적 또는 반도덕적 견해의 모습을 갖게 되었다. 이에 따라 국가이성은 강국의 대외정책을 옹호하는 이데올로기로 바뀌게 되었다.

국가이성론의 본고장인 이탈리아에서는 17세기 후반에 이르면 이 문제에 관한 토론은 거의 그쳤다. 이것은 30년전쟁의 종식과 함께 스페인의 헤게모니적 지위가 사라지면서 생긴 자연스러운 일로 평가된다.[31] 대신 이 논의는 독일에서의 독특한 정치 경험과 맞물리면서 새로운 모습으로 이루어지게 되었다.

국가이성론의 기본 내용은 다음과 같이 요약될 수 있다. 어떤 공공복리와 관련된 필요성이 제기될 경우, 국가는 자신이 만든 모든 법률의 위반을 전적으로 허용할 수 있다는 것이다. 다만 그러한 행동이 신법과 자연법의 테두리를 넘어설 수 있는가 하는 점은 지속적인 토론의 대상이 되어 왔다. 여하튼 이러한 주장은 기존의 특권세력을 상대로 당시 새롭게 출현하던 중앙집권적 근대국가 또는 그 주인인 절대군주가 제기한 권리 요청을 정당화하는 것이었다.

일찍이 봉건 특권세력이 약화된 이탈리아에 비해 신분의회를 중심으로 한 구특권세력의 강력한 저항을 극복해야 했던 신흥영토 군주들의 작업은 이 작업을 정당화해 주는 이론적 무장이 필요했었다. 이러한 이론적 필요를 충족시킨 것은 이탈리아에서 기원한 국가이성론이다. 초기의 수요는 이탈리아의 보테로나 암미라토의 저술들

---

31 Meinecke, Friedrich(1957), *Machiavellism : The Doctrine of Raison d'État and Its Place in Modern History*, D. Scott (tr.), London : Routledge and Kegan Paul, pp.126~127.

이 번역되어 충족되었다. 이러한 번역작업에서 특별히 흥미로운 것은 당시에는 ragione di stato에 해당하는 독일어가 없어 이를 라틴어로 바꾸는 과정에서 특수한 상황에 맞게 선택된 번역어이다. 독일 지역에서 최초로 이 문제를 다룬 대표적 논객으로 꼽히는, 루터파 대학의 과격한 이론가였던 아르놀트 클라프마르Arnold Clapmar, 1574~1604는 키케로와 아리스토텔레스의 이론을 국가이성론과 결합하려 한 전형적인 독일의 이론가로서, 암미라토의 논의를 바탕으로 국가이성론을 전개했다. 그런데 ragione di stato를 라틴어로 번역하면서 ius dominationis로 옮겼는데, 이를 우리말로 다시 옮긴다면 '통치자의 권리'에 가까운 의미가 될 것이다. 이러한 번역을 통해 그가 의도한 바는, 자신의 성치체제를 지키기 위해 또는 자신의 지위를 유지하기 위해 기성의 법률을 변경하거나 무시할 수 있는 통치자의 권리 내지는 특권이었다.

이탈리아인이 널리 사용하던 국가이성의 개념이 독일에서는 부분적으로는 거부되면서 수용되었다. 독일의 전통적인 도덕관념에 위배된다는 이유 때문에 이 국가이성의 개념에 대해 독일어의 직역에 해당되는 Staatsräson의 사용이 의식적으로 거부되고, 대신 라틴어로 된 ratio status라는 명칭이 사용되었다.[32] 번역어 명칭에 무관하게 독일 지역에서 이 국가이성 개념의 사용은 중앙집권화를 추진하던 신성로마제국 황제의 정치적 포부를 옹호하는 데 사용되기 시작했다. 대표적 경우로 에퍼헨W. F. von Efferhen, 1530~1590 같은 법률가는

---

32 Brunner, Otto, Werner Conze and Reinhart Koselleck(eds.)(1990), *Gechichtliche Grundbegriffe*, Vol.6, "Staat and Souveränität," Stuttgart : Klett-Cotta(이하 *Geschichtliche Grundbegriffe*, Vol.6으로 약칭), p.16.

당시 황제였던 페르디난트 2세Ferdinand II, 1578~1637를 위해 가톨릭을 바탕으로 하는 통일독일의 필요성을 역설했다.[33]

그러나 이 국가이성의 개념이 반드시 중앙집권체제를 지향하던 신성로마제국 황제를 옹호하는 이데올로기로 사용된 것만은 아니었다. 예컨대 스웨덴 왕실의 대변인 역할을 수행했던 켐니츠Bogislaw Chemnitz, 1605~1678는, 독일제국을 하나의 군주국이 아니라 군주들로 구성된 귀족정체로서 규정하면서 황제가 아닌 제국의회Reichstag가 제국 국가res publica des Reiches의 주권의 주체라고 역설했다. 이러한 국가의 이성은 고대 독일의 자유의 정신과 일치하는 것이라고 그는 주장했다.

이렇게 국가이성의 개념은 다양한 정치적 입장을 지지하는 논의로 사용될 수 있었는데, 실제 우리의 논의와 관련하여 중요한 점은 17세기 전체에 걸쳐 state · status라는 단어가 논의된 것은 거의 전적으로 국가이성ragione di stato · ratio status의 논의 맥락에서였다는 것이다. 그리고 그것이 빈번하게 논의되는 과정에서 status · state를 한정하는 수식어가 떨어져 나가고 그 단어가 독립적으로 사용되면서 점차 당시까지 국가 일반을 지칭하는 res publica · commonwealth와 사실상의 동의어로 사용되기에 이르렀다는 점이다. 그 결과 바이나흐트Paul-Luduig Weinacht가 지적하고 있듯이, 국가state · status는 17세기 중반 이후 모호하거나 오해를 유발하기는 했지만 더 이상 피할 수 없는 정치의 단어로서 지속적으로 관심을 얻게 되었고, 후에는 우선적으로는 대내적인 그리고 다음으로는 대외적인 통일의 개념으로서

---

33 *Geschichtliche Grundbegriffe*, Vol.6, p.13.

간주되기에 이르렀다. 이러한 과정에서 state · status는 지배자와 피지배자를 아우르거나 다양한 종류의 정치공동체를 대표하는 상위 개념으로서 그 지위를 획득하게 되었다.[34]

근대적 국가 개념의 성장

1) 근대적 국가 개념의 기준

국가이성에 관한 토론이 빈번하게 된 것은, 우리가 흔히 절대주의 군주체제라고 부르는 새로운 유형의 중앙집권적 정치조직의 출현에 따라 나타난 이 새 질서와 기존 질서 사이의 마찰과 갈등을 직접적인 배경으로 한다. 즉 이러한 새로운 정치조직의 정치적 상승은 불가피하게 기성 정치조직들에 대한 정치적 억압을 수반하는 일이었다. 따라서 여러 가지 저항이 수반되었는데, 우리의 주제와 관련하여서는 그러한 갈등이 수반한 이론적 논쟁의 측면이 언급되어야 할 것이다. 새로운 정치조직들이 내세운 정당화의 논의는 백성의 복리를 앞세운 긴급한 필요라는 논지 위에 세운 국가이성론이었다. 이 국가이성 문제에 대한 빈번한 논의를 통해 국가state · status는 존재론적 지위를 확보할 수 있게 되었다. 그러나 이 긴급한 필요성이라는 논지는 경험 수준에서의 공감 이상의 체계적인 이론적 논의를 딛고 있는 것이 아니었기 때문에 고전 정치사상과 기독교 사상에 근거하던 기성의 국가 · 정치이론을 극복할 수 있는 이론적 장치로서는 미

---

34 Weinacht(1968), 앞의 책, pp.171~172.

흡했다. 말을 바꾸어 백성의 복리와 관련된 긴박한 필요성이 어떤 근거에서 새로운 근대적인 정치적 조직과 그것의 활동 환경을 필요로 하는지에 대한 이론적인 설득 작업이 제공되야만 했다. 이러한 설득 작업이 쉽지 않았던 것은 기성 이론, 특히 아리스토텔레스와 결합된 기독교 정치이론을 넘어서서 새로운 조직 즉 근대국가 자체가 최고 권력인 주권의 원천이라는 점을 보여 주는 일이 결코 간단한 작업이 아니었기 때문이다. 이러한 점에서 근대국가의 이론은 곧 주권의 이론이었다. 따라서 근대국가 개념의 역사는 주권 개념의 역사와 동일한 궤적을 그려 왔다고 이야기될 수 있는 것이다.

근대적인 국가 개념이 확립되는 과정은, 경험적으로 나타나는 다양한 형태의 정치조직을 포괄할 수 있는 이론적 추상화를 바탕으로 설정된 국가의 관념이 하나의 독자적 실체성을 획득하는 과정을 의미하는 것이다. 이것이 되기 위해서는 국가를 표상했던 두 가지의 인격체로부터 떨어져 나오는, 즉 탈인격화의 과정을 거쳐야만 했다.[35] 하나는 전통적 의미의 국가, 즉 polis · civitas를 다스리는 인물들인 군왕 또는 다른 최고통치자와 분리된 독자적인 기관으로서의 국가 개념이다. 다른 하나는 구성원politeuma의 성격에 따라 규정되는 정체politeia = regime의 개념을 통해서만 이해되던 아리스토텔레스적 국가 관념[36]으로부터 해방된, 즉 주어진 정체의 성격과 무관하게 별개

---

35 이 문제에 대한 명백한 지적은 Shennan, Joseph Hugh(1974), *The Origins of the Modern European State 1450~1725*, London : Hutchinson University Library, p.9, pp.113~114 ; Mansfield, Harvey C.(1996), *Machiavelli's Virtue*, Chicago : University of Chicago Press, pp.281~282 ; Skinner(1989), 앞의 논문, pp.112~113.

36 *Politics,* 1278b : ······A constitution (or polity) may be defined as 'the organization of a polis, in respect of its offices generally, but especially in respect of that particular office

로 존재한다고 여겨지는 추상화된 국가 관념개념의 발전이다. 이러한 아리스토텔레스적 국가 관념은 비단 고전 그리스에만 국한된 것은 아니었고, 고전 로마 헌정사상의 기초를 이루는 것이기도 했다. 즉 국가는 아직 그 구성분자로서 시민의 상위에 존재하는 별개의 실체로서 이해되지 않았는데, 이것은 다시 중세 법률 사상에 그대로 영향을 미쳤던 것이다. 구성원들과는 별개의 실체로 인식되는, 또는 정체의 변화와는 무관하게 독자적인 양태로 존재한다는 국가라는 관념의 발전은 근대국가 개념의 핵심적 요소라고 말할 수 있다.[37]

국가와 통치자를 동일시하는 견해는 왕권신수설의 입장에서 절대주의 군주권을 옹호하던 보수적 신학자인 자크베니뉴 보쉬에 Jacques-Bénigne Bossuet, 1627~1704 같은 논객들에 의해 제기된 "국가의 전체는 통치자 속에서 구현된다(tout l'état est en lui)"고 하는 주장에서 가장 잘 드러난다. 그러나 이미 국가조직은 국왕 개인의 능력을 훨씬 벗어날 정도로 정교하고 복잡하게 만들어져 있어, 국왕과 왕국을 동일시하는 견해를 대표하는 "짐이 곧 국가(L'état c'est moi)"라는 명제는 절대주의체제를 상징하는 후대에 만들어진 표현에 불과할 뿐이다.[38]

which is sovereign in all issues.' 이 점과 관련된 맨스필드의 흥미 있는 논의를 참조할 것. Mansfield(1996), 앞의 책, pp.283~284.

37 바로 이러한 점이 근대적 국가의 관념과 그 이전의 국가 관념을 가르는 결정적 기준으로서 이야기될 수 있을 것이다. 이러한 점에 대한 대단히 명확한 언명으로서는 Post(1964), 앞의 책, p.12 참조. 정부기관과 주민들과 분명히 구별되는 실체로서의 국가 관념의 확립은 점진적으로 이루어진 과정이었는데, 가장 중요한 계기는 공동체 전체에 닥치는 명백한 위기 상황과 이것을 전체의 이름으로 해결할 의무와 그에 상응하는 여러 가지 특권을 보유하는 국왕의 역할이었다고 지적된다. 이에 관해서는 Post(1964), 앞의 책, pp.318~319 참조.

38 게인스 포스트는 루이 14세가 그러한 말을 했을 가능성은 거의 없다고 하면서 다만 전해져 내려온 그 말의 의미를 새기고 있다. 그에 따르면 이 어구에서의 état가 근대적 의미의 국가라기

특히 기독교의 권위가 상당히 감소하여 이미 정치이론의 기초로 작용하지 않게 된 상황에서 왕권신수설은 더 이상 큰 의미나 설득력을 가진 주장이 아니었다.

2) 장 보댕
─근대적 주권 개념의 확립

국가와 통치자를 별개로 보는 논의의 제출은 강화된 절대주의에 대한 저항과 관련하여 촉발되고 증폭된 신구교 간 종교 갈등의 맥락 속에서 분명하게 이루어졌다. 기존의 지방분권적 정치체제를 극복하고 중앙집권체제를 달성하려는 노력은 귀족세력으로부터 심각한 저항을 야기했는데, 프랑스의 경우 왕실이 표방하던 가톨릭 사상에 맞서 흔히 폭군방벌론자monarchomaques라는 집합적 이름으로 불리는 일단의 급진적 칼뱅주의 정치이론가들의 출현을 자극했다. 프랑수아 오트망François Hotman, 테오도루스 베자Theodorus Beza 등으로 대표되는 이 집단의 이론가들은 주장은 기본적으로 군주도 자신이 만든 법에 구속되고, 그 법을 위반한 폭군에 대한 저항이 합법적이고 합헌적이라는 정치적 주장을 내세웠다. 우리의 문제와 관련하여 중요한 점은 국왕에 대한 저항의 정당성에 관한 논의 그 자체보다는 그러한 주장을 전개하는 과정에서 제시된 국왕과 왕국이 별개라는

보다는 그 이전의 status, 즉 상태 또는 공공복리와 안녕을 뜻하는 전통적 의미의 국가일 가능성이 크다 말하는데, 그럴 경우 그런대로 의미 있는 구절이 될 수 있음을 말하고 있다. 만일 그렇다면 그 말의 뜻은 다음과 같은 것이 된다. 즉 "짐은 프랑스 국가의 공공복리를 담당하고 있는 최고의 권위이면서 최고의 행정관이다"라는 의미가 된다는 것이다. 이러한 식으로 해석된다면 충분히 개연성이 있는 구절이지만, 그렇다면 그것은 근대적이라기보다는 중세적인 표현으로밖에 볼 수 없다고 한다. Post(1964), 앞의 책, p.334, p.367.

지적이다.[39]

　이러한 관점은 국왕의 절대주의적 권한에 대한 반대 논의에만 국한된 것이 아니었다. 오트망 등 폭군방벌론자들의 입장에 반대하여 정치의 종교적 중립성의 입장에서 정치적 안정의 필요성을 역설했던 장 보댕의 주장에서도 지배자인 국왕과 국가의 분리는 중요한 문제로 부각된다. 여기에서 우리가 흥미롭게 보아야 할 점은 다음과 같다. 정치적 안정을 위해 모두가 당연히 복종해야 할 정치적 권위의 필요성을 제시하는 한편, 이러한 자신의 주장을 역사적으로 존재한 다양한 국가들의 연구를 바탕으로 지지하는데, 여기에서 도출된 것이 바로 주권souveraineté의 개념이다. 즉 보댕은 역사연구를 통한 경험적 근거를 제시하기는 하지만, 단순히 경험적으로 관찰되는 일련의 지배자의 권리가 아니라 국가가 국가로 되기 위한 논리적 전제사항으로서 국가권위의 최고성의 개념을 제시한다. 곧 어떠한 정치공동체에도 절대적인 주권자, 즉 명령을 내리되 다른 사람으로부터 명령을 받지 않는 존재가 있어야만 한다고 주장한다. 이런 의미에서 절대적 주권의 관념은 정치공동체 즉 국가의 개념에 이미 상정되어 있는 것으로 취급된다. 따라서 주권은 "국가république 안에서 시민과 신민 위에 존재하는 가장 높고 절대적이며 또한 항구적인 권력"이라고 정의된다.[40] 그가 주권을 절대적이라고 한 것은, 주권자의 명령이

39 Skinner, Quentin(1978b), *The Foundations of Modern Political Thought*, Vol.2, Cambridge : Cambridge University Press, p.314.

40 Bodin, Jean(1962), *The Six Bookes of a Commonweale*, facsimile reprint of Knolles translation of 1606 with apparatus and introduction by Kenneth D. McRae, Cambridge : Harvard University Press, p.84.

비록 옳지 않거나 실정법을 어긴다고 해도 아무도 그것에 대해 합법적으로 저항할 수 없다는, 즉 일체의 저항은 불법적일 수밖에 없다는 의미이다. 그 까닭은 이러한 절대성의 개념이 경험적으로 도출되는 것이 아니라 폭력 사태로부터의 보호를 위해 인위적으로 만들어진 결사체로서 그 목표를 바탕으로 정의된 국가의 개념에 이미 전제되어 있는 것이기 때문이다. 이러한 점에서 근대적 국가 개념의 확립 과정은 주권 개념의 확립 과정과 완벽하게 일치하는 것이고, 또한 이 두 개는 별도의 논의가 될 수 없다.

국가문제에 대한 보댕의 관심은 그가 살던 당시 프랑스가 겪고 있던 종교적 갈등과 내란의 극복이라는 문제에 맞추어져 있었다. 따라서 그의 논의는 이 문제를 그대로 반영한다. 그에게 인위적 조직체인 국가는 그 설립의 목적이라고 여겨지는 만연된 폭력 행위로부터의 보호수단으로서 상호 결사의 본능이라는 관점에서 설명된다. 이러한 관점은 그가 반대하던 칼뱅주의 국가이론에 부분적으로 동의하는 부분이다. 즉 보댕도 국가는 폭력 속에서 기원했다는 관점에 동의하는 것이다.[41] 원죄와 그 교정이라는 관점에서 출발한 그의 국가이론은 자연스럽게 폭력이라는 관점을 바탕으로 구성되는데, 폭력의 만연으로 인한 무질서의 상태가 극복되기 위해서는 일정한 영역 안에서 자신보다 우월하거나 동등한 세력의 존재를 인정하지 않는, 즉 최고의 절대적인 정치적 권위가 있어야만 한다. 이러한 최고의 정치권위는 보댕에 따르면 신의 권력이다. 이 권력은 신에 의해 부여된 것으로 피지배자의 동의와는 무관하다. 따라서 주권자

---

41 Bodin(1962), 앞의 책, Bk. I-vi ; IV-i.

는 신법과 자연법의 테두리 안에서 무제한적인 명령권을 갖는 것이다.

여기에서 우리가 주의를 기울여야 할 점은 보댕이 이론적으로 설정된 주권자와 현실 속에 존재하는 군주를 동일한 것으로 보지 않는다는 사실이다. 최고 권력으로서의 주권은 신에 의해 부여된 것이고, 군주는 신의 대리인으로서 그 권력을 행사한다는 것이다(Bk. I-x). 즉 그 주권이 1인에 의해 보유되면 그것은 군주제이고, 백성 전체가 보유하면 민주정이라 부르며, 일부 인사에 의해 보유되면 귀족정이라고 한다(Bk. II-1). 이러한 논의는 물론 당시 정치의 기본 문제였던 절대주의 군주체제 확립을 옹호하는 논의였음이 분명하지만, 이미 그것은 군주 개인의 권력 확대를 위한 것이 아니라 당시에 새로이 출현한 절대군주에 의해 대변되던 새로운 유형의 중앙집권적 정치조직의 필요성을 강조하는 논의로 받아들여야 할 것이다.

이러한 주권의 주체로서 국가는 이미 재래의 civitas · respublica의 이름으로 불리던 국가와는 일정한 거리가 있으나, 보댕의 경우 그러한 사실을 의식하고 있으면서도 여전히 새로운 이름인 estat를 일반적인 용어로 사용하지 않고 있다. 그는 우선 자신의 책 제명인 *Les Six Livres de la République*에서 estat를 사용하지 않고 보다 전통적인 république를 사용하고 있다. 1586년에 발간된 라틴어 번역본에서도 respublica를 사용하고 있는데, 1606년에 발간된 놀스Knolles의 영역에서도 state라는 이름은 회피되고 *The Six Bookes of a Commonweale*이 채택되고 있다. 또 다른 예로 그는 2권 2장 첫 문장에서 다음과 같은 말을 하고 있다. "우리는 지금까지 군주정이 국가의 한 종류라고 말했다." 이때 국가라는 말은 république이며, 1606년의 영역본에서는 commonweale을 쓰고 있다. 그러나 estat라는 용어가 전혀 사용되지 않는 것은 아니다. 사용되는 대부분의 경우 그는 '자신의 estat를 유지하고 있는 지배자' 등 재래적 방식으로 그 말을 사용하고 있다. 그러나 때로는 estat를 république의 동의어로 사용하기도 하고, 때로는 estat 자체를 불가분의 주권체로서 말하기도 한다. 『국가론』 2권 7장의 말미에서는 다음과 같이 말하고 있다.

> 국가République의 정체는 민주정일 수도, 귀족정일 수도 또는 군주정일 수도 있지만, 국가 자체l'estat en soit는 비교의 대상이 되지 않는다. 분할이 불가능한 주권은 그 자체로 유일한 것이기 때문이다.[42]

이렇게 주권의 주체로서 국가를 군주와 구별하는 보댕의 태도는 자신의 논적들과 일치하는 부분인데, 이러한 일치는 국가와 피지배자 또는 공동체 전체와의 관계와 관련된 논의에서는 더 이상 반복되지 않는다. 폭군방벌론자들에게 국가는 집합체로서 전체 시민 자체였다. 이러한 사유는 물론 반드시 이들에게만 국한된 것은 아니었다. 이들에 앞서 파도바의 마르실리오Marsiglio da Padova는 한 국가의 궁극적 입법권이 전체 주민populus(단위집합체로서의 시민)에게 있다고 했다. 이 점에서 보면 외견상으로 나타나는 정체의 차이는 큰 중요성을 갖는 문제가 아니었다. 이러한 전통은 후일 영국에서 계승되어 존 밀턴John Milton, 1608~1674을 거쳐 뒤에는 존 로크John Locke, 1632~1704를 통해서도 다시 나타났다. 로크에 의하면, 한 국가 안의 정부의 권력은

---

42 Bodin(1962), 앞의 책, p.250.

사회 내 모든 구성원의 힘의 총합을 넘을 수 없는 것이었다. 이러한 의미에서 그는 (시민 전체의) 공동체가 군주나 입법자에 대하여 항구적으로 상위의 권력을 보유한다고 말한다.[43] 이렇게 공동체 전체 또는 단위집합체로서의 시민과 국가civitas · respublica를 동일시하고 있는 헌정주의constitutionalism 이론가들에게 status · state라는 새로운 단어를 필요로 하는, 시민 전체와 구분되고 그로부터 추상화된 별개의 독립된 실체로서의 국가는 없었다. 이러한 점에서 이들 이론가들은 state라는 용어를 전혀 사용하지 않았고, 이러한 정치이론의 전통에 지배되어 온 영국 정치이론의 전통에서 국가는 사용되지 않았거나 불신의 대상이 되었다.[44]

이에 비해 보냉은 주권의 개념을 통해 국가와 그 속에 거주하는 주민들을 분명히 구별하고 있다. 우리가 어떠한 단체를 국가라고 부를 수 있는 것은 단일한 주권이 존재하고 그것을 중심으로 다수의 사람들과 지역이 통합되어 있을 때인데, 그러한 주권이 없는 경우 이것은 마치 키가 없는 배와 마찬가지로 그 안의 승객 같은 주민들은 흩어지고 파괴된다고 함으로써 주민과 국가를 분명히 구분하고 있다.[45] 물론 보냉은 이 국가를 언급할 때 estat보다는 république라는 이름을 고집하고 있지만, 이것은 이미 헌정주의자들이 고집하는 commonwealth와는 다른 것임을 의식할 필요가 있을 것이다.

---

43 Locke, John(1967), *Two Treatises of Civil Government*, Peter Laslett(ed.), Cambridge : Cambridge University Press, p.375, p.385, p.445 ; Skinner(1989), 앞의 논문, p.115 참조
44 이러한 영국의 사정에 관해서는 Dyson(1980), 앞의 책, pp.36~47 ; Nettl(1968), 앞의 논문, pp.559~592 참조.
45 Bodin(1962), 앞의 책, pp.9~10.

3) 토머스 홉스
—개인주의적 사회계약과 기계론적 국가 개념

기존의 civitas · respublica의 이름으로 불리던 국가와는 달리 지배자와도, 그리고 집합적 실체로서의 시민 전체 또는 공동체 전체와도 분명하게 구분되는 별개의 독립된 실체로서 국가의 개념을 역사상 처음으로 가장 명료하게 그리고 체계적으로 제시하였다고 평가되는 홉스에게도 state라는 말을 바로 사용하는 것이 주저되기는 마찬가지였다. 예컨대 1651년에 출간된 『리바이어던*Leviathan*』의 부제는 The Matter, Forme and Power of a Commonwealth Ecclesiaticall and Civil이었다. 다만 홉스는 서문에서 자신의 commonwealth는 곧 state이고, 이것은 라틴어로는 civitas를 뜻하는 것이라고 분명히 말했다. 그러나 본문에서는 state라는 말 대신 commonwealth를 일관되게 사용하고 있다. 따라서 state라는 말의 사용을 상당히 주저하고 있음을 알 수 있는데, 이러한 주저는 홉스 자신의 주저라기보다는 그의 독자들이 아직 버리지 못하고 있는 언어 관행을 일거에 무시할 수 없던 사정을 반영한 것으로 보인다.

당시까지 commonwealth라는 이름으로 불리던 국가의 문제를 논의하면서 굳이 state라는 새로운 이름이 필요할 수 있다는 점을 시사한 것은 그의 이론적 관심이 이미 과거의 polis · civitas를 중심으로 한 정치이론에 있지 않음을 의도한 것으로 보인다. 이러한 그의 새로운 관심은 당시까지 모든 가치와 규범의 원천으로서 기독교의 권위가 붕괴되었을 뿐 아니라 정치적으로도 혁명과 내란이라는 이중적 혼란의 상황을 극복할 수 있는 사실상 유일한 방안인 강력한 정치질서의 확립이었다. 기성의 모든 도덕적 권위가 붕괴된 상태에서 사람들에게 호소력을 갖는 무조건적인 도덕적 사실은 최소한의 도덕원리로서 자기 보존이라는 자연권밖에 없었다.

이러한 자연권의 개념을 중심으로 하는 논의는 당시까지의 자연법 중심의 논의를 대체하는 것이었다. 그것은 그 내적 가치가 의심되는 기성의 가치, 규범을 바탕으로 하는 의무론 중심의 논의 대신에 더 이상 의문의 여지가 없는 개인의 자기 보존 욕구를 출발점으로 하는 권리론 중심의 논의였다. 그는 그 자연권을 확보할 수 있는 조건으로서 평화가 최고의 사회적 덕성이며, 이 평화를 유지하기 위해 사람들이 복종해야 될 법칙이 최고의 도덕적 법칙 즉 자연법이라는 점을 결론으로 도출했다. 따라서 이 법칙의 준수가 홉스의 정치이론에서 가장 중요한 관심사가 된다. 그에 따르면 자연권의 무제한적 추구가 상호 질시와 전쟁 상태를 유발하기 때문에 평화를 확보하기 위해서는 자연권을 포기해야 할 의무가 생긴다고 하는데, 바로이 의무가 그가 말하는 제1의 자연법이다.

그러나 이러한 법은 그것을 지키게 강제할 수 있는 힘이 없다면 말에 불과한 것이 된다. 따라서 자연권을 포기한다는 상호 약속의 준수 여부를 감시하고 준수를 강제할 수 있는 새로운 힘의 주체를 수립해야만 한다. 이 힘은 바로 주권이고, 그것을 소유하고 행사하는 주권체는 다름 아닌 인위적 인간으로서 그가 굳이 '괴물leviathan'이라는 이름을 붙이는, 즉 국가이다. 결국 주권은 자연권의 원래 보유자인 개인들도 아니고 국가권력의 행사를 대행하는 통치자들도 아닌 인위적 인격체인 국가에 있다는 것이 홉스 이론의 핵심논지이다. 그에게 국가는 단순한 물리적 힘potentia뿐 아니라 법적으로 정당화되는 권력, 즉 권위potestas의 보유자로서 모든 규범과 가치의 새로운 원천이기도 했다. 이러한 의미에서 그것은 과거의 신神과 같은 역할을 담당하게 되었는데, 다만 과거의 신과 다른 것은 죽을 수 있다mortal 는 점이다.

홉스의 논의가 과거와 결정적으로 다른 점이 있다면 그것은 국가 의 독립적 실체성을, 국가 바깥의 또는 그 상위의 또 다른 권위에 근 거하지 않고 백성의 안녕salus populi이라는 누구라도 동의하지 않을 수 없는 최소한의 현실적인 사회적 또는 정치적 필요성을 바탕으로 도출해 내고 있다는 점에서 찾을 수 있을 것이다. 그리고 이 점과 관 련하여 특기할 사항은 그가 '백성의 안녕'이라는 전통적 용어를 사 용하고 있지만, 이미 그의 백성은 과거와 같은 신민이 아니라는 점 이다. 그에게 공동체를 구성하는 단위는 더 이상 잘게 쪼갤 수 없고 나름대로의 생존권을 갖는 개인이다. 홉스와 유사하게 근대적 주권 개념을 제시한 보댕의 경우 국가 또는 공동체를 구성하는 단위는 개 인이 아니고 전통적인 가정 또는 가문이다. 이런 점에서 홉스는 아 직 중세적 흔적을 완전히 떨쳐 내지 못하고 있던 보댕에 비해 한 발 더 나아간 근대 이론가로서 지칭되는 것이다. 이러한 점까지를 염두 에 둘 때 우리는 홉스를 근대국가의 존립 근거를 이론적으로 확립한 최초의 진정한 근대 정치철학자로 말할 수 있다.

4) 장 자크 루소
—개인주의적 사회계약과 기계론적 국가 개념의 비판
토머스 홉스의 이론에서 국가 성립을 위해 계약을 맺는 기본 동 기로는 자신의 생명과 재산의 보호를 도모한다는 물질적 이익의 관 념이 제시된다. 그리고 그러한 계약을 통해 만들어지는 결사는 개인들 사이의 기계적 결합에 불과한 것이다. 물질적 이해관계의 동기가 사라지면 국가라는 결합체는 즉시 와해되기 때문이다. 따라서 홉스의 국가 개념, 즉 전체 시민이라는 인적 요소와는 분명히 구별되는 독립된 실체로서의 국가 개념에 대해서는 별다른 문제가 제기되지 않았으나, 개인의 물적 동기에 바탕을 둔 기계적 결합으로서의 국가는 현실에서 경험되는 국가와 거리가 있다는 점에서 비판의 대상이 되었다.

기계적 결합으로서의 국가 관념에서 드러나는 개인주의적 요소에 대한 강력한 대안으로서 조국애라는 감성적 요소에 입각한 정서적 결합의 이론이 제시되었다. 이것은 홉스 이론의 상당 부분에 동조하면서도 동시에 가장 강력한 비판과 대안을 제시한 장 자크 루소 Jean Jacques Rousseau, 1712~1778의 작업이었다. 루소는 우선 오로지 물적 이해관계에 의해서만 움직이는 것으로 상정되고 있는 홉스의 인간을 비판한다. 루소의 시각에서 볼 때 홉스의 최대 약점은, 인간의 본성으로서 홉스가 제시하고 있는 자기 보존의 본능에는 순수한 의미의 자기 보존 본능으로서의 자기애amour de soi와 사회 형성 이후 비교에서 비롯되는 이기적 욕심amour propre이 구별되지 않고 섞여 있다는 점이었다. 그리고 이러한 이기적 욕심에도 불구하고 고통받는 이웃에 대한 연민의 감정, 즉 pitié가 있다는 점을 간과한 것도 대단히 중요한 약점이었다.[46] 이러한 비판은 다음과 같은 점을 지적하고 있다.

---

46 Rousseau, Jean-Jacques(1992), *Discourse on the Origin and Foundations of Inequality among Men, The Collected Writings of Rousseau*, Vol.3, Hanover, N.H. : University Press of New England, p.36.

개인을 출발점으로 하여 사회의 결성을 설명하는 데 물질적 이해관계 같은 합리적(계산적)인 측면만을 바탕으로 하는 논의는 불충분하며, 이해관계와 무관한 정서적 측면이 동시에 고려될 때 현실적으로 존재하는 사회의 강력한 유대의 의미가 파악될 수 있다는 것이다.

루소가 이상적으로 생각한 공동체 즉 조국patrie의 성원들 사이에서 가장 강력한 유대의 요소는 조국애patriotisme이다. 도덕적 통일체로서의 국가공동체 또는 조국은 홉스의 논의에서 발견되는 물질적 이익을 바탕으로 하는 기계적 결합보다 훨씬 강력한 사회적 유대를 만들 수 있는데, 그 까닭은 조국애의 감정이 "정부情婦의 사랑보다 수백 배 강렬하고 감미롭기" 때문이다.[47] 달콤하고 열렬한 감정으로서의 애국심은 이기심의 힘과 덕성의 아름다움으로의 결합을 통해 에너지를 얻게 되는데, 바로 이러한 이유로 인해 모든 감정 중에서 가장 영웅적인 것이 된다고 루소는 말한다.[48] 조국애(애국심)가 대단히 강렬한 것은 어떤 매개도 필요 없고, 또한 어떤 이유나 설명이나 별도의 정당화도 필요 없는 자연스러운 감정이기 때문이다.

이러한 조국애는 어떻게 생기는가? 이것은 올바른 사회계약이 이루어질 때 비로소 가능해진다고 루소는 말한다. 그의『사회계약론Du Contrat Social, ou Principes du droit politique』은 바로 이 올바른 사회계약이 이루어질 수 있는 이론적 · 이상적 과정을 그리는 작업이다.[49] 루소에게 조국애는 자기가 태어난 땅에 대한 사랑이 아니라 동료 시민에 대

---

47 루소, 장 자크(2004),『장자크 루소와 국제정치』, 김용구 편역, 도서출판원, p.141.
48 루소(2004), 앞의 책, p.141.
49 이 문제에 대해서는 김용민(2004),『루소의 정치철학』, 인간사랑, 제6장 참조.

한 사랑이다.[50] 이러한 시민은 올바른 사회계약을 통해서만 만들어지고, 이에 따라서 올바른 시민의식이 형성된다. 그러나 이러한 합리적 행동의 결과인 시민의식은 공동체 유대의 요소로서는 일정한 한계를 가지며 정서적 태도인 애국심에 의해 보완될 때 비로소 강력한 공동체의 유대를 만들어 낼 수 있는 것으로 주장된다.

시민의식이 인위적이고 매개된 창조물인 데 비해 애국심은 자발적이고 직접적이다. 어떤 목적을 달성하기 위해 계산된 행동의 결과로서의 시민의식 형성은 더 이상 이유가 필요 없는 사랑의 감정으로 보완될 때 강력해진다. 올바른 사회계약을 통해 시민이 만들어질 때 덕성이 양성되고, 덕성이 있을 때 자유가 있게 되며, 자유가 있을 때 조국이 생긴다는 루소의 주장을 고려하면, 결국 국가라는 공동체의 유대는 이성적인 요소와 동시에 감성적 요소 두 가지를 동시에 바탕으로 해야 한다는 그의 논지가 이해될 수 있다.[51]

우리의 주제와 관련하여 볼 때 루소의 논의는 홉스와는 다른 지평에서 새로운 문제를 다루고 있다. 즉 홉스의 경우 국가라는 권위의 수립이 필요한 이유를 설명하기 위한, 다시 말하면 효과적으로 기능하는 정치권위의 정당화를 위한 이론적 작업이었다. 이를 위해 국가는 공동체 안의 특정 세력으로부터도(국가권위를 수립할 것을 계약하는 모든 당사자로부터) 구속되지 않는, 또는 정치권력을 장악하는 세력의 성격과 무관하게 존재하는 실체로서 규정되었다. 이에 비해 루소는 이미 만

---

50 Rousseau(1992), 앞의 책, pp.3~4.
51 루소의 이러한 주장은 루소(2004), 앞의 책, p.147 참조. 그리고 애국심과 시민의식, 두 요소의 차이점과 합일성에 대해서는 Barnard, Frederick M.(1984), "Patriotism and Citizenship in Rousseau : A Dual Theory of Public Willing?," *Review of Politics*, 46-2, pp.244~265 참조.

들어져 있는 정치권위를 공동체의 목적에 봉사하는 도구로 만들기 위해 다시 공동체의 목적에 속박되는 국가의 개념화 작업을 시도한 것이다. 따라서 그의 작업은 state · état라는 새로운 이름을 굳이 사용해야만 하는 성질의 것이 아니었다. 그의 국가는 조국patrie이라는 말로 가장 잘 표현되는 시민의식과 애국심의 두 가지 요소를 바탕으로 만들어지는 공동체였다. 루소의 그러한 작업은 절대주의체제하에서 성장한 시민사회가 스스로 국가의 주인으로서 자신을 내세우는 시민혁명 단계에서의 중심적 정치 프로그램에 상응하는 개념화 작업으로 이해된다.

루소에 의해 설정된 공동체-국가는 조국애라는 감정을 통해 일체성이 확보되고, 또 그 애정의 대상이 되는 시민들이 주인이 되는 도시국가 규모의 조국이었다. 그러나 실제 (프랑스)혁명 과정에서 이 시민들의 집합체는 도시국가의 규모를 넘어서서 프랑스 전체 주민을 아우르는 국민nation이라는 새로운 이름을 갖는 단일 개체로서의 정체성을 확보하게 되었다. 이러한 정치의 새로운 주체로서 제시된 집합적 개체로서의 국민 개념을 제시한 것은 시에예스 신부Emmanuel Joseph Sieyès, 1748~1836였다.

프랑스혁명의 직접적인 사상적 배경이 된 『제3신분이란 무엇인가Qu'est-ce que le tiers état?』라는 소책자를 저술해서 유명해진 시에예스 신부는 도시국가의 수준을 넘어서는 근대 영토 국가 수준에서 정치의 주체를 이룬다고 주장한 제3계급 또는 시민계급을 묶어 하나의 집합적 개체로서 '국민nation'이라는 이름을 붙였다. 이로써 시민혁명 이후의 근대국가는 곧 국민국가the nation state로서 성격이 규정되기에 이르렀다. 시에예스에게 국민이란 "동일한 입법부에 의해 대표되며, 공통의 법률하에서 살아가는 구성원들의 집단이다."[52] 이때 우리가 주의해야 할 점은 다음과 같은 사실이다. 국민에 관한 시에예스의 정의에서 전제되는 사항은 타 국민과의 구별이라는 점이다. 그러나 이 정의에서 역점을 둔 것은 그러한 구별보다는 '공통의 법률하에서 살아가는 구성원'으로서의 국민이 한 국가의 주체적 구성원 전체를 아우르는 하나의 집합적 개체에 붙여진 이름이라는 사실이다. 이 집합적 개체는 한 국가 내 최고의 존재로서 국가 내 모든 것의 기원이다. 따라서 국민의 의사는 정의상 항상 적법할 수밖에 없다. 헌법도 국민의 의사일 뿐으로 헌법이 국민을 구속할 수 없다.[53] 이러한 주장은 뒤에 국민주권설the theory of national sovereignty로 발전한다. 우리의 논의와 관련하여 중요한 점은 이 이후로 국가의 문제는 국민 또는 민족과 구분하여 생각하는 것이 어렵게 되었다는 사실이다. 이러한 경향은 이미 단일민족 또는 국민의 틀을 갖추었지만, 그에 합당한 정치적 표현인 국가의 틀을 갖지 못한 점을 민감하게 의식하던 독일에서 더욱 강조되었다.

독일에서의 국가 개념의 형성과 발전

1) 푸펜도르프

일반적으로 영국사의 전통에서 state라는 단어는 애써 회피되었

---

52 시에예스, E. J. (2003 / 1789), 『제3신분이란 무엇인가』, 박인수 역, 책세상, p.23.
53 시에예스(2003 / 1789), 앞의 책, pp.93~94.

고, 이러한 전통은 20세기까지 이어졌다. 영국의 정치이론사 전통에서 절대주의를 옹호한 대표적 이론가로 평가되는 홉스도 여전히 state라는 단어를 사용하는 것을 주저했다는 점은 앞서 지적된 바 있다. 그러나 이러한 회피는 state가 실패했기 때문이라기보다는 정반대의 이유에서였다고 여겨진다. 즉 영국의 경우 유럽 대륙의 다른 국가들에 비해 절대주의는 일찍 확립되었다. 여기에는 몇 가지 이유가 같이 작용했기 때문인 것으로 풀이된다. 우선 유럽의 다른 국가들과 달리 국왕과 귀족계급이 하나의 작은 통일된 집단으로 출발했다는 점, 백년전쟁 직후 30년간의 내란을 통해 군사계급으로서 귀족층이 결정적으로 약화됨에 따라 그 이후로는 왕권에 대한 귀족들의 저항이 취약했다는 점, 또한 이와 관련된 귀족계층이 빨리 상업계층으로 전환되었다는 점 등이 지적된다. 영국의 절대주의는 조숙한 발전을 이룩했지만 바로 그러한 이유 때문에 절대주의의 확립은 강한 군사조직의 발전을 수반하지 않았다. 이러한 연유로 안정된 중앙집권체제는 조속히 확립되었고, 안정된 정치 환경을 기초로 하여 자본주의 질서의 정착과 이에 따른 시민사회의 성장도 다른 국가들에 비해 빨랐다. 이 덕분에 왕권이 대륙식의 절대주의의 수립을 기도할 때 반발도 강력하여 결국 시민혁명이 발발했고, 그 이후 영국의 국가 성장은 강력한 군주중심의 절대주의체제를 경험하지 않으면서 이루어졌다.

영국에서 국가를 지칭하는 단어로서 state라는 말이 회피되었던 것은 이러한 정치사적 경험을 배경으로 하는 것이다. 20세기 초 영국을 대표하던 정치학자 어니스트 바커Ernest Barker, 1874~1960는 "영국에서 국가는 그 자체로서 행동하지 않고 단지 다수의 관리들이 각자 행동할 뿐"이라고 말한 적이 있는데 바로 그러한 영국사의 사정을 말하는 것이다.[54] 영국에서는 전통적으로 국가를 지칭하는 용어로 state라는 말 대신 commonwealth 또는 civil society가 더 많이 사용되고 있다. 그것은 영국의 경우 국가의 성공에도 불구하고가 아니라 바로 그 때문에 state라는 말의 사용이 회피되었던 것이다.

이러한 사정과 대조되는 짝으로서 우리는 독일의 경우를 들 수 있다. 독일에서는 상당히 오랜 기간 동안 통일국가의 성취가 지연되었기 때문에 통일국가의 열망이 강했고, 그러한 열망은 국가를 지칭하는 용어로서 Staat가 비교적 이르게 정착한 점에서 반영되었던 것으로 보인다. 이러한 Staat라는 용어의 정착과 관련하여 언급되어야 할 가장 중요한 논객으로서 우리는 독일이 낳은 최대의, 그리고 유럽 전체 수준에서는 홉스와 후고 그로티우스Hugo Grotius, 1583~1645를 계승하는 자연법 이론가로서 지목되는 사무엘 폰 푸펜도르프Samuel von Pufendorf, 1632~1694를 들어야 할 것이다.

독일이 여러 개의 독립된 국가로 분열되어 있던 상황을 개탄하고 오스트리아 주도하에 있었던 독일제국의 허구성을 비판한 푸펜도르프가 국가이론 발전에 가장 기여한 바는 그가 처음으로 제시한 국가 인격체Staatspersönlichkeit · state personality 개념에서 발견된다. 그에 따르면 개인들은 합의를 바탕으로 공동의 법치와 공동의 의지를 갖는 단체를 결성할 수 있는데, 이것에 대해 그는 관념적 존재ens morale로서의 법적 인격체persona moralis의 개념을 확장한 합성된 법적 인격체persona moralis composita라는 이름을 붙이고 단일한 의지를 갖는 법 주체

---

54 Barker, Ernest(1930), *Church, State and Education*, London : Methuen, p.137.

로서의 지위를 부여했다.[55] 국가는 바로 이러한 합성된 법적 인격체의 하나로 법 주체가 된다. 라틴어로 쓰인 그의 저술에서 그는 국가에 해당되는 단어로 civitas를 사용했다.

푸펜도르프는 이러한 civitas와 관련되는 법률들을 집합적으로 공법 ius publicum이라고 부르는데, 뒤에 독일어로 번역되면서 civitas는 Staat로, ius publicum은 Staatsrecht국법로 되었다. 한때 독일인들은 Staat라는 말의 사용을 회피했던 것으로 전해진다. 특히 이탈리아에서 국가이성이라는 말이 독일로 전해질 때 이에 해당되는 말 Staatsräson이라는 단어가 있었음에도 '국가의 술수'를 의미하는 이 용어를 통해 Staat라는 단어가 도덕적으로 불순한 것을 지칭하게 된다는 사실 때문에 독일어로 번역하지 않고 대신 라틴어로 된 ratio status를 사용했다고 전해진다. 그러나 18세기에 들어와서 군주체제가 확립되면서 publicum이라는 단어가 갖는 공화제적 연결성 때문에 의도적으로 회피되었고, 대신에 Staat라는 단어가 더 선호된 것으로 전해진다.[56] 그 이후로, 특히 프랑스혁명 이후의 독일의 정치담론의 전통에서 Staat라는 단어는, 당대의 대표적 민족주의 철학자였던 요한 고틀리프 피히테Johann Gottlieb Fichte, 1762~1814의 표현을 빌리자면 가장 많이 '쓰이고 읽히거나 이야기되던' 단어가 되었다.[57]

그러나 피히테가 바로 그 말을 할 때의 국가는 이미 추상화된 권

---

55 푸펜도르프의 법적 인격체(persona moralis) 개념에 관한 간단한 설명으로는 Gierke, Otto (1957), *Natural Law and the Theory of Society, 1500 to 1800,* Ernest Barker(tr.), Boston : Beacon, pp.118~120 ; *Geschichtliche Grundbegriffe*, Vol.6, pp.23~24 참조.
56 *Geschichtliche Grundbegriffe*, Vol.6, p.24.
57 *Geschichtliche Grundbegriffe*, Vol.6, p.25에서 인용.

력체의 의미를 벗어나 독일민족주의의 정치적 열망을 담는 단어가 되었다는 점을 기억해야 할 것이다. 즉 국가는 민족이라는 공동체를 바탕으로 하는, 민족을 지키거나 민족의 의지를 담는 권력조직이라는 함의를 갖게 되었다. 민족의 존재를 전제로 하는 개념으로 그 성격이 상당히 바뀌어 있음을 알 수 있다. 이러한 변화는 우선 민족에 대한 독일인들의 새로운 성찰을 바탕으로 한다.

　이러한 성찰은 홉스에서 루소로 이어지는 계약 관념에 바탕을 둔 국가관을 전면적으로 부인하는 것이다. 이러한 점에서 '국가'의 이론가로 말하기는 어렵지만 민족의 문제를 처음으로 이론적으로 고찰한 이는 요한 고트프리트 폰 헤르더Johann Gottfried von Herder, 1744~1803 였다.

2) 헤르더

　루소는 홉스식의 결사체 이론, 즉 개인의 이익을 출발점으로 하는 합리주의를 비판하지만 개인을 바탕으로 하는 계약 사상 자체를 완전히 포기한 것은 아니었다. 이러한 계약 사상의 완전한 부인은 데카르트식의 기계론적 자연관의 청산을 전제로 하는 일이었다. 이러한 작업은 독일의 라이프니츠의 단자monad 개념과 이것을 바탕으로 하는 유기적 우주관이 사회이론에 적용됨으로써 가능해졌다. 그 구체적인 시도는 뒤에 독일 낭만주의운동과 부분적으로 연결되는 독일의 헤르더에 의해서 이루어졌다.[58] 기존의 원자론을 대체하는 라

---

58 헤르더의 사상은 합리주의를 바탕으로 하는 독일 계몽사상과 이에 대한 저항을 의미하는 낭만주의의 두 조류가 섞여 있는 것으로 지적된다. 이 때문에 그의 사상은 뒤에 나타나는 독일

이프니츠의 단자론에 의하면, 전체는 부분들의 기계적 결합의 결과가 아니라 이미 개성을 갖는 구성단위들의 다양한 성격이 그대로 유지되면서 만들어진 것으로 인식된다. 이러한 인식론이 헤르더에 와서 유기체로서의 인간집단, 특히 민족Volk의 성격을 규정하는 기초가 된다. 이를 바탕으로 그는, 국가란 (계약 같은) 인위적 제작에 의한 일시적인 단체가 아니라 성장의 결과로 이루어진 유기체로 보아야 한다는 신념을 제시한다.[59]

보다 엄격히 말한다면 헤르더가 유기체로 보아야 한다고 하는 대상은 국가가 아니라 민족이다. 실제 국가라고 말할 때 헤르더는 당

낭만주의운동과 연결된다. 보다 자세한 논의로는 Beiser, Frederick C.(1992), *Enlightenment, Revolution, and Romanticism : The Genesis of Modern German Political Thought, 1790 ~1800*, Cambridge : Harvard University Press, chs.8~9 참조.

59 헤르더의 유기체 개념은 비록 당시에 비약적으로 발전하고 있던 생물학의 영향을 받아 제시된 것이지만, 결코 유기체로서의 민족 또는 국가의 관념이 비유 이상의 것이 아님이 지적되어야 할 것이다. 이와 관련하여 베르너 슈타크라는 독일 출신의 학자는 유기체론을 규범적(normative)인 것과 사실적(positive)인 것으로 구분한 바 있다. Stark, Werner(1962), *The Fundamental Forms of Social Thought*, London : Routledge & Kegan Paul, chs.2~3. 전자의 것은 사회의 구성에 대해 부분들 사이의 관계의 긴밀성을 강조하기 위하여 실제의 유기체, 즉 생물체의 구성을 바탕으로 한 유추의 이론이다. 뒤의 것은 실제 사회가 유기체라는 주장인데, 그 대표적 이론가로서는 19세기 영국의 자유주의 사회이론가였던 허버트 스펜서(Herbert Spencer)를 들 수 있다. 전자의 규범적 유기체론은 사실상 거의 대부분의 정치이론가들이 택한 관점으로 아리스토텔레스나 토마스 아퀴나스도 여기에 포함된다. 그러한 의미에서 헤르더의 유기체적 국가이론은 상당한 노력과 시간을 들여 간신히 아리스토텔레스적 국가론에서 빠져나온 유럽의 국가이론을 원점으로 돌리려는 시도로서 볼 수 있을 것이다. 한편 스펜서의 사실적 유기체론은 다윈의 진화론, 그리고 그것을 바탕으로 발전된 사회진화론과 밀접히 연결되어 발전했는데, 19세기 말에서 20세기 초 동아시아에 소개된 대표적 서양 이론인 사회진화론이 유기체이론과 연결된 채 전해져 왔다는 점은 단순히 우연이 아니었다. 독일의 유기체적 국가이론과 관련하여 카를 슈미트(Carl Schmitt)는 '유기체적'이라는 말에 대해 자세하고 흥미로운 설명을 하고 있다. 슈미트, 칼(1988), 「후고 프로이스 : 그 국가개념과 독일 국가학상의 지위(1930)」, 『정치신학 외』, 김효전 역, 법문사, pp.135~137.

대에 관찰하던 절대주의 국가를 바탕으로 그리고 있는 권위의 틀을 의미했다. 그가 이상으로 삼던 공동체는 국가라는 강제의 틀이 매개되지 않고 공통의 문화만으로 매개되는 Volk라는 이름이 주어지는 자연적 정치공동체이다. 이렇게 state·Staat라는 이름이 주어진 정치권력의 틀에 대해서 지극히 부정적인 입장을 취했기 때문에 헤르더는 우리가 통상적인 의미로 이해되는 정치이론을, 말하자면 국가가 왜 필요하고 어떻게 조직될 것인지 등에 관한 체계적 논의를 갖지 않는 것으로 평가한다.[60] 그러나 그가 제시하는 유기체적 민족의 개념은 국민국가의 발전 단계에 이른 근대국가의 발전 과정에서 그가 의도하던 바와는 달리 새로운 질서의 정당화 근거, 즉 민족주의의 이론으로 사용됨으로써 그 중요성이 크게 평가되었다. 우리의 논의와 관련해 보면, 국가와 민족을 엄격히 구분하려고 한 그의 의도와는 정반대로 국가를 민족이라는 관점에서 규정하려는 새로운 이론적 방향의 출발점을 제공했다고 지적할 수 있을 것이다.

헤르더에 따르면, 사람은 다른 동물과 다르게 추론推論의 능력(이성)과 그 능력의 외부적 표출인 언어의 능력을 갖고 있다. 이 언어를 통해 인간은 자아를 인식하고, 자아를 타인과 구별시키며, 동시에 자아와 타인을 연결시켜 주고, 또한 자아의 과거와 미래를 연결시켜 주는 수단이 되게 한다.[61] 이러한 공통의 언어를 매개로 하여 과거와

---

60 예컨대 Aris, Reinhold(1936), *History of Political Thought in Germany from 1789 to 1815*, London : Russell and Russell, p.235.
61 헤르더의 언어이론의 핵심주제의 하나인 이 논지는 그의 언어기원론 *Abhandlungen über den Ursprung der Sprache*(1772)에서 개진되고 있다. 이 책에서 사용된 텍스트는 Herder, Johann Gottfried von(1969), *J. G. Herder on Social and Political Culture*, F. M. Barnard

미래를 공유하는 일정한 집단이 자연스럽게 성장하는데, 헤르더는 이러한 집단을 민족Volk이라고 부른다.

헤르더는 한 인간이 태어날 때 그는 이미 가족, 씨족 또는 민족 같은 사회의 구성원으로 태어난다고 주장한다. 즉 "사회상태가 인간의 자연상태이다."[62] 사람이 태어날 때는 이미 가족 속에서 태어나듯이 그는 민족 속에서 태어나는 것이다. 민족이란 큰 글자로 쓴 가족이기 때문이다. 민족은 가족과 동일하게 식물과 같은 자연적 존재이다. 다른 점이라고는 오직 민족이 더 많은 가지를 갖는다는 점뿐이다.[63] 결국 개인이란 추상화된 개념이기 때문에 사회계약을 상정해야 할 아무런 이유가 없는 것이다.[64] 이러한 사회는 그 구성원인 개인들이 서로 내부적 관계에 의해 기능적으로 연결되어 있는 유기적 전체로서 외부에서 비롯하는 힘에 의해 기계적으로 연결되어 있는 단순한 집합체와는 다르게 이해해야 한다고 주장된다.

결국 헤르더에 의하면, 이러한 민족집단Volk에서 정치적 결사의 가장 자연스럽고 유기적인 기반을 발견하게 된다. 이때 자연스럽다

(tr. & ed.), Cambridge : Cambridge University Press, pp.161~172. 유기체로서의 Volk의 개념과 관련된 주제에 관한 헤르더의 글들은 이 책에 발췌되어 묶여 있다. 헤르더의 언어, 민족의 개념과 관련된 주제에 관한 체계적인 소개로는 Barnard, Frederick M.(1965), *Herder's Social and Political Thought*, Oxford : Clarendon 참조.

62 이 표현은 헤르더가 칸트로부터 받은 자연주의의 영향을 바탕으로 1784년에 저술한 *Ideen zur Philosophie der Geschichte der Menschheit*(『인류역사—철학의 이념』)에서 나오는 것이다. 이 책은 헤르더 사상의 핵심을 이루는 역사주의의 성격이 가장 선명하게 개진되는 것으로 그의 저술 중 중심적인 중요성을 이루는 것으로 평가된다. 이 구절은 Herder(1969), 앞의 책, p.317 참조.

63 Herder(1969), 앞의 책, p.324.

64 Barnard(1965), 앞의 책, p.54에서 재인용.

는 표현은 강제성이 없다는 것인데, 이러한 민족에 입각한 국가야말로 가장 자연적인 국가로 단순히 단일주권자에 정치적으로 복종하는 사람들의 집단으로서의 국가와 구분되어야 한다고 말한다. 이러한 국가의 관념은 피히테 이후로 독일에서 독특하게 성장한 문화국가Kulturstaat라는 개념의 기초를 이룬다.[65]

헤르더가 유기체적 국가이론을 전개한 진정한 정치적 동기는 그가 '순종의 땅terra obedientiae'이라는 이름으로 개탄해 마지 않던 당시 독일의 정치 상황을 바꾸어야 한다는 정치적 신조에서 비롯된 것이다. 즉 당시 권위주의 국가 내의 다양한 부분들이 맺고 있던 기계적 결합을 바탕으로 하는 명령과 굴종의 관계를, 모든 참여자가 진정한 인간으로서 참여하여 유기적인 관계를 맺는 공화제적 정치로 바꾸어야 한다는 정치적 신조와 관련된 정치이론이었다. 그러나 헤르더의 논의 가운데 이러한 '민주적' 의도는 추상되고 대신 유기체이론의 부분만이 강조된 채 다음 세대 독일 논객들에게 큰 영향을 미쳤는데, 이들 대부분은 정치적 낭만주의를 바탕으로 한 독일민족주의자들이었다. 여기에는 노발리스Novalis, 1772~1801, 아담 하인리히 폰 뮐러Adam Heinrich von Müller, 1779~1829, 프리드리히 에른스트 다니엘 슐라이어마허Friedrich Ernst Daniel Schleiermacher, 1768~1834, 피히테, 프리드리히 카를 폰 사비니Friedrich Carl von Savigny, 1779~1861, 프리드리히 폰 겐츠 Friedrich von Gentz, 1764~1832 등이 포함된다.[66] 상호 영향관계를 말하기는

---

65 이 문화국가의 개념에 관해서는 Dyson(1980), 앞의 책, pp.87~89, p.150, p.158 참조.
66 18세기 마지막 10년간 독일의 정치사상을 대표하는 이들의 주장과 그 의미에 대해서는 Beiser (1992), 앞의 책, pt.2, chs.8~11 참조.

어려우나 영국의 에드먼드 버크Edmund Burke, 1729~1797의 사상과도 상당히 공명되는 부분이 있다. 가장 대표적으로는 자연법에 대한 부인과 유기체적 국가 관념의 주창을 언급할 수 있을 것이다.

노발리스나 뮐러 같은 낭만주의자들은 유기체이론을 바탕으로 국가 내에 존재하는 불평등한 사회구조를 옹호하는 보수주의 이론을 폈으며, 대부분의 경우에는 나폴레옹전쟁을 계기로 민족주의적 입장에서 독일 국가와 정치·법제도의 정당성을 옹호할 때 헤르더의 이론을 원용했다. 낭만주의와는 상당히 거리를 두었던 합리주의의 완성자였던 게오르크 빌헬름 프리드리히 헤겔Georg Wilhelm Friedrich Hegel, 1770~1831도 그의 『역사철학강의Vorlesungen über die Philosophie der Geschichte』에서 민족정신Volkgeist을 언급하고 있는데, 여기에서 우리는 헤르더와 그의 영향을 드러내던 당시 낭만주의자들의 흔적을 배제하기 어렵다.[67]

3) 헤겔

헤르더가 가장 자연스러운 결사체로서 민족을 말할 때 그가 이상형으로 그렸던 것은 고대 헤브라이족이었고, 그의 당대에 자신의 이상에 근접한다고 여긴 민족은 독일민족이 아니라 슬라브족이었다. 그러나 헤르더의 민족이론을 바탕으로 통일국가라는 인위적 작업에 성공한 것은 독일인들이었다. 독일은 오랫동안 지리적 명칭으로서만 존재해 왔을 뿐 그에 합당한 정치적 통일체는 결여되어 있었

---

67 18세기 말에서 19세기 초에 이르는 독일 낭만주의에 대한 헤르더의 영향에 관한 간략한 소개로는 Beiser(1992), 앞의 책 외에 Barnard(1965), 앞의 책, ch.9 참조.

다. 이러한 점은 문화적 · 언어적 통일체 개념으로 보완되고 있었으나, 프랑스혁명의 여파로 이루어진 나폴레옹의 침공으로 독일이라는 단일체는 환상임이 판명되었다.

헤겔은, 나폴레옹의 침공을 직접 경험한 1801~1812년 사이에 저술하고 그의 사후에 출판된 『독일헌법론*Die deutsche Verfassung*』이라는 정치논설에서 독일은 더 이상 국가가 아니라고 단언했다. 그에 따르면, 진실로 국가가 되기 위해서는 자신의 무력을 바탕으로 외적의 침입으로부터 자신을 지킬 수 있는 능력을 발휘해야만 한다. 그러나 오랫동안 독일은 단일체 의식에 젖어 왔지만 프랑스의 침공을 계기로 이러한 능력이 없음을 보여 줌으로써 독일의 국가 환상은 깨졌으며, 따라서 독일은 더 이상 국가가 아니라는 점이 명백한 사실로 드러났다.[68]

이러한 국가 부재에 대한 인식은 국가에 대한 철학적 성찰을 자극하는 촉매로 작용하여 국가의 성공을 누린 영국이나 프랑스에서 발전되지 않았던 근대사회 속에서의 국가에 관한 전면적인 철학적 성찰을 낳았다. 그 결과는 개인주의적 · 원자론적 관점에서 구성된 사회계약설의 개념에 대한 근원적 비판을 바탕으로 한 실재적 통일체로서의 국가 개념이었다. 헤겔은, 인간의 자의식은 공동체 성원 간의 상호 인정을 통해서만 달성될 수 있다는 논지를 논의의 출발점으로 삼았다. 이러한 인정은 '시민사회적' 관계가 아니다. 즉 그의 출

---

68 Hegel, G. W. F.(1999), "German Constitution(1798~1802)," in *Political Writings*(Cambridge Texts in the History of Political Thought), Laurence Dickey and Hugh Barr Nisbet(eds.), Hugh Barr Nisbet(tr.), Cambridge : Cambridge University Press, pp.6~101.

발점은 추상화된 개인과 인권의 개념이 아니라 공동체와 그것을 움직이는 기본 이념으로서의 인륜성Sittlichkeit이라는 이념이다. 영국과 프랑스의 정치이론에서 그려지는 계약으로 맺어지는 이익추구 활동을 내용으로 하는 개인 활동의 총체는 국가가 아니라 시민사회 bürgerliche Gesellschaft라는 새로운 이름을 갖는, 국가보다 저급한 영역으로 규정된다.[69] 이렇게 국가의 개념을 시민사회의 요구나 필요로부터 독립시킴으로써 국가는 그 자체가 최고의 목적이 되는 것으로 상정된다. 그리고 이전의 자연법이론가들이 개인에게 부여하던 윤리적 최고성을 국가에게 부여함으로써 초월적 개체로서 국가의 철학적 지위를 확립시켰다. 이렇게 하여 당시까지의 유기체적 국가이론을 철학적으로 정당화했다.

국가는 유기적인 조직으로, 이념이 스스로를 구분 지으며 전개된 것이다. 이렇게 구분된 측면은 상이한 권력 및 그의 직무와 활동으로 나타나는데, 이를 통하여 보편자는 끊임없이 필연적인 방식으로 스스로를 산출해 간다. 이렇듯 자기를 산출하는 데에서 전제가 되는 것이 보편자인 이상 보편자는 모름지기 스스로를 보존해 나간다. 이렇게 이루어진 유기적

69 '시민사회(civil society)'라는 말은 유럽사에서는 전통적으로 나라 또는 국가의 의미를 갖는 말이었다. 사회는 개인들이 특정한 목적을 위해 무리를 만든 것인데, 이때 civil이라는 말은 원래 라틴어의 civitas의 형용사형인 civilis의 영어식 표현으로 '공적·국가적'이라는 의미를 갖는 단어였다. 즉 사람들이 공적인 목적을 위해 합의 또는 계약을 통해 만든 결사체라는 의미의 단어였다. 그러나 헤겔에 와서 국가와 구분되는 국가의 하위결사체, 다시 말해 개인들이 자신들의 사적 목적을 위해 만든 결사체라는 새로운 의미를 갖게 되었다. 이 점에 관해서는 Riedel(1984), 앞의 논문 참조. 사회계약설에 입각한 국가이론에 대한 비판은 헤겔, G.W.F.(1989), 『법철학 (Grundinien der Philosophie des Rechts, 1821)』, 임석진 역, 지식산업사(이하 『법철학』으로 약칭) para.258에서 잘 개진되고 있다.

인 조직이 곧 정치체제이다.[70]

헤겔에게 유기체적 국가이론은 다음과 같은 세 가지 점을 포함한다. 첫째, 국가라는 전체는 국가를 구성하는 부분들을 위해 존재하며, 동시에 부분은 전체를 위해 존재한다. 즉 개인은 국가의 목적이되면서 동시에 수단도 된다(『법철학』, para.269~270). 둘째, 국가를 구성하는 각 부분은 나름대로 생명을 갖고 있으며, 따라서 일정 정도의 자율성을 누린다(『법철학』, para.272, 303 주). 셋째, 국가의 각 부분은 자신을 유지하고 자신의 고유한 이익을 추구하는 과정에서 전체의 이익을 증진하게 된다(『법철학』, para.184, 286).[71]

헤겔에게 국가는 윤리적 실체로서 규정되기 때문에 국가를 지키는 작업은, 기성도덕의 관점에 반하는 것일지라도 그 자체가 새로운 윤리적 의미를 지니는 작업이 된다. 이러한 논의를 통해 그는 권력조직으로서의 국가를 단순한 힘의 투쟁을 위한 수단으로서가 아니라 윤리적 필연성을 갖는 실체로 규정한다. 이렇게 하여 현실적인 권력조직으로서의 국가와 인간성의 실현을 위한 도구로서의 국가라는 이상은 헤겔 속에서 하나로 통일될 수 있는 계기를 발견하였다.

이러한 국가의 이상화 작업은 불가피하게 19세기 초의 혁명전쟁과 독일민족주의라는 구체적 맥락 속에서 이루어진 것이다. 특히 1813년의 해방전쟁을 계기로 독일민족주의운동은 군사국가로서의

---

70 『법철학』, para.269의 「추가」.
71 이러한 점에 대한 보다 자세한 논의로는 Beiser, Frederick C.(2005), *Hegel*, London : Routledge, pp.239~240 참조.

자부심 위에서 전개될 수 있었다. 이러한 민족주의적 자각과 자부심은 여러 가지 방식으로 표출되었는데, 특히 독립된 정치적 개체로서의 자의식을 표현하고 있는 각종 사회이론을 통해 표출되었다. 다양한 분야에서 다양한 방식으로 표출된 사회이론들에는 분명히 드러나는 공통점이 있다. 그것은 지금까지 문명의 표준으로 인정되던 서유럽, 특히 영국과 프랑스의 이론에 대한 독일의 고유한 특성에 대한 자부심을 나타냈다는 점이다. 뒤에 '역사주의'라는 집합적 이름으로 불리게 된 이 이론들은 영국과 프랑스를 상대로 문화적 상대주의를 내세웠고, 국가라는 틀의 역사적 중요성을 강조했다.[72] 당시 다른 민족주의 논객에 비해 민족주의에 대한 직접적인 언급을 극도로 자제하던 헤겔도 지극히 추상적인 용어로 민족을 바탕으로 하는 국가조직의 역사성을 다음과 같은 함축적인 말로 요약하고 있다. "국가로서 조직된 국민Volk als Staat은 자기의 실체적 합리성과 직접적 현실성을 띠고 나타난 정신이며, 따라서 이것은 지상에서의 절대적 힘이다. 바로 이러한 까닭에 한 국가는 타국에 대한 주권의 독립성을 지니는 것이다."[73]

4) 독일의 국가학 전통과 블룬칠리

프랑스의 침공과 프러시아에 의한 효과적 퇴치는 헤겔을 포함한 많은 개인주의적 자유주의자를 국가중심의 현실주의적 민족주의자

---

72 이 점에 대해서는 Iggers, George(1983), *The German Conception of History : The National Tradition of Historical Thought from Herder to the Present*, Middletown, Conn. : Wesleyan University Press 참조.

73 『법철학』, para.331.

로 바꾸는 결정적 계기가 되었다.[74] 이들은 당시까지 느껴 온 독일의 정치현실에 대한 열등감을 떨쳐 버릴 수 있었다. 그것을 뒷받침하기 위하여 보편적 원리를 인정하지 않고 이루어지는 다양한 국가 현상에 대한 체계적 연구작업을 시작했다. 이러한 작업은 정치현상을 직접 다루는 역사학과 법학 분야에서 집중적으로 지속되었다. 특히 이러한 작업은 지금까지 정치적 통일체를 이루지 못하고 있던 독일의 정치제도 및 법제도의 공준公準을 발견하거나 확립한다는 고도의 실천적 목적을 갖고 이루어졌다. 이것이 독일의 국가적 법제Staatsrecht를 발견하는 학문, 즉 국법학Staatsrechtslehre으로 성장했다.[75]

이러한 경향을 대표하는 19세기의 학자로는 로베르트 폰 몰Robert von Mohl, 1799~1875과 그의 하이델베르크 대학의 교수직을 승계한 요한 카스파 블룬칠리Johann Kaspar Bluntschli, 1808~1881 등을 들 수 있는데, 이들의 논의는 협소한 의미의 법학이 아니라 사회학 및 역사학적인 관점에서 이루어지는 국가문제의 탐구이다. 이러한 작업은 어떤 특정한 국가 즉 독일에 국한된 제도의 논의가 아니라 다른 국가들과의 비교를 바탕으로 하는 국가제도의 논의로 자연스럽게 이어졌다. 이것이 우리가 '일반국가학'이라고 부르는 논의이다. 앞에서 언급된 블룬칠리가 그러한 작업을 처음 시도했고, 20세기 초까지 활동했던 게

---

74 나폴레옹의 독일 침공으로 자연법적 개인주의의 시각에서 개인의 윤리적 실체성을 신봉하던 많은 자유주의자는 뒤에 독일의 특유한 국가주의자로 바뀌었는데, 이러한 대표적 인물에는 피히테와 훔볼트(Wilhelm von Humboldt) 등이 포함된다.

75 이 글에서는 독일 국가학과 그 뒤를 잇는 국법학 전통에서의 국가문제에 대한 토의는 자세히 다루지 않는다. 이에 관한 보다 자세한 논의로는 *Gechichtliche Grundbegriffe*, Vol.6, "Staat and Souveränität" 항목 중 IV : "Deutsche Staatsrechtslehre und Verfassungspolitik," pp.64~98 참조. 보다 간단한 요약으로는 Dyson(1980), 앞의 책, pp.170~183 참조.

오르크 옐리네크Georg Jellinek, 1851~1911의 『일반국가학Allgemeines Staatslehre』
이 이 분야의 대표적 업적으로 지적된다.[76]

여기에서 중요한 점은 이러한 독일의 국법학 또는 국가학 전통이
딛고 있는 반사회계약적 · 반개인주의적 국가관의 기본적 관점은
이미 18세기에 시작되었고, 19세기 초 역사주의 전통의 사회이론을
통해 확립되었다는 점이다. 그리고 이들이 말하고 있는 국가는 이미
정치적 상황의 구체성을 완전히 추상화한 채 만들어지는 홉스식 주
권적 정치권위를 언급하는 것이 아니라 민족공동체의 외피로서의
국가를 말한다.

19세기 독일에서 나온 많은 국가학자 중에서 블룬칠리는 그의 국
제법 저술[77]이 일찍이 한문으로 번역되어 중국 및 동아시아 국가들
에서 널리 알려진 학자였다. 그러나 블룬칠리가 동아시아 국가 사이
에서 더 유명해진 것은 그의 유기체적 국가론이 미친 영향 때문이었
다. 이에 관해서는 다음에서 다시 언급하겠지만, 여기에서는 그의 국
가이론에 관한 몇 가지 특성을 그 자체로서 간단히 소개할 것이다.

자신의 삶의 상당 부분을 (조국인 스위스의) 현실정치에 바친 것으로도
유명한 블룬칠리는 현실정치에 실패한 후 독일 대학(뮌헨 · 하이델베르크)
에서 국가학 및 국법학 교수직에 전념했는데, 그를 유명하게 만든

---

76 이 책의 한국어 번역으로는 옐리네크, 게오르그(2005), 『일반국가학』, 김효전 역, 법문사.
77 이 책의 원래 제명은 *Das moderne Völkerrecht der christlichen Staten*으로 1868년 초판이
발행된 후 여러 번 중판되었고, 여러 나라 언어로 번역되었다. 이 책은 당시 장로교 선교사로
중국에 와 있던 마틴(William Alexander Parsons Martin)에 의해 한문으로 번역되어 『공법회통
(公法會通)』이라는 제명으로 출간되었다. 이와 관련된 자세한 내용에 관해서는 김용구(1997),
『세계관 충돌의 국제정치학』, 나남출판, pp.65~67 참조.

첫 작품은 1851년에 처음 출간된 *Allgemeine Statslehre*였다.[78] 이 책에서 보이는 국가 관념은 기본적으로 당시까지 독일에서 지배적이던 국가관을 그대로 계승한다. 두드러진 점은 역시 서유럽에서 발전된 계약사상을 거부하고 유기체이론에 입각하고 있다는 것이다. 그러나 블룬칠리는 국가를 유기체로 보아야 한다고 말하지만, 이것은 어디까지나 국가의 각 부분 사이의 긴밀한 상호 관계를 기술하는 데 비유적으로 사용된 개념이지 국가가 자연적 유기체인 것은 아니라고 말한다.

> 국가는 자연의 산물이 아니다. ……국가는 인간 활동의 산물이고 그 유기체는 자연적 유기체의 복사이다.[79]

이러한 입장은 그가 뒤에 카를 브라터Karl Brater, 1819~1869와 함께 편찬한 『독일국가학사전Deutsches Staats-Wörterbuch』1857~1870의 「국가」 항목에서 다시 반복된다. 이들은 최고의 유기체로서 국가의 인격성을 말하면서 그러한 유기체가 자연 속의 살아 있는 사람으로서가 아니라 법 및 문화의 의미에서 정신적 인격체를 말하는 것이라고 밝히고 있다.[80]

---

78 이 책은 뒤에 발간된 *Allgemeines Statsrecht* 및 *Politik*과 함께 묶여 *Lehre vom modernen Stat*(1875)라는 제명으로 발간되었다. 이 가운데 첫 번째 책인 *Allgemeine Statslehre*만은 1895년 영국에서 *Theory of the State*라는 제명으로 번역·출간되었다. 이 책은 2000년 캐나다에서 영인본으로 다시 출간되었다(Batoche Books).
79 Bluntschli(2000 / 1895), 앞의 책, p.25.
80 *Geschichtliche Grundbegriffe*, Vol.6, p.63에서 재인용.

분석적인 면을 강조하여 국가와 민족이라는 두 개념의 엄격한 분리를 고집하는 이론적 입장에서 볼 때 근대국가는 여전히 만들어진 현실에 불과하다. 독일의 국가학자 중 보수적인 입장과 가장 거리가 있는 헤르만 헬러Hermann Heller, 1891~1933 같은 학자까지도 "국가조직은 인간의 개인적 삶에 깊이 관여"하고 있고, "그의 존재에 형식을 부여하고 있다"[81]라고 말함으로써 국가는 만들어진 기계적 실체 이상의 것임을 암시한다. 이러한 분위기는 독일 학자 중에서 가장 홉스적인 입장에 가까운 막스 베버Max weber, 1864~1920도 근대국가를 포함하는 대규모 정치단체들을 죽음의 의미를 불어넣을 수 있는 능력을 가진 초월적 조직으로 규정함으로써 독일 전통에 충실한 듯이 보인다.[82] 그러나 베버는 의도적으로 민족을 언급하지 않은 채 지상 최고의 존재로서 국가만을 전면에 내세우고 고양시키는 관행에는 비판적으로 언급하고 있다.

국가가 지상에서 최고의 그리고 궁극적 원리라고 말하는데, 이 말은 올바르게 이해된다는 전제하에 옳은 말이다. …… 국가는 지상의 최고의 권력조직이다. ……(그러나) 그러한 논의가 국가에만 관련된 논의이고 민족을 논의 속에 고려하지 않을 때 오류가 발생하는 것이다.[83]

---

81 Heller, Hermann(1963), *Staatslehre*, 3rd ed., Leiden, p.251 ; 헬러, 헤르만(1997), 『국가론』, 홍성방 역, 민음사, p.356.

82 Weber, Max(1946), "Religious Rejections of the World and Their Directions," in H. H. Gerth and C. W. Mills(eds.), *From Max Weber : Essays in Sociology*, New York : Oxford University Press, pp.333~340.

83 이 인용은 1916년 8월 12일자 Fränkishcer Kurier라는 신문에 보도된 내용으로 Mommsen, Wolfgang(1984), *Max Weber and German Politics 1890~1920*, M. S. Steinberg(tr.),

물론 독일에서의 국가 관념이 여기에서 멈추는 것은 아니다. 또한 헤겔을 비판하면서 동시에 부분적으로 헤겔의 전통을 잇는 마르크스주의 전통에서의 부정적 국가이론도 상당한 발전을 이루었다. 한편 영국과 프랑스 그리고 미국에서도 나름대로의 (부정적) 자유주의적 국가이론이 만들어진다. 그럼에도 우리가 독일에서의 국가학·국법학 전통에만 논의를 집중해 온 것은, 뒤에 한국에서 근대적 양식의 국가문제가 개인주의보다는 유기체이론에 가까운 독일 국가학 전통을 원용하면서 이루어졌기 때문이다.[84]

이러한 독일에서의 국가 개념은 순수한 통치질서 자체에 대한 논의라기보다는 민족이라는 개념을 바탕으로 조직되기 시작한 독일의 독특한 역사 상황을 충실히 반영한다. 이런 점에서 독일에서의 국가론은 홉스가 시도한 것과는 다른 수준에서의 논의이다. 홉스의 논의가 특정 시기와 장소를 넘어서는 추상적 수준에서 정치권위의 발생을 다룬 정치철학적 논의라면, 독일에서의 논의는 그보다는 구체적인 정치 상황을 전제로 한 이데올로기적 논의였다.

어쨌든 후일 19세기 말, 20세기 초 동아시아에서 서양 이론의 수용을 바탕으로 정립·통용되던 국가론은 오랫동안 단일국가에 의

Chicago : University of Chicago Press, p.238에서 인용.

84 20세기 후반 서양 각국에서의 국가에 관한 관심의 방향은 각국의 정치사적 경험을 그대로 반영한다. 따라서 어떤 단일한 보편성을 갖는 국가이론 또는 국가 개념을 발견하려는 작업은 처음부터 실패를 안고 가는 작업처럼 여겨진다. 그보다는 각국의 독특한 국가이론을 개별적인 정치사 및 문화사와 연결하여 왜 그러한 형식으로 발전했는가를 찾는 일이 더 흥미로운 결과를 낳을 수 있는 작업이라고 생각된다. 이러한 점에서 Dyson(1980)의 작업은 큰 의미를 갖는다. 미국과 영국을 중심으로 한 국가문제에 대한 관심의 부침(浮沈)과 새로운 관심 방향에(마르크스주의 국가이론도 포함) 관해서는 풋지, 잔프랑코(1995), 『근대국가의 발전』, 박상섭 역, 민음사, pp.227~250에 붙인 역자의 「해제」 참조.

해 조직됨으로써 분명한 개체성 의식을 갖는 민족집단의 정치적 부활이라는 정치적 목적과 관련하여 제기된 것이기 때문에 독일에서 발전된 국가론에 더 큰 친화성을 발견하게 되었다. 동아시아의 여러 나라는 이미 오랫동안 국가생활의 경험을 가졌기 때문에 굳이 효과적인 정치권위의 수립을 더 이상 문제 삼지 않았던 것으로 보인다.

2. 한자문명권에서 국가의 개념

중국에서의 국가 개념

우리가 사용하고 있는 한자어 國家라는 단어가 지닌 의미는 1차적으로는 그 단어가 만들어진 중국 정치사의 경험을 바탕으로 할 때 제대로 이해될 수 있을 것이다. 따라서 국가라는 말이 중국사 속에서 형성될 때의 전후 사정을 먼저 파악해야 할 것이다.

중국사에서 기록으로 확인되는 최초의 정치인류학적 의미의 국가조직은 상商(=은(殷)) 왕조국가였다.[85] 상의 국가조직의 기본 단위는 읍邑이었다고 하는데, 이때 邑이라는 문자는 갑골문甲骨文에 사각형(口)으로 표시되는 城과 그 밑에 무릎을 꿇고 있는 사람(巴)으로 구성되

---

85 윤내현(1984), 『商周史』, 민음사, pp.37~38.

어 있다. 이것으로 미루어 볼 때, 상 시대의 읍은 그 경계를 둘러친 성벽과 거기에 사는 사람을 요소로 하는 인위적으로 건설된 거주 지역이었던 것으로 보인다.[86] 이러한 읍이라는 문자에서 우리는 군사적 방어를 위한 경계와 상하 간의 지배·복종관계의 두 가지 측면이 동시에 복합되어 있는 것임을 짐작할 수 있다.

상 왕국은 대읍大邑·소읍小邑·도읍都邑·상읍商邑 등 1,000개에 가까운 다양한 종류의 읍의 누층적累層的 관계에 기초를 두고 있었던 것으로 이해할 수 있으며,[87] 그 구체적인 모습은 상당 부분 추측의 대상이 되고 있는 것으로 보인다. 이러한 다수의 읍의 누층적 구조로 이루어진 상 왕국의 통치구조를 유지한 조직의 기초는 신정적神政的 결합과 혈연적 조직이었다고 보이는데, 후기로 갈수록 전자의 요소는 약화되고 세속적 전제왕권이 강화되었다고 판단된다. 이러한 왕권의 지지 기반은 族이라는 이름을 가진 혈연적 조직이었다. 중앙조직의 성격을 띤 것으로는 왕족·다자족多子族·오족五族·삼족三族이 있었고, 또한 상 왕실과 통혼에 의해 친연관계親緣關係를 맺은 다부多婦족이 있었던 것으로 알려져 있다. 이때 이 族은 읍에 거주하는 혈연집단으로 제사의식의 관계에서는 宗으로 구분되고, 정치적 신분에서는 氏로 표시되지만, 族의 원래 의미는 군사집단을 의미하는 것이었다고 한다. 이러한 군사적 성격은 族이라는 문자의 자형학적 풀이, 즉 깃발 밑에 화살(矢)이 있는 형태로 만들어졌다는 점에서 언뜻 엿볼 수 있다.

---

86 윤내현(1984), 앞의 책, p.41.
87 윤내현(1984), 앞의 책, p.46.

이러한 논의를 소개하는 기본 취지는 국가에 해당되는 최초의 문자인 邑이 기본적으로 군사적 함축을 갖고 있다는 점을 강조하기 위해서이다. 이러한 군사적 함축은 조직된 정치공동체로서 국가를 대표하는 기본 문자인 國의 경우 창(戈)과 울타리로 둘러싸인(囗) 경작지를 형상화한 것이고, 영역을 의미하는 彊의 경우에도 활(弓)과 2개의 밭(田) 그리고 흙(土)으로 구성되어 있다는 점에서도 잘 나타나고 있다.

상 왕국을 군사적으로 정복하고 새로이 왕조를 수립한 주(周) 왕국은 전국을 총 71개의 제후국(분봉국(分封國))으로 나누어 통치하는 분권형 권력구조를 채택했는데, 이러한 권력구조는 혈연이 중심이 되는 가부장적 결합인 종법제(宗法制)를 통해 통일성을 유지하는 독특한 체제를 구축했다. 이 종법제는 혈연관계를 중시하는 이데올로기였다. 혈연적 충성의 원리는 국가에 대한 충성과 동일시되었다. 가족 내에서 아들의 부모에 대한 존경(孝)과 연소자의 연장자에 대한 존경(悌)은 제후의 왕에 대한 복종과 하층관료의 상층관료에 대한 존경과 유비되어 설명되었다. 이러한 의미에서 주 왕국에서는 혈연적 유대의 이익이 곧 국가의 기초였다. 따라서 혈연적 유대의 개념은 국가의 개념과 일치하는 것으로 볼 수 있는 것이다.[88]

분봉제는 따라서 종법제를 기초로 하는 통치조직이었지만, 동시에 군사적인 성격을 강하게 띠었던 것으로 지적된다. 분봉제도의 지리적 구성을 보면 상 왕국의 지배지역을 공격하기 위한 진군로를 골격으로 하고 있다는 점에서 분봉제도는 전국의 요충에 교통로를 확

---

88 宋榮培(1986), 『中國社會思想史』, 한길사, pp.24~25.

보하고 무장 식민지를 건설하는 작업의 의미를 강하게 띠고 있다.[89]

주 왕국 내 각 제후국의 거주 지역은 공통적으로 國, 都, 野 등으로 구성되어 있었다. 여기에서 國은 성곽으로 보호되는 정치적 · 군사적 중심인 성시城市로서 지배귀족, 국인國人이라고 불리던 하급귀족과 평민, 귀족의 가내노예, 수공인 그리고 상인 등의 거주 지역이었다.[90] 國은 상 왕국 시대의 대읍에 해당되는 것으로 이것이 뒤에 國으로 변화된 것도 있고 새로 건설된 것도 있었다고 지적된다. 野에는 소규모 취락인 邑이 있었는데, 이러한 읍 가운데에서 제후로부터 분족된 경卿 · 대부大夫가 거주하는 곳을 都라고 했다. 國이나 都가 아닌 나머지 읍을 총칭하여 비鄙라고 불렀다. 都에 거주하는 지배층을 제외한 野의 거주인들을 야인野人이라고 불렀는데, 이들은 전부 농민이었다.

주 왕국 시대의 國 · 都 · 鄙는 뒤에 전국시대에 와서 제후가 분봉국을 넘어선 영토 국가의 군주가 되면서 國은 지배하는 영역을 의미하고, 都는 군주가 거주하는 정치적 중심지를 의미하게 되었다.[91] 한

---

89 윤내현(1984), 앞의 책, p.114.
90 윤내현(1984), 앞의 책, p.124.
91 『설문해자』에 의하면 國이라는 글자는 '에워쌀' 囗(圍의 옛 글자)자와 '일부 있을' 或(혹) 자로 이루어진 글자이다. 國 자의 가운데 있는 口가 이러한 성곽을 지시하고 있고, 그 아래와 위에 있는 一 자는 밭을, 그리고 오른쪽의 戈자는 무력을 상징하는 것이다. 원래 國 자는 바깥의 테두리가 없는 或자였는데, 뒤에 주위에 囗(위)를 추가하여 통치력이 미치는 범위, 즉 경계를 상징하게 되었다. 이러한 자형은 중국 고대사에서 정치조직의 발전과정을 보여 주고 있는 듯이 보인다. 이와 관련한 윤내현의 설명을 인용하기로 한다. "원래 國은 앞서 지적되었듯이 邑이 성장한 대취락이었다. 이 취락의 주위에는 城과 郭이 있어서 도시국가의 형태를 하고 있었다. 그리고 이 城과 郭의 외부인 野에 널리 산재하여 있는 많은 小邑을 지배했다. 춘추시대의 國을 도식적으로 말하면 취락의 중앙의 약간 높은 구릉에 제후(公)가 거주하는 궁전과 조상신을 모신 종묘가 있고, 이 지역이 國의 중심이 되어 城(內城)으로 둘러싸이고 城 밖에는 상당히 넓

편 鄙는 정치적 중심지를 벗어난 외곽지대를 가리키는 말이 되었다.[92] 이러한 사태는 제후국들의 정치적 지위가 공주共主로서의 주왕국의 지위를 능가하게 되면서 발생한 것이다. 한편 경작 면적과 농업 생산력 증가에 따라 가부장적인 소농민이 형성되고 읍에서 분리되어 나오게 되었다. 이러한 일은 國과 都를 거점으로 하던 지배층의 일족 가운데 분읍을 받지 못한 씨족이 기왕의 공동체적 읍을 분할하게 되면서 촉진되었다. 이러한 일들은 모두 기존의 國·都·鄙라는 지배구조 서열이 점차 파괴하는 쪽으로 작용했다. 즉 邑이 단위가 되었던 국가구조가 영역 지배라는 개념으로 변화하게 되었다.[93]

중국사에서 최초의 중앙집권적 제국인 진秦이 만들어지는 과정에서 통일된 국가를 상징하는 '천하일가天下一家', 즉 일가一家로서의 천하天下의 개념이 만들어져서 하나의 지배질서를 의미하는 家에 의탁하여 천하를 설명하는 논의가 전국시대에 처음으로 제기되었던 것으로 보인다. 이러한 표현이 처음 나타나는 것은 『순자荀子』였던 것으로 추정된다. 순자는 천하라는 표현 대신에 사해四海라는 표현을 쓰지만(「議兵」: "四海之猶如一家"), 중요한 것은 하나의 지배질서(一家)를 이루고 있는 인간 세상에 대한 의식이 출현했다는 점이다. 천하일가라는 표현이 직접적으로 처음 나타난 것은 진의 시황제始皇帝의 전국통일 사업과 관련하여 언급하고 있는 역산각석문嶧山刻石文이었던 것으로 보인다.

은 지역에 농토와 일반인의 거주지가 있으며, 이것이 다시 郭(外城)에 의하여 둘러싸여 있었다. 이 郭 안에 거주하는 사람을 일반적으로 國人이라고 불렀다"(p.195).
92 윤내현(1984), 앞의 책, p.129.
93 윤내현(1984), 앞의 책, p.198.

이후로도 천하를 일가로 만드는 일에 관한 표현은 반복되고 있는데, 이것은 전부 진한제국秦漢帝國의 성립을 의미하는 말로 사용된다. 천하의 병합통일이라는 현상 내지는 천하일통天下一統이 확보되어 있는 상황을 천하일가라고 표현한 사례는 후대에도 종종 보이는데, 당시 국가 총체가 확실히 하나의 家로 이해되었음을 짐작할 수 있다.[94]

'천하일가'라는 표현은 보통 가내질서와 동질적인 국가질서 내지는 가내의 지배구조가 의제적으로 확대되어 성립하는 국가구조를 시사하는 것으로 이해된다. 家를 國이나 천하의 원형으로 보는 것은 중국인 특유의 사상이었다. 家는 부자간의 효孝를 매개로 하고, 國은 군신 간의 충忠을 매개로 하는 불평등관계 속에서의 헌신을 의미하는 사회관계로서, 그 기능하는 장소만 다를 뿐 기본적으로는 같은 사회조직의 원리이다. 말하자면 천하나 國은 큰 가족이고, 가족은 작은 천하로 여겼다는 것이다. 이러한 사고를 바탕으로 일본인 학자 구와바라 지쓰조桑原隲藏는 國은 국가國家로, 天下는 천가天家 또는 천하일가라고도 불렸던 것이라고 말하고 있다.[95]

---

94 尾形勇(1979), 『中國古代の '家' と國家 : 皇帝支配下の秩序構造』, 東京 : 岩波書店, pp.242~243. 중국인의 천하 개념은 國의 상위 개념이지만 실제로 천하는 현실정치에서의 최상위 정치집단인 복수의 國이 공존하며 상호 갈등하는 현실세계의 총체를 지칭하는 정치적 이상으로 기능해 왔다. 이러한 천하의 개념은 그 기원에서도 서로 다른 계열의 사고 유형들로 구성되어 있고, 또 역사적 시기에 따라 다른 방식으로 이해되어 온 통일된 세계에 대한 중국적 정치이상으로 이야기될 수 있을 것이다. 그러한 의미에서 중국사 전통에서도 이론적으로는 천하 다음의 차상급 조직이지만, 현실적으로는 최상위의 정치조직으로서의 國 또는 國家 관념의 역사는 상당히 오랜 것이다. 중국사 전통에서의 천하 관념의 다양한 의미와 역사적 변화에 관해서는 金翰奎(1982), 『古代中國的 世界秩序硏究』, 일조각, pp.10~108 참조.

95 尾形勇(1979), 앞의 책, p.247에서 인용. 오가타 이사무(尾形勇)는, 天下一家라는 표현에서 家를 사용한 것은 天下가 家와 같은 하나의 공동운명체라는 것을 비유적으로 표시하려는 것에 불과하다는 점을 지적하면서 당시 한제국(漢帝國)의 국가질서를 가족제적 질서였다고 일반화

『한서漢書』 36권 「초원왕전楚元王傳」에 보면 유향劉向의 발언으로 "공족公族이란 國의 지엽枝葉"이라는 구절이 있는데, 이것은 원래 선진先秦의 악예樂豫의 "공족이란 공실公室의 지엽"(『春秋左氏傳』 文公 7년의 傳)이라는 말을 염두에 두고 하는 발언으로 國이라는 말에는 공실의 개념이 내재되어 있음을 알리고 있는 것으로 이해된다.[96] 공실은 원래 춘추전국시대 열국의 장(제후諸侯, 국군(國君), 공(公)) 내지는 그 일족을 부르는 이름이었고, 나아가서는 제후諸侯의 조정을 지칭함으로써 다른 경대부층卿大夫層에 비해 우월한 지위를 표시하기 위해 사용되었던 것으로 여겨진다. 『논어論語』 「계씨季氏」편에 "孔子曰 : '祿之去公室, 五世矣'(공자는 말씀하시기를 '작록(爵祿)을 주는 권리가 군주에게서 떠난 지 5대요')"라는 구절이 있는데, 이때 공실은 노국魯國 조정을 의미하는 말이었다.[97] 한대漢代에 와서도 공실은 다른 여러 사가私家들과 구별하고 차이를 두는 말로 사용되었다. 다만 한대에 와서 공실의 말을 사용할 수 있는

하는 점에 대해 경고한다. 상당히 타당한 지적이나 위에서 이미 지적되었듯이 國을 家에 빗대는 것은 고대 중국의 국가질서가 가족제적 질서였다는 의미가 아니라, 효제(孝悌)의 혈연적 유대를 근거로 국가에 대한 충성을 보장하는 중국 고대 정치 사유에 뿌리를 두고 나타난 것이라는 점도 기억해야 할 것이다. 오가타 이사무의 설명에 따르면, 家는 孝의 관념을 주축으로 하는 부자간의 불평등관계를, 國은 忠의 관념을 기축으로 하는 군신 간의 불평등관계를 의미하는 것으로 중국 전통사회의 양대 축을 이루는 사회질서의 근간이다. 사회조직의 기본인 家를 중심으로 볼 때 대외적 질서인 國의 질서는 대내적 질서인 家의 질서를 바탕으로 한다는 점이 중국적 정치 사유의 기초로 이해되어야 한다는 의미로 받아들여진다. 이 점에 관한 자세한 논의로는 尾形勇(1979), 앞의 책, pp.190~197 참조.
물론 이러한 원리는 중국에만 국한되어 적용된 것이 아니고 조선에도 원형 그대로 전래되어 국가질서의 근간을 이루었던 것은 잘 알려진 일이다. 종법제(宗法制)를 근간으로 하는 家의 질서에 입각한 왕위의 계승은 정치적 안정성을 보장하는 기초적 원리였다. 따라서 우리는 중국적 '國家' 개념의 특이성을 이해할 필요가 있을 것이다.

96 尾形勇(1979), 앞의 책, p.265.
97 金都錬 역주(1990), 『朱註今釋 論語』, 현음사, pp.506~507.

것은 오로지 황제에게만 제한되었는데, 이 점에서 전대와 구별된다.[98] 즉 한대에 공실은 왕실王室, 제실帝室, 황가皇家등 황제의 일가만을 국한해서 지칭하는 말로 바뀌었다.

한편 『묵자墨子』「비유非儒」나 『한비자韓非子』「내저설內儲說」에서는 위에서 인용한 『논어』의 내용을 다시 언급하면서 公室을 公家로 바꾸어 표기한다. 따라서 선진에서는 공가와 공실이 동의어였다는 점을 알 수 있는데, 모두 사가와 대비되는 제실을 의미하는 것이었음을 짐작할 수 있다. 이러한 점과 다른 몇 가지 사실을 바탕으로 오가타 이사무尾形勇는 公家, 公室, 帝室 등에 관해 다음과 같은 잠정적인 결론을 내리고 있다.

> 따라서 '公家'의 어의에는 '帝室'뿐만 아니라 황제 개인 및 국가 일반의 뜻도 있었다고 이해되는데, '公家'라는 말이 이미 선진에서 '公室'의 의미로 존재하고 있었고, 漢代에서도 '帝室'의 의미로 그 전통이 계승되어 있던 사실에 의한다면, 그 어의의 기본은 역시 '公室'·'帝室'·'皇家' 등과 등치되는 '帝室'에 있고, 그 '제실'이 유일 배타적으로 '公權'을 장악하고 있었기 때문에 때때로 皇帝의 별칭이 되기도 하고, 또는 확대되어서 朝廷·國家라는 의미로도 사용되었다고 정리하는 것이 가장 타당할 것이다.[99]

이 公家라는 말에서 파생되어 나왔으면서 동시에 공가라는 말과 치환될 수 있는 官家라는 말이 있는데, 이 두 개는 모두 '私家'에 대

---

98 尾形勇(1979), 앞의 책, p.257.
99 尾形勇(1979), 앞의 책, p.261.

비되는 말이다. 중국 황제는 자신을 관가官家·공가公家 또는 천가天家로도 불렀는데, 물론 이것은 중국 사회의 기초질서인 家를 염두에둔 것이라고 이해된다. 황제의 집인 제실도 家인 점에서는 옳은 이름이지만, 다만 다른 모든 家와는 달리 비교할 데가 없는 유일한 '公'權을 보유하는 일가였다. 따라서 황제의 家는 공권을 직접 표시하는 公, 官 또는 황제라는 칭호에서 유래하는 皇과 帝, 더 나아가서는 천하일가의 관념에 기초한 天이라는 글자들과 결합하여 공가公家, 관가官家 또는 황가皇家, 제실帝室 및 천가天家라는 이름이 만들어졌던 것으로 여겨진다. 이러한 점을 염두에 두면서 國이라는 단어가公·官·帝 등과 동열에서 이해될 수 있다는 오가타의 말을 받아들인다면, 국가라는 말은 공가나 관가라는 말과 같은 위치에 놓을 수있고, 또한 그러한 점에서 그 의미를 이해할 수 있을 것이다. 즉 국가는 사가와 구별되는 최고통치자 또는 최고 지배자의 집이라는 의미를 갖게 되고, 여기에서 확대되어 조정, 그리고 이 최고 지배자의지배기구, 나아가서는 지배영역 전체를 의미하게 된 것으로 볼 수있는 것이다.

또한 국가가 바로 제국만을 지시하는 것도 아니었다. 제후왕諸侯王및 이들의 봉토도 국가라고 표현되었다.『사기史記』권60「삼세왕가三世王家」편에 제후왕국도 국가라고 표현되고 있음을 볼 수 있다. 원래 고대 중국에서 國은 제후를, 家는 경대부를 지칭하는 말이었다.예컨대『맹자孟子』「이루장구 상離婁章句上」5장에 나오는 "天下之本在國, 國之本在家, 家之本在身(천하의 근본은 國에 있고, 國의 근본은 家에 있고, 家의 근본은 몸에 있다)"이라는 구절은 그 점을 말하는 대표적인 말로서 자주 인용된다.

국가의 성어는 주대에 이르러서는 주실周室 또는 이에 비견될 수 있는 다른 공실公室, 즉 읍제적 국가체제하의 지배자 일족 또는 그 일족이 지배하는 국토를 의미하는 것으로 되었다.[100] 그리고 진한제국秦漢帝國의 성립에 따라 국가는 이러한 지배가문의 공권을 배타적으로 집중시킨 황제의 지위와 관련되는 것을 지칭하게 되었는데, 오구라 요시히코小倉芳彦를 다시 인용해 볼 때 전국戰國·진한秦漢 이후의 시기에 이르게 되면 국가라는 표현은 일반적으로 통일천하의 상징인 황제 즉 천자나 황제를 정점으로 하는 관료적 관리管理기구를 뜻했다고 한다.[101] 그렇다고 이 시기에 국가라는 말이 반드시 공적 지배기구의 총체를 지시하는 말로 된 것만은 아니라고도 한다.[102] 예컨대 『후한서後漢書』 「양병전楊秉傳」에 보면 양병이 환관인 후람侯覽 등을 탄핵하는 상주문에서 "부富는 국가에 견주어진다"라는 표현을 쓰고 있는데, 이때 국가는 황제의 집으로서 제실을 의미하는 것뿐이었다.

일본에서의 국가 개념

일본에서 國이라는 말이 처음 사용된 것은 『일본서기日本書紀』로 알려져 있고, 국가라는 말은 7세기 초 요메이用明 천황의 아들인 쇼토쿠聖德 태자가 만들었다고 전해지는 일본 최초의 성문법인 「17헌

---

100 小倉芳彦(1969), 「補論 · 國家と民族」, 菅沼正久 他 編, 『講座現代中國 第2 : 中國革命』, 東京 : 大修觀書店 ; 尾形勇(1979), 앞의 책, p.264에서 인용.

101 小倉芳彦(1978), 『逆流と順流 : わたしの中國文化論』, 東京 : 硏文出版, pp.45~46 ; 이시다 다케시(2003), 『일본의 사회과학』, 한영혜 역, 도서출판 소화, p.35에서 인용.

102 尾形勇(1979), 앞의 책, pp.264~265.

99
국가

법」에서 처음 사용되었다고 전해진다.[103] 이 두 개의 말은 모두 일정한 지역에 거주하는 사람들에 대한 통치조직을 지적하는 것이다. 굳이 의미상의 차이를 말하자면 사이토 도시로齊藤俊郎는, 國은 토지의 쪽에, 국가는 통치조직 쪽에 더 중점이 가 있는 정도라고 한다. 8세기 초의 『고사기古事記』에는 그와 유사한 의미로 사용된 邦, 國, 邦家 등의 표현이 보인다. 그러나 어느 쪽도 국민, 영토 및 통치권의 세 요소를 갖춘 근대적 의미의 state에 대응되는 개념으로는 볼 수 없다.

한편 천황의 지배력이 미치는 영역 전체를 지칭하는 천하라는 말이 국가와 함께 사용되었다. 이 천하라는 단어는 5세기 말에서 6세기 전반부로 추정되는 이나리야마稻荷山고분 철검에 새겨진 문구에서 처음 발견되었는데, 이것은 중국에서의 천하 개념이 전해진 것으로 추측된다. 이러한 사용은 중국으로부터 독립된 자신의 정치적 존재를 지칭하기 위한 것으로 보이는데, 고대 일본에서는 천자가 다스리는 일본열도를 세계 전체로 보았다는 사실을 반영하는 것이기도 하다. 이 이후에는 일본에서의 정치지배의 보편성을 보이기 위한 용어가 되었다고 한다. 가마쿠라 막부鎌倉幕府 이래 군사정권의 지도자들은 자신들을 '천하주인天下主人'으로 부르기도 했는데, 이러한 호칭은 자신들의 지배체제의 보편성을 알리기 위해 선택되었던 것으로 이해된다.[104]

103 齊藤俊明(2003), 「國·國家」, 石塚正英·柴田隆行 監修, 『哲學·思想飜譯語事典』, 東京 : 論創社, p.80 ; 이시다(2003), 앞의 책, p.34.
104 Asao, Naohiro(朝尾直弘, 1991), "The Sixteenth Century Unification," in John Whitney Hall et al.(eds.), The Cambridge History of Japan, Vol.4, Early Modern Japan, Cambridge : Cambridge University Press, p.80.

이렇게 보편적인 공권력을 상징하는 천하의 개념은 중세 이후에는 무가武家의 정권 장악과 관련하여 무가정권의 정당화를 위한 문구로 사용되었다. 즉 무가의 정권 장악은 '천하초창天下草創'으로 합리화되었는데, 이러한 방식으로 천하의 단어를 처음 사용한 사람은 오다 노부나가織田信長였고, 그의 뒤를 이은 도요토미 히데요시豊臣秀吉와 도쿠가와 이에야스德川家康는 자신들을 천하인天下人으로 내세웠다. 이 천하는 방역 또는 영역 전체를 지칭하는 말로 오늘날의 용어로는 국가가 된다. 이 당시 보편성의 상징으로서 영역 전체를 지칭하기 위해서 국가라는 단어는 별로 사용되지 않았고 대신 國은 지방의 지배자인 다이묘大名의 관할 지역을 의미하게 되었다. 이때 國이라는 단어의 선택은 현실적 지방 실력자로서 다이묘를 공권력의 체계 속에서 인정하는 공적 권위로서의 존재로 인정하기 위해 의식적으로 이루어진 일로 여겨진다.[105]

에도 막부江戸幕府 말까지 국가라는 말 대신에 천하가 일본 전체를 지칭하는 말로 사용되었다. 그러나 서양어의 state가 들어오면서 번역어로 선택된 말은 국가이다. 이것은 중국에서 진한秦漢 이후의 시기 전체에 걸쳐 천자 혹은 황제를 정점으로 하는 관료적 관리기구로 이해한 중국 고전문헌에 익숙했던 메이지 초기의 지식인들 덕분이었다.[106] 특히 메이지유신을 통해 천황중심의 새로운 정치조직을 수립했던 이 지식인들의 관점에서 볼 때 새로운 정치조직은 서양의

---

105 Asao(1991), 앞의 글, p.83. 일본에 있어서 國 또는 國家는 지속적으로 천황 지배의 전승과 관련되어 있었다고 지적된다. 이시다(2003), 앞의 책, pp.35~36.
106 이시다(2003), 앞의 책, p.35.

the state의 확립을 의미하는 것이었고, 이것의 이름으로 천하보다 관리조직을 지칭하는 국가를 더 적절하게 여겼을 것이라는 점은 쉽게 짐작할 수 있다. 다만 일본의 경우, 국가는 단순한 통치기구를 넘어서서 '만세일계의 천황지배'와도 연결되어 있었다는 점을 기억해 둘 필요가 있을 것이다.[107]

---

107 일본의 고대소설 『겐지모노가타리(源氏物語)』에는 구니유즈리(國讓り)라는 표현이 나오는데, 문맥으로 보아 國은 제위(帝位)를 의미하는 것이었다. 또한 가마쿠라 시대 최고의 선사(禪寺)로 꼽히는 엔가쿠지(圓覺寺)에 보관되어 있는 문서에는 '誠是國家及大將軍'이라는 표현이 있는데, 이때 국가는 천황을 의미하는 것이었다. 이시다(2003), 앞의 책, pp.35~36.

3. 한국사 전통에서 국가의 개념

고구려 · 고려(『삼국사기』 – 『삼국유사』)

다른 지역에서의 국가 개념 출현에 관련된 논의에서와 마찬가지로 한국사 전통에서 국가 개념의 출현도 한국사 전통에서의 국가조직 형성과 연결되어 이루어졌다는 점을 우리는 먼저 의식할 필요가 있다. 당연한 말이지만 국가라는 말의 출현과 사용은 그것으로 지칭되는 현상의 출현이 전제되기 때문이다. 이러한 점을 강조하는 것은 국가라는 말이 출현한 역사적 상한을 짐작하기 위해서이다.

한국사에서 최초의 중앙집권적 고대국가로는 고구려 · 백제 · 신라 삼국이 일반적으로 지적된다. 이 삼국을 최초의 중앙집권적 고대국가로 지목하는 것은 이들 삼국이 제한된 도시 또는 '성읍城邑'의 규모를 넘어서 영역 전체에 걸쳐 확립되고 제도화된 권력관계, 즉 영역국가의 틀을 갖춘 첫 번째의 경우로 여겨지기 때문이다. 내부적으로 이러한 중앙집권화의 단계에는 이르지 못했으나 영역국가로서의 외형을 갖추면서 출현한 최초의 국가로는 일반적으로 위만조선衛滿朝鮮이 언급된다. 이 위만조선은, 이때까지는 제한된 행정자원의 능력 때문에 중앙집권화를 이루지 못한 채 지방 귀족들의 정치적 협조를 바탕으로 성립된 연맹왕국聯盟王國의 성격이 짙었던 것으로 여겨진다. 여하튼 한반도 안에서 최초로 국가조직의 틀을 갖추고 나타난 첫 번째 경우로서 우리는 위만조선을 말할 수 있다. 위만조선은 중국 측 사서에서 언급되고 있는 한국 내 최초의 국가라는 점에도 주목할 필요가 있을 것이다. 즉『사기史記』「조선열전」에 의하면, 위만은 한漢나라 혜제惠帝, B.C. 195~B.C. 188 대에 당시 요동태수와 한의 외신外臣이 될 것을 약속하여 조선에게 병위兵威와 재물을 주어 주변의 족속들이 변경을 노략질하는 것을 막도록 했다고 한다. 이때 위만조선이 군사적으로 정복한 지역이 사방 수천 리가 되었다는 점도 함께 기록되었다. 이때의 병위란 철제무기로 이해되는데, 이러한 새로운 무기를 갖춘 위만조선은 내부적으로는 지배세력이 강화되고 조선 국가의 국력이 신장되는 데 큰 도움이 되었던 것으로 본다.

　일반적으로 중국 한자의 한국 내 전래가 이루어진 것은 기원전 2세기였던 것으로 추측되고 있다. 이 시기는 중국 전국칠웅戰國七雄의 하나인 연燕과 고조선(위만조선 포함)의 정치적 접촉이 빈번하던 때였다. 문자로 된 최초의 역사기록인 광개토대왕비문이 기록된 것은 414년이었다. 이 비문에는 당연히 國이라는 단어가 여러 차례 나타난다. 비록 서양의 근대식 국가the state의 개념은 아니지만, 이 國은 현재 우리가 국제관계와 관련하여 일상적으로 사용하는 국가 또는 나라의 의미를 그대로 담고 있다. 예를 들어 백제 토벌에 관한 기사는 잔국殘國(당시 고구려와 사이가 좋지 않던 백제를 폄하하는 의미에서 백제 대신 백잔(百殘)이라는 이름으로 불렀다)으로 표기되고 있고, "나라는 부유하고 백성은 번성하다(國富民殷)"라는 문구는 오늘날에도 전혀 이질감이 느껴지지 않는 표현이다.

비문이 아닌 서책의 형식으로 만들어진 우리나라 최고의 역사기록인 『삼국사기三國史記』에도 國이라는 표현은 이미 책의 제목에서부터 나타나고 본문에서는 무수히 많지만, 國家라는 표현은 40여 회 사용되고 있을 뿐이다. 그렇다고 굳이 國과는 특히 다른 의미로 사용되고 있지는 않다. 國家라는 표현이 처음 사용되는 파사니사금婆沙尼師今 8년 7월조에 보면 "짐이 부덕한 사람으로 나라를 다스리어(朕以不德有此國家)"라는 구절이 보인다. 또한 지증마립간智證麻立干 4년 10월조에는 "자고로 국가를 가진 이가 다 제왕으로 칭했는데(自古有國家者 皆稱帝稱王)"라는 표현도 우리에게 전혀 낯설지 않다. 현재의 관점에서 하나의 흥미로운 점이 발견되는데, 문무왕 11년 7월 26일조에서 문무왕이 당唐의 장수 설인귀薛仁貴에게 보내는 답신에 보면 당을 칭할 때 아무런 수식어 없이 5회에 걸쳐 國家라는 표현을 쓰고 있다는 점이다.

1만 명의 漢兵이 4년 동안 신라에서 衣食했으니…… 皮骨은 漢地에서 출생했으나 혈육은 모두 신라의 소양이라 할 것이니, 國家의 은택도 한이 없지만 신라의 효충도 또한 애닯다 할 것이다(『삼국사기』, 176쪽).[108]

---

108 인용문의 끝에 보이는 페이지는 김부식(1996), 『삼국사기』(개정판), 이병도 역주, 을유문화사 참조.

신라가 백제를 평정한 때부터 고구려를 평정하기까지 충성을 다하고 힘을 바쳐 國家를 저버린 일이 없었는데……(『삼국사기』, 178쪽).

國家가 선함을 수리함은 밖으로 왜국을 친다 핑계하고 실상은 신라를 치려 했으므로……(『삼국사기』, 178쪽).

신라가 이미 國家의 州郡이 되어 양국으로 나눌 수 없는 일이니……(『삼국사기』, 179쪽).

國家가 한 사람의 使人을 보내어 원인을 묻지 아니하고 곧 수만의 군사로 하여금 巢穴을 엎으려 하여……(『삼국사기』, 180쪽).

이러한 용례에서 보듯이 신라는 자신보다 한 단계 높이 받드는 당唐을 부를 때 國家라는 표현을 썼다. 이로 미루어 보아 국가는 보편적 정치권위를 지칭하는 것으로 여겨진다. 물론 대내적으로는 신라 자신도 국가로 여기고 있음을 잊어서는 안 될 것이다. 예컨대 경순왕敬順王 5년 2월 고려 태조가 경주에서 경순왕을 만나는 대목에서 경순왕의 발언을 직접 인용하는 방식으로 이루어진 기록에는 다음과 같은 구절이 나온다. "나는 하늘의 도움을 입지 못하여 화란을 발생케 하고, 견훤이 불의를 자행하여 우리 國家를 침해하니 얼마나 통분한 일인지 모르겠다(『삼국사기』, 316쪽)." 이러한 표현에서 우리는 현재의 용법과 아무런 차이를 느낄 수 없다. 이로 미루어 볼 때 최소한 고려에 이르면 國家라는 표현은 이미 자연스러운 단어로서 정착되었음을 알 수 있다.

『삼국사기』에서의 國家라는 말의 사용법은 『삼국유사三國遺事』에서도 크게 다르지 않고 일부 구절은 『삼국사기』에서 따온 느낌을 주는 것도 있다.[109] 여하튼 『삼국유사』의 원문을 검색할 때 國이라는 글자는 무수히 나오고 國家의 표기도 총 11회로 나타나는데, 대부분 『삼국사기』와 그 용법이 같음을 알 수 있다.

제1권 「태종춘추공太宗春秋公」 조에서 처음 나타나는 國家는 다음과 같이 사용되고 있다. "생각건대 우리나라는 점점 성하고 신라는 점점 약해진다는 뜻이 아니겠습니까(意者國家盛而新羅寢微乎)."

제2권 「김부대왕 경순왕」 조에는 이러한 구절도 발견된다. "백성들은 모두 중이 되어 군대나 농민이 점점 줄어들었다. 그리하여 나라가 날로 쇠퇴해 가니 어찌 어지러워지지 않을 것이며……(齊民逃於緇褐. 兵農浸小. 而國家日衰. 幾何其不亂……)."

같은 제2권의 「남부여 전백제 북부이견 상南扶餘 前百濟 北扶已見(上)」 조에 보면 "나라에서 장차 재상宰相감을 의논할 때에……(國家將議宰相……)"라는 구절도 오늘날의 용법과 거의 완벽하게 일치함을 알 수 있다. 굳이 정확히 말하자면 오늘날에는 국가라는 말 대신 정부라는 표현이 사용될 가능성이 크지만, 국가가 의논했다고 해서 의사소통이 안 되는 일은 거의 없다고 보아야 할 것이다.

國家라는 단어가 나오는 제일 마지막 항목인 제5권 중 「효선孝善」 조의 김대성의 불국사 건립에 관한 기사에 보면 "대력大歷 9년 갑인甲寅 12월 2일에 대성이 죽자 나라에서 이를 완성시켰다(以大歷九年甲寅十二

---

109 예컨대 바로 앞에서 인용된 경순왕의 한탄은 『삼국유사』 제2권 「金傅大王(敬順王)」 편에서도 그대로 반복되어 나타난다. 일연(2002), 『삼국유사』, 김원중 역, 을유문화사, p.198.

月二日大城卒. 國家乃畢成之"라는 구절이 나오는데, 역시 현재의 우리의 용례와 큰 차이를 찾을 수 없다.

조선조의 기록물

고려시대에 비할 때 조선조에서의 정치 관념을 파악하는 데 도움이 되는 기록물은 엄청난 분량으로 증가했다. 이러한 기록물 가운데 아마도 가장 중요한 것으로는 무엇보다도 『조선왕조실록』을 들 수 있을 것이다. 내용 여하에 관계없이 『조선왕조실록』이 그 자체로 가장 중요한 정치기록물이라는 점에는 별로 큰 이의가 없을 것이다. 실복 편찬자의 사회적 위치와 정치적 입장 및 철학에 따라 기재되는 내용의 독특한 첨삭이나 해석이 가능하기 때문에 특정 인물이나 사건에 대한 주관적 견해가 반영되는 것은 불가피하다는 의미에서 당연한 일로 여겨진다.[110] 그러나 우리가 관심을 갖는 부분은 기사의 구체적인 내용이나 방향이 아니라 그러한 것이 전달되는 수단으로서의 언어나 개념이다. 그런데 이 언어나 개념은 기록자의 특정 입장이 반영되기보다는 그러한 기록을 통해 의사소통이 이루어지는 당시 사회 전반의 합의를 반영하는 것이라고 할 수 있다. 우리가 관심을 갖는 부분은 바로 특정 시대, 특정 사회 안에서 합의되고 있는 언어 개념이다. 따라서 우리는 『조선왕조실록』을 통해, 특히 실록에서

---

110 『조선왕조실록』의 기록관인 사관(史官)의 성격과 관련한 기록의 편차에 관련하여서는 아래 두 편의 논문을 참조. 韓㳓劤(1988), 「朝鮮前期 史官과 實錄編纂에 관한 연구」, 『震檀學報』 제66호, pp.77~130 ; 金慶洙(2002), 「朝鮮前期 實錄編纂에 대한 史學史的 考察」, 『朝鮮時代史學報』 제20집, pp.5~53.

보이는 국가 개념의 용례를 통해 그 시대의 특정한 정치적 사유의 모습과 또한 있을 수 있는 변화의 모습을 찾아내고자 하는 것이다.

『조선왕조실록』을 우선적 검토 대상으로 삼은 것은 그것이 편찬자의 주관적 입장과 가치관이 반영되기는 하지만 일단은 공식 기록이기 때문에 일정한 사회적 대표치를 반영할 것이라고 예상 또는 기대하기 때문이다. 이러한 공식 기록에서의 용례를 보완하기 위해 우리가 선택한 또 다른 문헌은 조선조 전체에 걸쳐 최고의 정치담론을 제공하고 있다고 여겨지는 다산茶山의 『경세유표經世遺表』와 반계磻溪의 『반계수록磻溪隨錄』에서의 국가 개념의 용례를 검토하고자 한다.

1) 『조선왕조실록』

『조선왕조실록』(태조에서 순종 부록까지)에서 '國家'의 용례는 총 16,974회가 된다.[111] 이것들을 전부 확인하는 작업이 대단히 어려워 필자는 『태조실록』, 『태종실록』, 『세종실록』 그리고 『순조실록』만을 검토했다. 건국 초의 실록을 검토한 후 후기인 순조실록을 검토하고, 어떤 큰 변화가 감지되면 중간대의 실록을 검토하고자 했으나 필자의 검토 결과 국가의 용례에 거의 아무런 변화가 보이지 않아 중간대의 실록의 검토는 생략하기로 결정했다.

정치학 또는 다양한 정치담론에서 사용되는 무수한 개념들 대부

---

111 이 횟수는 현재 인터넷을 통해 볼 수 있는 『조선왕조실록』(http://sillok.history.go.kr)의 검색을 이용한 것이다. 우리말 번역 텍스트에서 '국가' 항목은 총 20,103회로 나오는데, 이것은 원문이 國家가 아닌데 번역 결과로 국가가 된 것이 많기 때문이다. 예컨대 社稷, 邦家, 邦國 등이 그것들이다. 國家가 아닌 國의 경우는 훨씬 많은데, 이것을 국가로 번역한 경우는 대단히 드물었다.

분이 그 개념들을 발생시킨 특정 정치 상황의 맥락 속에서 그 구체적 내용이 결정되지만, 그러한 것들 중에서 '국가'라는 말이 아마도 가장 대표적인 경우라고 말할 수 있다. 즉 주어진 특정 정치질서를 지적하는 이름으로서 국가는 그 말의 사용자들이 국가라는 이름 아래에서 생각될 수 있는 정치질서의 다양성의 폭에 따라 그 의미의 내용이 상당히 달라질 수 있다. 『조선왕조실록』의 구체적 검토를 통해 확인되고 수정될 수 있겠지만, 미리 논의한다면 조선조 당시 국가라고 할 때 사실상 국가 엘리트로서 또는 지배집단의 이데올로기로서 존재했던 당시의 지식인들이 머리에 그릴 수 있었던 경험 사례는 조선왕조와 중국이 거의 전부라고 추측된다. 이들은 역성혁명 즉 왕조의 교체는 인정할 수 있었겠지만, 왕조 국가 이외의 다른 체제는 생각할 수 없었다. 따라서 이들이 국가를 이야기할 때 그 국가는 당연히 왕조국가 또는 왕조체제이기 때문에 국가를 말할 때 굳이 왕조를 강조하는 점이 그리 강하게 나타나지 않는다.

국가라고 할 때 반드시 조선왕조만을 국한해서 말하지 않고 왕조와 무관하게 한반도 안에 있었던 역사적인 국가들도 같은 우리 국가(我國家)로서 이해하고 있음을 염두에 둘 필요가 있다. 예컨대 태조太祖 1권 총서 84번째 기사에 다음과 같은 구절이 있다. "우리 국가가 삼국三國을 통일한 이후로 큰 나라 섬기기를 근실히 하여……(我國家統三以來, 事大以勤……)." 이와 같은 맥락의 기사가 태종太宗 1년1401 6월 18일의 첫 번째 기사에서 반복된다. "왕은 이렇게 말하노라. 우리 국가가 대대로 중국을 섬기어 그 작명을 받아 민사를 보존하여 오랜 세대를 내려왔는데……(王若曰, 惟我國家, 世事中夏, 受其爵命, 保有民事. 以克永世……)." 여기에서 확인될 수 있는 점은 두 가지이다. 하나는 왕조 변동과 무관하게 한반도를 하나의 국가로서 이해한다는 점이고, 다른 하나는 중국과의 사대자소事大字小의 관계를 확인한다는 점이다.

한편 제일 자주 나오고 왕조 말에 이르기까지 일관되게 나타나는 국가의 용례는 주어진 정치공동체의 안전문제와 관련되어 나타난다. 태조 1권 총서 69번째의 기사에는 다음과 같은 일이 기록되고 있다. 아직 고려 때인 우왕禑王 9년1383 8월에 여진족이 고려 영토 깊숙이 쳐들어왔을때 모친상 때문에 이성계의 부장인 이지란은 청주에 머물고 있었다. 이때 이성계가 그에게 사람을 보내 빨리 귀영할 것을 촉구한 기사에서 "국가의 일이 급하니 그대가 상복을 입고 집에 있을 수 없다國家事急 子不可持服在家"라고 말하고 있는데, 국가의 안전 또는 위급에 관한 기사는 이후로도 계속 반복된다. 국가안위國家安危, 국가지흥쇠國家之興衰, 국가지변國家之變, 국가미령國家未寧, 국가승평國家昇平, 국가위망國家危亡, 국가간위國家艱危, 국가휴척國家休戚 등의 구절들이 전부 그에 해당되는 것들이다. 실제 이러한 경우 국가라는 말은 순수한 우리말의 '나라'에 해당되는 것으로 앞에서 본 서양어의 republic과 state 가운데 republic(또는 commonwealth)에 더 가까운 것으로 볼 수 있다. 국가가 원래 國과 家의 두 단어를 조합해서 하나의 정치현실을 지칭하는 말로 사용하게 되었지만, 원래 별도의 두 글자라는 점을 의식하여 역시 서로 별개의 두 글자의 조합으로 이루어진 단어들과 조합하는 경우 서로 나누어 사용하는 경우도 있는데, 몇 군데 눈에 띄는 것으로는 국가의 흉화를 풀어서 사용하고 있는 "凶國而禍家"라는 흥미로운 구절을 들 수 있을 것이다. 이 표현은 특히 정조와 순조 대에 많이 나타나는데, 적지 않은 수가 서학(기독교) 전파와 관련된 것들이다. 여하튼 이때의 국가는 (이데올로기적인) 기본 사회체제 또는 사회질서의 의미를 갖는다고 여겨진다.

이러한 용법은 국가의 방어와 관련된 기사에서도 자주 엿보인다. 예컨대 태조 3년1394 2월 29일 첫 번째 기사에서의 한 구절에서 잘 표현되고 있다. "성城이라는 것은 국가의 울타리로서 난폭한 적을 막고 백성을 보호하는 장소이니……(城者, 國家之藩籬, 禦暴保民之所……)." 여기에서 국가는 분명히 왕조나 왕실 또는 정치권위를 의미하는 것만이 아니라 공동체의 틀 또는 일정한 영역을 의미하는 것이다. 이러한 국가를 지키는 데 중요한 몫을 다하는 사람은 말하자면 국가유공자가 되는 것이다. 이런 뜻에서 태종 1년1401 윤3월 1일의 기사에서는 화약을 제조하여 왜구를 물리친 최무선을 "국가에 공이 있다(有功於國家)"라고 말한다. 왕실을 지키고 백성의 안녕을 도모했다는 뜻이다.

국가는 단순히 전체 공동체로 그치는 것이 아니라 공동체를 다스리는 주체가 되기도 한다. 즉 필요할 경우 백성이나 그 관리들에게 명령을 내리는 중앙정부(의 권위)를 뜻하는 것이기도 하다. 태종 1년 12월 18일자의 기사에는 무역마의 값을 잘못 정한 신하들의 처벌과 관련한 내용이 적혀 있다. 여기에서는 "이현李玄과 안윤시安允時는 국가의 명령을 받아 가지고 겨우 돌아왔으니(玄與允時受國家之命纔還), 자원自願에 따라 부처付處하라"는 구절이 있는데, 이때의 국가는 명령의 주체가 된다. 이와 같은 표현은 무수히 많이 보인다. 예컨대 사회의 풍속을 교정하기 위한 명령도 내리는데 이것을 맡은 기관은 사헌부이다태종 1년 12월 5일. 이러한 특정 행동 주체로서 국가 즉 정부의 일은 실로 다양하다. 예컨대 병사의 훈련도 맡고태종 2년 2월 5일, 백성으로부터 세금을 걷거나 백성이 어려울 때는 구휼활동을 벌이기도 한다태종 7년 6월 28일 ; 태종 12년 7월 25일.

국가는 이렇게 정부의 의미를 갖는데, 이 점은 때로 같은 기사 안에서 동의어로 사용되는 경우도 있다. 예컨대 세종 4년1422 양녕대군의 문제와 관련하여 양녕의 탄핵을 주장하는 신하들에 맞서 논쟁을 벌인 끝에 세종은 자신은 더 이상 관여하지 않겠다는 뜻을 보이는데, 이때의 상황은 다음과 같이 기록되어 있다. "이제부터는 양녕을 정부政府와 육조六曹에 맡기고 나는 참예하지 않을 것이니, 만약 법을 범하는 일이 있거든 정부에서 곧 잡아 오게 하라. 나는 관계하지 않고 일체를 국가의 처치에 좇을 것이다(自今以後, 以讓寧付之政府六曹, 予不與焉. 如有犯法, 政府便拿來, 吾不管, 一從國家處置)세종 4년 11월 14일."

세종 5년 2월 15일에는 사간원과 사헌부에서 상소를 올려 양녕대군의 일탈적 행위의 처벌을 호소하면서 이것을 '국가의 청'이라고 말하고 있음을 볼 수 있다. 그리고 그렇게 될 경우 국가에 큰 다행이 될 것임을 강조하는데, 앞의 국가는 왕과 구별되는 정부 및 대신들을 의미하고, 뒤의 국가는 공동체 전체를 의미한다. 이렇게 국가라는 단어는 복합적으로, 그리고 때로는 약간은 다른 의미로 사용되면서도 말하는 사람이나 듣는 사람 모두 별로 이해에 큰 어려움을 갖지 않았던 것으로 보인다.

양녕대군의 문제는 상당히 긴 시간을 끌었다. 세종 16년 2월 19일 기사에는 양녕대군을 궁궐로 불러들이려는 세종에 대해 불가함을 고하는 대간臺諫들이 이 문제를 정부 고위관리들 사이의 토의에 부칠 것을 제안하는 상소문이 게재되어 있다. 이때 이 토의에 부치는 일을 "국가에 부친다(付諸國家)"라고 표현하고 있다. 이때의 국가는 분명히 공동체 전체를 가리키는 것은 아니며, 또한 명령의 주체인 정부가 아니라 고위관리들의 토론이 벌어지는 정부 내 공론장을 의미하는 것으로 보인다.

이제까지 본 바와 같이 국가는 다스리고 명령하는 주체로서 인식되고 있음을 알 수 있다. 그러나 그것으로만 그치는 것이 아니라 국가는 동시에 다스리고 소유하고 상실하는 객체로서도 이해된다. 태조 1년 7월 17일의 두 번째 기사에서는 태조 즉위 이전에 나타났던 개국의 조짐을 다루고 있다. 여기에서 인용하는 시중 이인임李仁任이 전한 말은 "국가가 장차 반드시 이씨에게 돌아갈 것이다(國家將必歸於李氏矣)"라는 것이었는데, 이때의 국가는 바로 획득이나 탈취의 대상으로 취급된다. 이러한 용례는 이것으로 그치지 않는다.

태조 1년 7월 20일의 기사에서는 기강 확립에 관한 10개조의 사헌부 상소문이 기록되고 있는데, 간언諫言의 필요성을 강조하는 그 네 번째 항목에는 다음과 같은 표현이 나온다. "천자天子가 쟁신諍臣 7인만 있으면 비록 무도無道하더라도 그 천하를 잃지 않을 것이며, 제후諸侯가 쟁신 5인만 있으면 비록 무도하더라도 그 국가를 잃지 않을 것이다(天子有諍臣七人, 雖無道, 不失其天下 ; 諸侯有諍臣五人, 雖無道, 不失其國家)."

태조 1년 10월 12일에 기록되고 있는 공부상정도감貢賦詳定都監의 상소문에는 "삼가 생각하옵건대, 전하殿下께서 하늘의 뜻에 응하고 사람의 마음에 따라서 문득 국가를 차지하시고 왕위에 오르신 초기에⋯⋯"라는 표현이 있다. 태조 3년 11월 3일의 기사는 종묘, 궁궐 및 성곽 공사를 독촉하는 문제를 다루고 있는데, 여기에서도 이 세 가지는 "모두 국가를 가진 사람들이 제일 먼저 해야 하는 것(此皆有國家者所當先也)"이라는 표현이 보이고 있다.

태종 1년 1월 14일의 기사에서도 '국가를 가진 자(有國家者)'라는 표현이 나오고 있다. 이렇게 국가가 주체가 아니라 어떤 행위의 객체로 이해하는 경우는 다스리고(治) 지킨다(禦)는 일과 관련해서는 수시로 나타나는 일이다. 그런데 기대했던 것과는 달리 국가를 왕실 또는 개인 군주의 다른 표현으로 취급하는 경우는 거의 안 보였다. 물론 실록 전체를 검토할 경우 몇 개의 경우를 더 발견할 수 있을지 모르겠으나, 필자가 검토한 태조, 태종, 세종 그리고 순조조의 실록에서는 단 두 곳만을 발견했을 뿐이다. 우선 순조 1년1801 3월 16일의 네 번째 기사에는 서학에 연루되어 사사賜死의 결정이 내려진 왕실 자손인 이인李裀과 그의 아들 이담李湛 부부를 언급하면서 국가의 의친懿親이라는 표현을 쓰고 있다. 여기에서 국가는 곧 왕실 또는 왕가를 지칭하는 것으로 보인다.

한편 순조 9년1809 2월 15일의 장몽서張夢瑞를 추국한 결안에 관한 기사에서는 "대저 동토東土에서 국가를 북면北面하여 섬기는 사람은 만에 하나 이 의리를 위배한다면 이는 극악한 역적이 되는 것인데⋯⋯"라는 표현을 쓰고 있다. 여기에서 북면하는 대상은, 국가는 곧 국가의 최고통치자인 군왕을 표현하는 말로 이해할 수 있다.

그러나 왕실 또는 왕가와 국가를 동일한 것으로 취급하는 논의는 대단히 드문 데 비해 정반대로 왕가와 국가를 구별해야 한다는 논의도 한때 대단히 강하게 토론된 적이 있음에 유의해야 할 것이다. 이러한 토론은 태종조 때 양녕의 폐세자 및 충령에 대한 선위문제를 둘러싸고 심각한 양태로 벌어졌다.[112] 구체적인 예로 우리는 세종 2년 8월 11일의 기사를 들 수 있을 것이다. 양녕대군의 산릉 제사 참여

---

112 이 당시의 토론 과정에 대해서는 이한수(2002), 「조선 초기 '家'와 '國家'에 관한 논쟁 : 양녕대군 폐세자와 세종의 즉위 과정을 중심으로」, 『역사와 사회』 제28집, pp.1~38 참조.

의 문제를 둘러싼 토론 과정에서 상왕으로 물러나 있던 태종은 "이 것이 비록 한 집안의 일이라 하여도 또한 국가에 관계되는 것이니 그것을 대신들과 조용히 의논하여 계磨하도록 하라(此雖一家事, 亦係國家, 其與大臣密議以啓)"고 말하는 대목에서 왕가와 구별되는 국가의 관념을 읽을 수 있다. 한편 앞에서 인용된 세종 5년 2월 15일자의 기사에서 신하들은 양녕의 문제를 처리하는데 있어 국가의 청을 들어줄 것을 호소했다. 그 결과 국가에 큰 다행임을 말하는데, 이때 이들은 그것 이 종사에서도 다행임을 말함으로써 왕실과 국가를 별개의 실체로 인정하고 있음을 알 수 있다.

한편 충령대군에 대한 조기 선위문제를 둘러싼 토론 과정에서 태 종은 "아비가 아들에게 전위하는 것은 천하고금의 떳떳한 일이요, 신하들이 의논하여 간쟁할 수가 없는 것이다"라고 주장한 데 대하여 이 문제가 순전히 왕가의 문제임을 강조하는 데 비해, 이에 반대한 신하들은 그것이 왕가의 문제로 그치는 것이 아니라 국가의 큰 문제 (國之大事)였음을 이유로 강하게 반대하기도 했다태종 18년 8월 8일.

2) 『반계수록』과 『경세유표』

우리의 논의를 위한 검토 대상으로 『조선왕조실록』이 국가의 수 준에서 작성된 공적 문서를 대표하는 하는 것임에 비해 『경세유표』 와 『반계수록』은 조선시대 개인 학자 수준에서 이루어진 대표적인 정치담론으로서 선정했다. 이 두 문서는 조선시대에 제작된 정치와 사회문제를 다룬 담론으로서 가장 포괄적인 문제의식을 담고 있고, 또한 붕괴해 가던 당시 사회체제의 근본적 개혁을 염두에 둔 대표적 작업이라는 점에서 선택되었다. 특히 조선시대를 대표하는 정치적·사회적 개혁 작업을 의도하던 작업이기 때문에 사용되는 언어상의 어떤 변화가 있을지도 모른다는 기대와 동시에 이러한 기대에 서였다. 상반되는, 모든 효과적인 개혁 작업의 전제가 되는 구체적 대안이 되는 모델이 주어지지 않은 상황에서의 개혁안이었기 때문에 담론을 구성하는 언어에 큰 변화가 없을 것이라는 예상을 하면서 이들 대표적 개혁 지향적 유학자들의 '국가'라는 말의 사용을 검토했다. 이 두 개의 대표적 정치담론의 작업을 검토한 결과 '국가'라는 말의 사용과 관련하여서는 첫 번째의 기대가 충족되기보다는 두 번째의 예상이 훨씬 잘 들어맞았다고 하는 것이 정직한 답이 될 것이다.

『반계수록』에서 국가라는 단어가 사용된 횟수는 40회를, 『경세유표』의 경우 55회를 약간 넘는다. 이 두 책에서 사용되는 국가라는 말은 거의 같은 방식으로 사용되고 있다. 『반계수록』을 검토할 때 제일 많이 사용되는 것이 국가의 재정, 비용, 수요 등에 관한 재정문제와 관련된 것이다. 이외에 국가의 안전 및 방위의 문제가 다루어지는가 하면 국가의 임무, 사업, 이익 등이 논의되고 있다. 그리고 국가의 운영에 관한 문제가 국가의 통치라는 이름으로 논의되고 있고, 때로는 국가의 체면·폐단·태평 등에 관한 논의가 이루어진다. 이러한 국가라는 용어의 사용방식은 우리가 앞에서 검토한 『삼국사기』, 『삼국유사』 그리고 『조선왕조실록』에서 볼 수 있었던 국가라는 단어의 사용방식과 사실상 동일한 것이었다고 할 수 있다.

이러한 점을 바탕으로 여기에서 우리가 추론할 수 있는 바는 다음과 같다. 즉 반계 유형원은 주어진 국가라는 틀 속에서, 특히 전제·수취구조 및 재정구조에서 여러 가지 문제점들을 비판적으로 지적하고 그 대안들을 제시하고자 했다는 것이다. 하지만 당시 그가 경험하고, 또 상당히 오래전부터 전래되어 온 주어진 국가라는 틀 자체를 바꿀 수 있는 어떤 다른 대안의 가능성에 관하여서는 거의 의식하지 못했다. 그가 지적하는 구조적 문제점들의 개선이 당시 주어진 국가라는 틀 자체의 교체 또는 개혁을 통해서만 가능하다는 점을 말하고 있지는 않은 것으로 보인다. 사실 그가 그러한 문제점을 인식했다고 하더라도 당시의 상황에서 그러한 것을 공개적으로 언급할 가능성은 전무했던 것으로 여겨진다.

『경세유표』에서 보이는 국가라는 단어의 용례도 『반계수록』과 거의 유사한 것으로 보인다. 가장 많이 사용되는 것은 역시 공동체 전체로서의 국가이다. 즉 그는 우선 '국가의 흥망'에 제일 큰 관심을 쏟는 것이다. 그러한 각도에서 그가 특히 걱정하는 문제는 '국가의 재정', '국가의 경비', '국가의 경리', '국가의 수입' 또는 '국가의 세입'이다. 즉 이러한 문제들이 해결되지 않으면 '국가의 근본' 또는 '국가의 질서'가 허물어지게 된다. 이것은 곧 '국가의 법제'가 무너지는 것을 의미하고, 그럴 경우 '국가의 체면'이 훼손되는 것이다. 이러한 문제들을 올바로 처리하는 것이 곧 '국가를 다스리는' 일 또는 '국가 운영'의 핵심이다. 이러한 문제 외에 우리가 잊어서는 안 될 또 다른 중요한 문제가 있으니, 그것은 '국가의 보호'와 '국가의 방수防守'를 위해 국가의 울타리(藩衛)가 되는 경비망을 제대로 살피는 것이다.

반계나 다산의 논의에서 보이는 국가라는 용어의 공통적인 특징은, 반드시 이 두 지식인의 공통점으로 그치는 것이 아니고, 그들의 당대까지 수백 년 동안 축적된 공통된 담론의 기초층을 대표하는 것으로 볼 수 있을 것이다. 이런 점에서 국가라는 개념은 너무나 당연한 것이었기 때문에 굳이 새삼스러운 논의 주제가 된 것은 아니었다. 개항 이전의 시기에 조선 국가의 핵심적인 정치·사회문제에 대한 가장 포괄적이고 날카로운 비판 논의로 지적되는 이 두 사람의 논의에서 당시까지 주어진 국가의 틀 자체에 대한 비판적 논의가 변화 가능성에 관한 논의는 제기되지 않은 채 그 내부 체제(주로 재정 또는 수취구조의 문제)의 개혁 방안만 무성했던 것은 어떻게 설명할 수 있을 것인가?

우선 가장 쉬운 답변은 당시의 체제가 그러한 대안적 논의를 지적으로뿐만 아니라 정치적으로도 허용하지 않았다는 점에서 찾을 수 있을 것이다. 아마도 이보다 더 중요한 답의 실마리는 다음과 같은 논의에서 발견될 수 있을 것으로 보인다. 이들이 지적한 구조적 결함은 단순히 기술적인 수준에서의 비합리성뿐만 아니라 그러한 결함을 유지시켜 나간 정치적 구조의 강건성에서도 찾아질 수 있을 것이다. 아마도 실현 가능성을 잠시 유보할 때 우리가 꼭 지적해야 할 사항이 있다면, 그 문제는 궁극적으로는 당시의 독특한 정치권력 구조의 배분 상황과 그것에 대한 정당화구조와 연결되어 있는 문제였다는 점이다. 따라서 진정하게 효과적인 개혁의 논의는 권력구조 및 정당화구조, 한마디로 요약하여 국가구조 전반에 관한 논의가 수반되었어야 하는데, 그러한 것이 사실상 거의 빠져 있다는 점을 지적해야 할 것이다.

이러한 논의의 부재 또는 배제는 몇 가지 방식으로 설명될 수 있다. 하나는 이들 두 사람의 개혁 지향적 지식인들도 기본적으로는 당시의 주어진 국가체제 내의 넓은 의미에서의 지배층에 속해 있었다는 지적이 가능하다. 그러나 일반적으로 기존 체제에 대한 비판적 논의의 대부분이 기득권층에 속한 불만계층 인사들에 의해 제시된다는 점을 감안할 때 사실 이 두 사람은 바로 그러한 대표적 인물이라고 말할 수 있다. 그럼에도 그들이 틀 자체에 대한 비판적 논의를 제시할 수 없었던 것은 단순히 정치적 핍박에 대한 두려움 때문이라기보다는 비판적 논의의 제시를 위해 필수적인 대안의식의 부재 때문인 것으로 여겨진다. 이러한 대안은 단순히 지적 작업의 결과로 만들어지는 것은 아니고 실제의 경험이나 관찰 결과로부터, 또는 대안의 존재에 관한 기록물로부터 얻어지는 것이다. 이 두 사람은 모두 그러한 점에서 한계점을 가질 수밖에 없었다. 따라서 이들이 제시한 개혁을 위한 이상적 기준은 현실적 대안이 아니라 과거에 있었다고 여겨지던, 급진적이라고까지 여겨지는 이상적 모델(예컨대 정전제(井田制))일 수밖에 없었다. 이러한 점에서 이 두 사람의 한계는 이들의 지적 능력의 한계로만 말하기는 어려운 것으로 보인다.[113]

조선조에서 국가라는 용어가 큰 의심 없이 사용되었다는 것은 이 국가라는 단어가 상당한 안정성을 누렸다는 점을 말하는데, 이러한 안정성은 조선에 국한된 현상이 아니라 중국과 일본을 포함한 동아시아 한자문명권에 공통된 특성이었던 것으로 이해된다. 이렇게 국가라는 단어가 오랜 기간에 걸쳐 안정성을 갖는 것은 유럽과는 상당히 대조적인 양상이었다. 실제 유럽에서 국가라는 단어는 유럽사의 변화와 대단히 긴밀하게 연결되어 있었다. 지중해 지역을 중심으로

---

113 임진왜란과 병자호란을 통해 조선의 국가 기능이 거의 마비 상태에 들어갔음에도 불구하고 조선 국가가 생명을 유지할 수 있었던 것은 여러 가지로 설명될 수 있겠지만, 필자는 대안의 부재에서 찾는 것이 가장 현실적인 설명방식이라고 생각한다. 대안의 부재란 정치권력을 인수해서 새롭게 국가의 주인이 될 수 있었던 다른 정치세력이나 사회세력이 없었다는 점을 말한다. 이와 아울러 다른 정치체제의 가능성도 포함시킬 수 있는데, 이러한것들이 유교적 정치이론을 통해 원천적으로 봉쇄되었던 점도 대안 부재의 다른 면으로 지적될 수 있을 것이다.

성립되었던 유럽의 고대문명이 무너진 후 상당 기간 효과적인 중앙집권적 정치권력이 부재했던 봉건체제를 경험한 뒤에, 이것을 바탕으로 우리가 흔히 근대국가체제라고 부르는 중앙집권체제를 다시 이루는 과정이 곧 유럽의 근대화 과정의 전부는 아닐지라도 가장 중요한 하나의 측면을 이루었음은 주지의 사실이다. 이러한 과정에서 새로운 국가조직의 출현을 반영하면서 그에 상응하는 새로운 국가 개념 즉 stato/state라는 말이 출현했기 때문에 서양에서는 이 말의 출현과 변화/성장, 그리고 정착/안정화 과정을 검토하면서 엄청난 규모의 투쟁과 갈등을 수반하면서 이루어진 근대사회 성립의 한 측면을 관찰할 수 있었다. 이러한 뜻에서 서양 근대사의 이해는 국가 개념사라는 관점에서 효과적으로 이루어질 수 있다.

이에 비해 이미 상당히 오래전부터 정착되었고, 오로지 집권 왕조의 교체를 통해서만 변화가 가능하다는 점이 고착되어 있던 중앙집권적 왕조체제를 경험한 동아시아, 특히 조선의 상황에서 국가 개념이 상당한 정도의 안정성을 누려 왔다는 사실은 전혀 이상한 일이 아니다. 보다 나은 삶을 가져올 수 있는 대안도 여전히 왕조일 수밖에 없었던 상황에서 국가 개념 자체의 동요는 예상할 수 없는 일이다. 오히려 우리는 그 안정성을 통해 19세기 말에 와서야 비로소 동요하기 시작했지만, 그 이전까지는 이미 더 이상 체제유지 능력이라는 점에서 한계에 도달했던 국가재정적 또는 사회경제적 상황과는 달리, 최소한 표면적 정치의식의 면에서는 큰 변화 없이 지속성을 보여 온 독특한 자기 모순 상황을 보다 명료하게 추론해 낼 수 있을 것이다.

그러나 개항과 더불어 출현한 서양 제국, 또는 그것을 본뜬 일본의 문물·제도의 소개와 아울러 이러한 안정성은 더 이상 누려질 수 있는 것이 아니었다. 전통적 국가 개념이 이어져 내려오다가 서세동점西勢東占과 함께 전통질서의 지속가능성이 시험에 처해졌고, 또한 더 이상 지탱할 수 없다는 점이 명백해졌다. 이와 동시에 생존을 위한 대응 방안을 찾기 위해서는 국가를 포함한 사회 전반에 대한 전혀 새로운 인식, 즉 새로운 국제질서관과 윤리적·도덕적 사고에서 전략적 부국강병관으로의 인식 전환이 이루어질 수 있는 객관적 여건이 주어지게 되었다.

우리의 주제와 관련하여 특히 지적되어야 할 점은 국가의 개념을 통해 이해되던 정치조직이 더 이상 하나만이 아니라는 점에 눈뜨게 되었다는 사실이다. 실제로 다양한 정치조직 또는 국가 형태의 문제는 곧 국가를 구성하는 공동체 구성원 상호 간의 관계양식에 관한 문제이다. 즉 공동체 구성원 사이의 권력 배분의 문제이고, 이것은 다시 권력의 주체와 여타의 공동체 구성원 사이의 권리와 의무에 관한 문제이다. 따라서 대안적 정치조직의 문제에 관한 인식 변화는 다양한 정체政體에 관한 형식적 문제로 그치는 것이 아니라 불가피하게 공동체 구성원 사이의 관계양식의 문제를 수반했다.

19세기 말 이전까지 국가 관념이 상당한 안정성을 누렸다는 말은 기존 정치권력체제에 대한 현실적인 위협이 별로 크지 않았다는 말을 의미한다. 즉 기성체제의 변화를 막을 수 있는 장치가 나름대로 효과적으로 기능했다는 점을 의미하는 것이다. 이러한 장치로는 물론 내부적으로 기성체제를 옹호하는 효과적인 정당화 이론, 내부로부터의 전복을 막거나 퇴치할 수 있는 지배집단의 내부적 단합력이나 국가가 보유하는 실질적 무력 등을 들 수 있을 것이다. 그러나 무엇보다도 중요한 것은 사대자소事大字小의 관념을 바탕으로 하는 중국과의 관계를 들어야 할 것이다. 즉 '중국적 세계질서'가 제공하는 안정성, 즉 유사시의 변란을 막아 줄 수 있는 효과적인 중국의 무력적 보장이 기성 정치질서의 안정성을 보장하는 최상위 심급의 요소였다고 말할 수 있을 것이다. 중국의 개입이 자주 있었던 것은 아니지만 왕위 계승 등 권력관계 변동과 같은 결정적으로 중요한 사태와 관련하여서는 중국의 승인을 받아야 했다는 사실, 그리고 중국에서의 왕조 변동이 있을 경우 새로운 왕조에 대한 충성의 서약이 조선 왕조 유지의 전제조건이었다는 점 등은 그러한 사실을 말해 주는 것이다.

여하튼 19세기 말 중화질서의 동요는 조선에게 새로운 정치적 기회를 제공했고, 이러한 변화된 상황은 서양식 주권국가로서의 자기 인식을 낳는 계기가 되었다. 그리고 무엇보다 중요한 것은 이러한 대외적 자기 인식의 변화가 대내적 대안질서의 모색과 함께 이루어졌다는 사실이 될 것이다. 우리가 다음 절에서 다룰 문제는 바로 개항 이후의 시기에 급속한 증가 추세를 보였던, 이중적인 수준에서 동시적으로 발생한 '국가'라는 개념에 대한 새로운 인식과 관심에 관한 것이다.

새로운 국가 개념의 시작

1) 개국과 국가에 관한 성찰의 시작, 1876~1884

당연한 것으로만 여겨지던 기존의 국가 개념에 충격을 가하고 국가의 문제를 더 이상 당연한 것만으로 여기지 않고 정치문제에 관한 담론의 핵심주제로 삼게 된 첫 번째의 계기는 1876년의 조일수호조규(통상 강화도조약)이라고 할 수 있다. 개항을 요구하면서 벌인 일본의 무력시위에 맞서 저항하던 조선이 일본의 무력에 밀려 체결하게 된 한국 최초의 국제조약인 조일수호조규는 당시까지 중국의 속방屬邦으로서 존재하던 한국을 국제법상의 독립국으로 인정한 최초의 국제문서이기도 했다.

1875년 9월 강화도 연안에 출현한 일본군함 운요호雲揚號에 대한 포격을 구실로 조선 정부에게 개국을 강요한 일본 측 주장의 결과로 1876년 2월 27일 조선과 일본 정부는 12개조에 달하는 '조일수호조규'를 체결했다. 한국사상 처음으로 서양 국제법질서하에서의 독립주권국가로서 조선이 외국과 맺은 최초의 근대식 국제조약이었던 만큼 이 조약이 체결되기까지에는 일본의 무력시위, 조선의 국제법적 지위문제를 둘러싼 청일 간 교섭, 청국의 대조선 권고 등 상당히 복잡한 과정을 거쳐야만 했다. 어쨌든 이 '조일수호조규'는 제1관에서 "조선국은 자주지방自主之邦으로서 일본국과 평등한 권리를 보유한다"고 규정함으로써 우선 조선이 근대 국제질서the modern state system하에서의 독립국임을 선포하고 있다. 이러한 선언은 중국이 그동안 조선에 대해 누려 오던 종주권을 공식적으로 부인한다는 점을 언명한 것이다. 이는 다시 말해 장차 일본이 조선에 침투하는 일에 대한 청국의 간여를 인정하지 않겠다는 주장이다. 나아가서는 화이관華夷觀에 입각한 유교권적 세계질서 붕괴의 시작을 알리는 신호의 의미를 지니는 것이기도 하다.

조일수호조규의 체결에 대한 조선 내의 반응은 두 가지로 대별된다. 하나는 전통적인 대중국관계의 와해에 대한 우려를 보인 개화반 대파였고, 또한 중국으로부터의 독립을 환영하는 한편 일본이라는 현실을 인정하고자 하는 개화파였다. 전자는 전통적으로 중국이 제공하던 안전의 틀이 여전히 효과적이고 기존의 유교적 정치명분에도 합당한 것이라고 믿었다. 후자의 개화파는 변화된 세계 사정하에서 중국이 겪은 국제적 수모 등을 감안할 때 중국이 더 이상 조선의 안전을 위한 방호벽이 될 수 없음을 이미 인식하고 독자적인 부국강병의 길을 모색하지 않으면 국가의 존립 자체가 위험하다는 입장을 견지했다. 특히 이 개화파 세력은 일본의 개국 요구가 있기에 앞서 아편전쟁에서 패배한 이후 서양 사정을 배우고자 중국에서 제작된 『해국도지海國圖志』나 『영환지략瀛環志略』 등을 통해 이미 서양의 존재를 인식하고 있었다. 그러나 이 초기 개화파의 개혁사상은 '동도서기東道西器'라는 말에서 암시하듯이 주어진 정치체제나 사회질서의 근본적 회의에서 시작된 개혁론이 아니고 주어진 기성의 정치·사회 체제의 틀을 깨지 않는 범위 안에서 기술적 변화를 모색하는 논의였기 때문에 우리의 주제인 국가문제에 대한 새로운 성찰이 수반되지는 않았다.

국가 자체에 대한 새로운 성찰이 있기 위해서 무엇보다 중요한 점은 자신들이 당연하다고 여기는 정치적 삶의 기본 틀이 다른 식으로 짜여질 수 있다는, 즉 대안이 가능하다는 인식이 필요했다. 일반적으로 주어진 사회체제에 대한 성찰은 기성체제에 대해 기술적인 이유든, 윤리적인 이유든 어떤 회의가 발생하면서 시작되는 것이다. 이러한 대안에 대한 문제의식이 발생하기 위해서는 무엇보다도 대안의 존재를 실제로든 문헌을 통해서든 확인할 수 있어야 하고, 다음으로 주어진 현실의 틀(국가)에 대한 불만 또는 의심이 일어날 필요가 있다. 조선조 말의 경우 주어진 국가의 틀이 대내적으로나 대외적으로 더 이상 효과적으로 기능하지 못하는 데에서 오는 불만과 의심이 고조되었으나, 현실적 대안에 대한 무지로 인해 주어진 국가체제에 대한 성찰은 사실상 존재하지 않았다. 이러한 상황 속에서 국가 자체에 대한 성찰을 시작한 인사들은 개국과 함께 외국의 문물을 직접 익힐 수 있었던 초기 지식인들이다. 이러한 인사들 중에서 첫번째로 꼽을 수 있는 사람은 유길준俞吉濬, 1856~1914이었다.

조선 말 외국에 대한 문헌 또는 실제 경험을 통해 국가문제에 대한 새로운 대안적 인식을 말할 때 우리는 이중적인 관점에서 문제를 논의해야 할 것이다. 하나는 기존의 군주체제와 다른 정치체제의 문제이고, 다른 하나는 국가 간의 위계질서를 기초로 하는 중국식 세계질서와는 다른, 즉 주권 평등의 원칙에 입각하는 서양식 근대 국제질서의 문제이다. 당시까지 지극히 일부 인사에게만 알려져 있던 서양의 정치 사정에 관한 논의는 완만하게 진행될 수밖에 없었던 것으로 쉽게 추론된다. 정치 사정에 관한 문제는 단순한 기술적 사항의 것이 아니라 당시까지 주어진 국내질서와 대외 특히 대중국관계에 대한 전면적 재검토라는 대단히 민감한 논의를 수반하는 일이었기 때문이다. 그리고 이러한 재검토는 단순히 기존 권력관계의 변동뿐 아니라 정치·사회문제를 보는 기본 철학, 즉 존재론과 도덕이론의 전면적 재검토를 수반하는 일이었기 때문에 변화는 고사하고 변화에 대한 논의 자체에 대한 반감도 대단히 클 수밖에 없었다는 점은 쉽게 짐작될 수 있다.

2) 유길준

국가문제에 대한 두 가지 측면의 논의 중에서 대외적인 논의는 기존의 세계관에 대한 공격이라는 점에서 다분히 명분론적이고 이론적인 측면에 대한 비판이 강한 반면, 대내적 문제의 토의는 기존 국내 정치질서에 대한 비판이나 반성, 나아가서는 공격을 수반한다는 점에서 정치적 탄압을 자극할 가능성이 크기 때문에 새로운 대안적 논의가 대내적 측면보다는 대외적 측면에 관한 논의부터 시작될 가능성이 크다. 이 점은 바로 유길준의 논의에서 그대로 나타난다.

유길준이 갑신정변의 소식을 듣고 미국에서의 유학생활을 중단하고 귀국하자 바로 체포되었다가 한규설의 자택(1887년 가을부터는 민영익의 별장)에서 연금생활을 했다는 것은 이미 잘 알려진 일이다. 이 연금생활 중에 유길준은 자신의 일본과 미국 유학, 그리고 유럽 국가들에 대한 여행의 경험을 바탕으로 조선인들을 위해 최초의 서양 사정 소개서를 저술했는데, 이것이 바로 『서유견문西遊見聞』이라는 것도 이미 잘 알려져 있다. 1895년 조선인에 의해 저술되고 일본에서 인쇄된 이 책이 우리의 주제와 관련하여 흥미를 끄는 부분은 『서유견문』의 중심 부분을 이루는 것으로, 총 20편의 구성 중 3편에 서술되어 있는 「방국邦國의 권리」 부분이다. 유길준이 사용하고 있는 邦國이란 국가의 다른 표현으로, 여기에서 그가 다루고 있는 내용은 근대 국제체제하에서 주권국가들의 권리 부분에 관한 것이다.

이 「방국의 권리」 편에서 유길준이 논의하는 부분은, 『서유견문』의 상당 부분이 그에게 큰 영향을 미쳤던 후쿠자와 유키치福澤諭吉의 『서양사정西洋事情』의 내용을 그대로 가져온 것임에도 후쿠자와의 책에조차 없는 상당히 독창적인 글이라고 평가되고 있다. 그것은 바로 전통적인 중국적 세계질서에서의 조선의 지위와 서양식 국제체제 하 주권국의 지위를 화해시키려는 그의 노력이 절실한 현실의 문제였다는 점과 직접 연관되는 일로 여겨진다.

유길준이 국가문제에 대해 관심을 갖게 된 것은 우선 국가라는 틀이 외국세력에 의해 와해될 수 있다는 위기감 때문인 것으로 보인다. 따라서 그에게 국가의 문제는 단순히 사전적 정의가 아니라 자주성의 확보와 관련된 절박한 문제였다. 그래서 국가의 정의는 책의 뒷부분에서 시도되고, 대신 한 나라가 나라로서 이야기될 수 있는 기본적 조건부터 다루어진다. 그가 볼 때 나라가 나라라고 불릴 수 있는 것은 "다른 나라의 관할을 받지 않는 것"이기 때문이다.[114] 즉 나라 또는 국가라고 불리는 단체의 기본적 속성은 자주성에서 찾아진다는 것이다.

유길준의 국가론은 대체로 두 부분으로 나뉜다. 그 하나는 국가 내부의 체제에 관한 것이고, 다른 하나는 자주성을 그 기본적 속성으로 하는 국가들의 권리, 즉 주권 사항에 관한 논의이다. 후자의 문제가 특히 그의 중심적 관심사였던 것으로 보이는데, 그것은 중국적 천하질서에 속해 있던 조선이 새로운 서양식 공법질서로 옮겨 가는 과정에서 큰 어려운 점이 나타났기 때문이다. 새로운 서양식 공법질서 속에서 국가들은 완전히 평등한 관계를 유지하는 데 비해 조선은 전통적으로 중국을 상국으로 모셔 왔다. 따라서 조선이 새로운 국제

---

114 兪吉濬全書編纂委員會 編(1971a), 『兪吉濬全書 Ⅰ: 西遊見聞』, 일조각, p.85(「제3장 방국의 권리」). 참고로 『서유견문』은 『유길준전서 Ⅰ』에 실려 있는데, 『유길준전서』의 면수와 『서유견문』의 면수 두 가지가 같이 표기되고 있다. 이 글에서는 『서유견문』의 면수를 표시한 것이다.

질서로 편입할 수 있기 위해서는 무엇보다도 먼저 전통적인 대중국 관계가 청산되어야만 했다. 그런데 이것은 무력적으로 중국을 제압하면 될 수 있는 일이었지만 가능한 일은 아니었다. 따라서 무엇인가 타협점이 마련되어야 했는데, 기본적으로는 새로운 질서에의 편입이 기존의 대중국관계와 반드시 모순되는 일이 아님을 설명해야만 했다.

유길준은 먼저 조선과 중국의 전통적 관계를 설명하기 위해 증공국贈貢國과 수공국受貢國이라는 새로운 개념을 제시한다.[115] 즉 조선과 중국은 증공국과 수공국의 관계를 맺어 왔는데, 이 두 나라 모두 다른 독립국들과 마찬가지로 독립주권국임을 천명한다. 그는 속국 또는 속방의 개념을 제시하여 증공국과 구별짓는데, "속방은 그가 복종하는 국가의 정령과 제도를 하나같이 받들고 내외의 모든 사무에 자주하는 권리가 전혀 없는"[116] 나라를 말한다고 한다. 그가 말하고자 하는 바는 조선은 중국에 대하여 증공국의 위치에 놓여 있는 것이지 결코 속국이 아니라는 점이었다. 즉 조선과 청국의 관계는 "조공관계와 더불어 근대적인 국제법 관계를 공유하는 특수한 관계"로 설명된다.[117] 유길준은 이것을 다음과 같이 설명한다. "이는 증공국의 체제가 수공국과 제 타국을 향하야 전후前後의 양절兩截이오 수공국의 체제도 증공국과 제 타국을 대하야 역亦 전후의 양절이라……." 이 말을 현대어로 옮긴다면 다음과 같은 의미가 될 것이

---

115 이 문제는 이 책의 「Part 2 주권」 편에서 좀 더 상세하게 다시 논의된다.
116 兪吉濬全書編纂委員會 編(1971a), 앞의 책, p.92. 여기에서의 번역은 김용구(1997), 앞의 책, p.251에서 인용.
117 김용구(1997), 앞의 책, p.252.

다. 즉 종공국 조선이 청국과 기타 다른 나라들과 맺는 관계는 서로 다르고(兩截), 청국이 조선과 여타 국가들과 맺는 관계도 역시 일치되지 않는 관계이지만 조선과 청국, 조선과 여타 국가 및 청국과 여타 국과의 관계는 그것 자체로 독립국 간의 관계가 성립되는 이중적인 체제로 볼 수 있다는 것이다.

이러한 주장은 물론 당시 청국에 대한 의존관계를 극복하고 독자적인 대외관계를 수립하고자 하던 조선에 대하여 기존의 화이질서에 입각한 종주권을 계속 주장한 청국의 입장에 대한 반박이라는 지극히 현실적 입장에서 개진된 것인데, 바로 그러한 점 때문에 소위 그의 양절체제론兩截體制論이 긴박감을 주고 있다. 이러한 독립국가의 권리를 유길준은 '방국'의 권리라고 말하고 있는데, 여기에서 사용되는 방국이란 당시까지 일반적으로 사용되던 국가의 다른 표현이다.[118] 유길준이 국가라는 표현 대신 굳이 방국이라는 표현을 사용한 것이 특별한 의도를, 예컨대 당시까지 조선인들로서는 갖고 있지 못하던 서양식 근대 국제질서의 기초적 구성단위인 근대국가를 지적하고자 하는 의도를 반영하고 있는지는 전혀 불확실한 일이다. 여하튼 유길준이 말하고자 한 바는 비록 조선이 중국식 세계질서의 관념 하에서는 청국과 대등한 위치에 있지 못했지만 그렇다고 완전한 속국이 아닌 이상, 특히 서양식 공법학자(즉 그가 의지하고 있던 헨리 휘튼(Henry Wheaton, 1785~1848))의 의견을 따를 경우 근대 서양식 국제질서의 틀

---

118 앞서 소개된 『설문해자』에 따르면 '國, 邦也'로 풀이된다. 國과 邦은 서로 호환되는 글자로 여겨진다. 『조선왕조실록』에 보면 邦家라는 표현이 422회 나오는데, 한글 번역에서는 대부분 '국가'로 번역되고 있다.

속에서는 분명히 독립주권국으로 취급될 수 있다는 것이다.

따라서 우리는 유길준의 논의가 서양식 공법질서하에서의 국가를 다룬 최초의 한국인의 논의라는 자리매김을 할 수 있을 것이다. 유길준의 관심은 단순히 국가가 다른 국가들과의 관계에서 발생하는 권리와 의무에 관한 문제로 그치지 않는다. 중국식 세계질서에 비할 때 서양식 근대 국제체제가 갖는 특징 중 하나는, 국가관계가 주권 평등을 원리로 하고 있다고는 하지만 국력의 실질적인 불평등에 대한 인정을 전제로 하는 관념이다. 다만 이러한 명분론이 허구 이상의 의미를 갖는 것은 어떤 한 국가가 다른 국가에 대해 위계질서에 입각한 상하관계의 행동규범을 요구할 만큼 압도적인 군사적 우위를 누릴 수 없었던 현실 상황을 바탕으로 하는 것이었다. 그리고 이러한 서양식 국제체제는, 어떤 한 국가의 능력의 변화 특히 능력의 강화에 대하여 다른 국가들이 민감하게 감시하고 그것에 민감하게 대처하여 기존의 힘의 관계에 아무런 변화가 없도록 노력할 때 제대로 기능하게 된다.[119]

이러한 노력이란 구체적으로 자신의 능력을 부단히 신장함을 뜻하며, 이때의 능력이란 자신의 국내적 권력 자원에 대한 확실한 장악 능력을 말한다. 이 능력은 정당성의 확보, 재정적 자립도, 지속적 군비軍備를 보장하는 안정된 국내 체제의 확보 등에 민감하게 반영한다. 이런 점에서 근대국가의 내부적 작용의 문제는 좋은 정치를

---

119 이러한 상황을 앤서니 기든스는 감시(surveillance)라는 개념으로 요약한다. 국가 간의 부단한 상호 감시의 체계를 바탕으로 상설 외교제도가 발생했고, 이러한 한에서 소위 '국제관계'라는 것이 만들어진 것이라고 설명한다. Giddens(1985), 앞의 책, pp.85~86.

하고자 하는 이상주의적 관심에서 비롯된 연구주제가 아니라 부단한 경쟁관계를 기초로 하는 근대 국제체제하에서의 효과적 대외정책의 수립이라는 실천적 목적과 직접적으로 연결되어 논의되기에 이른다.

특히 이러한 점은 근대 이후의 서양, 특히 국가 형성 과정에서 후발주자로 이야기될 수 있는 국가들, 전형적인 경우로 독일의 사회과학 또는 정치학의 기본 특성의 하나라고 할 수 있다. 그런데 유길준이 기행문의 형식을 빌려 다양한 정치체제나 국가의 권리문제를 다룰 때는 바로 그러한 실천적 관심이 주된 저술 동기로 여겨진다. 특히 일본의 '근대화' 또는 '계몽'과 관련하여 서양 문물의 소개에 앞장섰던 후쿠자와 유키치의 문하에서 공부한 그로서는, 서양에 대한 관심이 바로 근대식 국제체제에서의 후발주자들이 갖고 있던 공통된 문제의식이었다고 말할 수 있을 것이다.

유길준이 근대식 국가의 작용과 관련된 제반문제를 논의하고 있는 것은 바로 이러한 맥락에서였다. 그가 다루고 있는 문제들은 정부의 시초, 종류, 다양한 제도(제5편), 정부의 직분(제6편), 조세(제7편, 제8편), 교육과 군대(제9편) 화폐(제10편), 정당(제11편), 애국(제12편), 서양의 학문과 군제, 종교(제13편), 무역론과 개화의 등급(제14편) 등인데, 이것들을 통해 우리는 유길준의 실천적 관심을 충분히 짐작할 수 있다.

이 책이 저술될 때의 환경이 상당히 열악했고 후쿠자와 유키치의 『서양사정』에 의존한 바 적지 않았던 까닭에 완전한 독자적 저술로 언급하기에는 부족한 면이 많이 발견된다. 그러나 외부 세계 사정에 거의 아무런 지식도 없던 조선의 지도층을 향해 외부 사정을 자세히 소개하고자 한 그의 의도는 책의 제목에서 보이는 단순한 소개로 그치지 않고 후진성을 극복해야 한다는 절박한 실천의지의 다른 표현이었다고 할 수 있다. 예컨대 그는 후쿠자와의 논의를 그대로 소개하면서 필요하다고 생각되는 부분에서는 자신의 논평을 가하고 있는데, "바로 이러한 논평을 통해…… 자신의 개혁사상을…… 조심스럽게 표출시키고 있는 것"[120]으로 이해할 수 있다.

우리의 주제와 관련하여 『서유견문』 속에서 근대 국제체제하에서의 국가의 권리를 논의하고 있는 제3편과 함께 가장 중요한 부분으로 꼽을 수 있는 것은 아마도 다양한 정부의 종류와 정치제도를 다루고 있는 제5편을 들 수 있을 것이다. 그가 논의하는 정치체제의 유형은 세습군주제만을 유일한 정치체제로 알고 있던 조선인들에게 다른 종류의 정치체제가 있을 수 있고, 실제 존재한다는 사실을 알리며, 나아가 주어진 현실이 가장 바람직한 것이 아니라는 지적은 당시 독자들에게 적지 않은 충격을 주었을 것이라고 짐작된다.

유길준은 다음과 같은 모두 다섯 유형의 정체를 제시한다. ① 주군의 천단擅斷하는 정체, ② 주군의 명령하는 정체 또는 압제 정체, ③ 귀족의 주장하는 정체, ④ 군민의 공치共治하는 정체 또는 입헌 정체, ⑤ 국인의 공화하는 정체 또는 합중 정체. 이 중에서 ①과 ③은 현존하지 않는다고 말하고, 조선은 러시아 · 중국 · 일본과 같이 ②에 해당된다고 말한다. 그가 가장 바람직하다고 보는 ④의 군민공치 체제는 영국 · 독일 · 네덜란드 · 오스트리아 · 스페인 등 대부분의 서유럽 나라에서 볼 수 있는 체제인데, 그중에서도 영국의 정치체제가 가장 훌륭하고 잘 갖추어져 있어 세계의 제일이라 불린다고

---

120 유영익(1992), 『한국근현대사론』, 일조각, p.132.

말한다.[121] 그런데 자세히 관찰해 볼 때 군민공치체제를 채택하고 있는 유럽과 아메리카의 여러 나라가 압제 정체를 갖고 있는 아시아 여러 나라에 비해 백 배나 부강한 것을 알 수 있다. 이러한 차이가 생기는 것은 정부의 제도와 규범이 다르기 때문이라고 그는 말한다. 따라서 조선이 개화되기 위해서는 군민공치체제를 택하는 것이 바람직하지만 그렇게 간단한 문제는 아니라고 한다. "한 나라의 정치체제란 오랜 세월에 걸쳐 국민들의 습관이 된 것"인데, "습관을 갑자기 바꾸기 어려운 것은 언어를 바꾸기 어려운 것과 같기" 때문이다. 따라서 "실정에 어두우면서도 개혁하자고만 주장하는 자들은 아이들이 장난하는 것과 같아", "임금과 나라에…… 도리어 해를 끼치게 된다". 유럽 각국의 정치체제도 "수백 년 동안 시험을 거치면서 규범과 제도를 차츰 변경하여 오늘날처럼 임금과 국민이 함께 다스리는 체제에 이르게" 된 것이라고 주장한다.[122] 군민공치의 체제가 제대로 기능하기 위한 가장 중요한 전제조건으로 유길준은 국민이 국정에 참여하는 데 필요한 지식을 갖추는 일을 든다. 제도 개혁만으로 당장 국가가 부강해지고 개화될 수 있다고 보지 않는 점에서 그는 상당히 현실적인 입장을 취하지만, 동시에 국민적 자질의 개선이 이루어질 때까지 기다려야 한다는 점에서는 보수적인 성향을 감지할 수 있다.

유길준의 정치적 입장은 우리의 주제와는 약간 거리가 있는 문제이지만, 굳이 이 문제를 논의하는 것은 유길준의 정치체제 유형에

---

121 俞吉濬全書編纂委員會 編(1971a), 앞의 책, p.151.
122 俞吉濬全書編纂委員會 編(1971a), 앞의 책, p.152.

관한 논의가 국가가 개화되고 부강해지는 실천적 문제와의 관련성 속에서 이루어진다는 점 때문이다. 즉 그의 기본 관심은 국가의 개화와 부강에 있다. 이렇게 개화와 부강이 이루어지기를 바라는 국가는 과연 무엇인가? 유길준 자신은 정치체제 유형을 다룬 한참 뒤인 제12편 '애국'의 문제를 다루는 장에서 국가 또는 나라의 정의를 시도한다. 그에 따르면 "夫國은 一族人民이 一幅大地를 據有ᄒ야 其言語와 法律과 政治와 習俗과 歷史가 同ᄒ고 又同一ᄒ 帝王과 政府를 服事ᄒ야 利害와 治亂을 共受ᄒᄂ자니라."[123]

여기에서 분명히 드러나는 점을 말하자면, 국가가 기본적으로 그 국가를 구성하는 사람들의 역사적 · 정치적 및 문화적 동일성의 측면에서 정의되고 있다는 점이다. 이러한 점은 언뜻 근대적 국민 또는 민족이라는 측면을 강조하고 있다는 점을 의미하는 것으로도 볼 수 있다. 그러나 조금 다른 각도에서 보면 유길준의 경우도 아직은 전체 주민 또는 공동체 전체와 구별되는 별개의 기관이라는 서양의 근대적 의미의 국가와는 거리가 있는 국가 관념을 그대로 갖고 있음을 알 수 있다. 실제 그러한 의미의 공동체 전체와 구분되는 별도의 독자적 기관으로서 국가의 관념이 있기 위해서는 먼저 국가와 구별되는 별도의 공동체 또는 시민사회의 관념에서 발전이 동시에 이루어져야 한다. 그런데 이러한 관념의 발전은 자본주의체제의 성장과 함께 국가 또는 정치의 영역으로부터 독립적으로 기능하는 시장경

---

123 兪吉濬全書編纂委員會 編(1971a), 앞의 책, p.303. 이 구절을 현대어로 옮기면 다음과 같다. "나라라고 하는 것은 한겨레의 국민이 한 폭의 대지를 차지하여 살면서 언어 · 법률 · 정치 · 습속과 역사를 같이하며, 또 같은 임금과 정부를 섬김으로써 이해관계와 치란 여부를 같이하는 공동체다." 유길준(2004), 『서유견문』, 허경진 역, 서해문집, p.321.

제의 발전이 이루어짐을 전제로 하는데, 이러한 점에서 유길준에게 그러한 근대적 국가 관념의 흔적을 기대한다는 것 자체가 상당히 무리인 것이다. 그렇다고 뒤에 보듯이 서양에서 들어온 유기체 국가이론을 말하는 것도 아닌 것으로 보인다.

유길준의 국가 관념에서 근대적 관념을 발견할 수 없는 것은 오히려 자연스러워 보이지만, 그의 국가 관념에서 드러나는 전통적 성격의 증거를 더 제시해야 우리의 주장이 좀 더 타당성을 갖게 될 것으로 보인다. 유길준의 국가 관념의 전통적 성격은 그가 국가를 생각하면서 주군의 존재를 반드시 전제로 하고 있다는 점에서 잘 엿보인다. 그는 효과적인 국가의 존재란 주군의 존재에서 비롯되는 것으로 본다. 앞에서 소개된 다섯 유형의 정체 모두가 주군의 존재를 중심으로 이루어지고 있다. 주군이 없는 정체 유형으로 귀족정을 언급하고 있는데, 역사적 실례로는 서양 중세 봉건시대 때의 정치조직들을 예로 들면서 지금은 하나도 없다고 말한다. 합중정체의 경우 선거로 뽑히는 대통령을 사실상 주군과 같은 존재로 본다. 이러한 점에서 보면 그에게 국가는 독립된 기관으로서 관념되는 실체라기보다는 주군이라는 인적 존재를 중심으로만 설명되는 실체이다.[124] 따라서 임금과 백성의 관계는 여전히 부자관계의 비유로 설명된다. "이제 한 나라를 들어 한 집안에 비유해 보면, 임금은 그 아버지이고 국민은 그 자식이라고 할 수 있다. ……그 아들이 할 도리는 모든 일을 착실히 하여 아버지의 걱정을 덜어 드리는

---

124 이러한 의미에서 동아시아에는 과연 국가 개념이 있었는가를 묻는 다음의 논문 참조. 김근 (2004), 「동아시아에 국가가 있는가?」, 『中國語文學誌 』 제16권.

데 있다."[125] 이러한 주장은 "사람의 권리는 자기 스스로 손상하기 전에는 만승천자의 위엄이나 일만 군사를 대적할 용맹으로도 흔들거나 빼앗을 수 없다"[126]던 천부인권에 관한 자신의 입장을 간단히 뒤집는 논의이다. 이것은 유학자로서 그의 기본적 교양과 그가 보기에 급히 도입되어야 할 서양 문물의 불안한 동거에서 비롯된 증거로 보이는데, 국가문제에 관한 그의 기본 입장을 그대로 보여 주는 사례라고 하겠다.

말하자면 개화와 부강의 필요성 때문에 빠른 국가의 개혁을 바라지만 국가를 보는 그의 기본 시각은 여전히 전통적 관념을 벗어나지 못했던 것으로 보인다. 국민을 상대로 국가 개혁의 필요성을 빨리 전도하기 위해 그가 할 수 있던 일은 이미 오랫동안 존재했기 때문에 너무나 당연한 현실로 여겨지던 국가라는 현실이 우리에게 의미하는 바를 새롭게 일깨워 국민을 책임 있는 국정 참여의 주체로서 교육하는 것이었다. 그는 전통적 개념의 국가를 너무나 당연한 현실로서 생각했기 때문에 국가가 일단 개화와 부강의 과정에 접어들면 전통을 벗어난 전혀 새로운, 즉 탈인격적 실체로서의 국가 관념에서 비롯된 가능성이나 그러한 국가 관념의 전제로서 변화된 인간관·사회관의 필요성을 전혀 예상치 못했던 것으로 보인다. 그렇기 때문에 유럽에서 만들어진 근대적 관념의 국가이론이 그 자체로 별도의 처리 과정을 거치지 않고 번역·소개될 경우, 그대로 국민의식을 교육할 수 있는 도구라고 보았던 것으로 여겨진다.

125 유길준(2004), 앞의 책, p.221.
126 유길준(2004), 앞의 책, p.136.

근대국가의 '근대화' 과정이 기술적 변화와 그에 따른 정치적 구조 변동이라는 이중적인 역사적 의미를 충분히 인식하지 못한 채 개화와 부강이라는 그 결과만을 획득하고자 한 노력은 결국 국가의 근대성을 교과서적으로만 소개받거나 소개하는 작업으로 귀착되었다. 이러한 지적은 구체적으로 유길준이 1896년 고종의 아관파천俄館播遷과 김홍집 친일내각의 붕괴에 따른 정치적 위기를 맞아 일본에 망명한 직후 작성한 『정치학』이라는 제명의 미완성 원고를 말하는 것이다.[127] 『서유견문』이 내용적으로 서양 근대국가의 제 측면의 문제를 다룬 최초의 저술이었다면, 이 『정치학』은 형식상 서양식 근대 정치학 교과서의 틀을 갖춘 최초의 저술이라는 의미를 갖는다.

이 『정치학』은 한때 서양 서적과 일본 저술을 바탕으로 한 번안물이라고 추측되었지만, 결국에는 1882∼1892년 사이 일본에 초청되어 와서 정치학 · 행정학 및 경제학을 강의한 독일의 국가학자인 카를 라트겐Karl Rathgen의 도쿄제국대학에서의 강의를 일본인들(리노이에 다카스케(李家隆介)와 야마자키 데쓰조(山崎哲藏))이 일본어로 번역한 것을 유길준이 다시 국한문 혼용체로 번역한 것으로 밝혀졌다.[128] 라트겐이 자주 인용하는 학자는 스위스 출신의 저명한 국제법학자 겸 국가론 · 헌법학 학자였던 블룬칠리였는데, 그의 국가이론은 홉스 · 로크 · 루소 등에 의해 대표되는 자연법적 국가이론에 대비되는 유기체적 이론 위에 서 있었다.

127 이 원고의 작성 시기에 관해서 학계에서는 여러 가지의 주장이 제기된 바 있으나, 최근에 와서는 1906년 망명 직후였을 것이라는 주장이 가장 유력한 것으로 합의되고 있다. 이에 관한 자세한 논의는 김학준(2000), 『한말의 정치학 수용연구』, 서울대학교출판부, pp.61∼62.
128 김용구(1997), 앞의 책, p.247.

독일에서 발전된 역사주의적 국가이론은 반개인주의, 반합리주의, 반보편주의라는 점에서 서유럽의 자연법 사상과는 여러 면에서 대조를 이룬다.[129] 독일의 국가이론은 라트겐에 의해 일본에 집중적으로 소개되었고 또한 쉽게 수용되었는데, 이러한 점은 개인의 이익을 바탕으로 계약을 통해 국가가 구성되는 것으로 보는 영국과 프랑스의 자연법적 국가이론에 비해 가부장적인 효와 충의 개념을 중심으로 짜인 유교적 정치이론과 더 쉽게 결합될 수 있었기 때문이다. 독일의 정치학이 영국 정치학에 비해 일본에서 더 선호된 것은 영국에 비해 국가가 사회의 우위에 서면서 이룬 근대화의 과정이 일본에 적합한 것으로 받아들여졌기 때문이며, 이렇게 국가의 역할을 강조하는 독일 국가학의 전통이 일본에서 쉽게 수용되었던 것으로 이해된다. 흥미로운 점은 독일 국가학이 일본에 이식되면서 국가학의 전통에 그나마 남아 있던 자유주의 요소가 더욱 철저히 배제되는 과정을 겪었다는 것이다.[130]

라트겐 강의 내용의 성실한 반복인지, 아니면 번역자인 유길준의 개인적 논평인지 불확실하지만 자연법이론을 바탕으로 하는 사회계약설에 대한 격심한 비판이 유길준의 『정치학』에서 유달리 눈에

129 독일 역사주의의 출발이 영국과 프랑스에 대한 상대적 열세를 의식한 독일 지식인들이 독일의 정치적 지위를 높인다는 지극히 실천적 문제의식을 바탕으로 개발한 사회이론이었다는 점을 기억할 필요가 있다. 이 과정에서 영국이나 프랑스 사회이론과 구별되는 중요한 특성의 하나는 국가가 담당하는 특수한 역할이고, 이에 맞추어 이루어진 윤리적 실체로서의 국가가 갖는 특수한 의미도 정립되었다. 따라서 독일의 사회이론에서는 국가의 의미가 특별히 부각된다. 이러한 역사주의의 특성에 관해서는 Iggers(1983), 앞의 책 참조. 19세기 중반 이후 크게 발전한 독일의 국가학(Staatslehre) 및 국법학(Staatsrechtslehre)의 전통에 관해서는 Dyson(1980), 앞의 책, pp.161~183 참조.
130 이시다(2003), 앞의 책, pp.67~68.

띈다. 자연법이론에서 출발하는 천부인권론 등에서는 호의적 태도를 보이지만, "이 학설은 국가의 관념을 파괴하며 국법의 기초를 유린하고 인민을 선동하여 헌법을 위반하는 운동을 야기케 하여 국가를 누란의 위기로 몰고 가는 것이다. 그러므로 실제 정치에 대해서 지극히 위험하고 해독스런 성질을 가진다"[131]는 것이 사회계약이론에 대한 유길준의 기본 입장이라고 말할 수 있을 것이다.

지금까지의 논의를 통해 유길준의 국가 관념에 대해 우리는 다음과 같은 몇 가지 점을 특기할 수 있을 것이다.

우선 유길준이 제시하는 근대적 국제공법 주체로서의 조선 국가의 위치 정립을 위한 노력을 언급할 필요가 있을 것이다. 물론 이러한 논의가 그의 독창적 개념으로서 보기 어려운 부분도 있다. 하지만 중요한 점은 화이관에 입각하여 단위 정치체 간의 위계관계를 전제로 하는 중국적 세계질서로부터 빠져나와 독립적 정치지위를 추구해야 한다는 점을 강조한, 조선인에 의해 시도된 최초의 중요한 이론적 작업이었다는 사실이다.

위와 같은 문제의식은 조선이 실질적으로 독립할 수 있는 방안에 관한 논의로 연결되었다. 이러한 논의를 위해 그는 국가의 문제에 대하여 당연한 것으로 취급되던 당시까지의 지적 분위기를 벗어나서 국가의 문제를 정치적 담론의 중심문제로 취급한 첫 번째의 논객으로 지적될 수 있을 것이다. 그의 대표적 작업이라 할 수 있는 『서

---

131 유길준(1998), 『정치학』, 한석태 역주, 경남대학교출판부, p.147. 서양에서 근대적 자연법사상과 사회계약설이 18세기에는 구체제 사회(ancien regime)의 용해제 역할을 했다는 점에서 볼 때, 유길준의 이러한 적대적 평가가 오히려 대단히 정확했다고 평가될 수 있을 것이다.

유견문』은 글의 형식에서 정치학 논고는 아니지만, 내용 면에서는 근대국가의 제반문제를 종합적으로 다루고 있다. 다만 이 새로운 문제를 다루며 그가 이용할 수 있었던 이론적 자원은 지극히 제한적이었기 때문에 그의 논의가 보여 주는 이론적 수준의 문제에서는 나름대로 한계를 지니는 것으로 보인다.

그의 저술 동기는 조선 국가의 개화와 부강으로 요약된다. 즉 국가에 관한 그의 논의는 이러한 실천적 목적의 달성을 위한 방안 강구라는 문제에 초점이 맞추어져 있었고, 또한 그 실천적 관심이 논의 전개를 위한 추진력이 되었다. 보다 구체적으로 표현하여 국가라는 이름으로 불리는 공동체 전체의 능력을 신장시키는 작업을 효과적으로 수행하는 것이 그의 궁극적 관심이었다. 이러한 작업을 위한 작업의 주체는 역시 국가라는 이름으로 불리는 군왕을 중심으로 하는 정부조직체이다. 특히 국민들이 충분히 교육받지 않은 상태에서는 이러한 작업을 효과적으로 추진할 수 없기 때문에 국민의 교육이 개혁 작업을 위한 급선무의 하나가 된다. 이러한 문제의식은 서양의 존재를 알게 된 이래 조선조 지식인들의 문제의식과 완벽하게 동일한 것이라고 말할 수 있다. 다만 논의가 국가라는 점에 초점이 맞추어지게 된 것은 서양 사정을 직접 접한 그가 그의 선배 학자들에 비해 남달리 가질 수 있었던 유리한 입장이 반영된 것으로 여겨진다. 개혁을 위해서는 국가라는 틀 자체의 변화를 전제로 해야 한다는 점이 그가 선배 학자들에 비해 달리 가졌던 문제의식이라고 말할 수 있을 것이다.

그러나 독자적인 경험을 바탕으로 주어진 문제를 성찰할 수 있는 정치적 · 사회적 또는 개인적 여건을 확보하지 못한 탓에 자신의 문제를 잘 대변해 줄 수 있는 듯이 보이는 기성 이론을 그대로 수용하여 자신의 논의를 전개하는 논의 전개방식은 과거 중국의 경학과 같은 '선진 학문'이 수용되어 학습되고 권위로서 인정되던 유형이 반복되는 인상을 주고 있다. 특히 서양 국가의 문제가 소개되면서 근대국가의 형성 · 강화 과정에 수반되었던 여러 가지 중요한 역사적 문제들, 예컨대 중앙적 권위의 부재를 특징으로 하는 봉건체제에서 비롯된 경쟁적 국가관계의 틀, 이러한 환경 속에서 중앙집권화를 추진하던 국가들의 정치적 노력과 이에 대한 저항, 이러한 저항과 맞물린 사회계급 간의 갈등, 지속적 전쟁 상태 속에서 겪었던 재정난과 이것의 극복을 위한 노력의 와중에서 터진 혁명, 이 혁명 과정에서 이루어진 전통적 공동체 개념의 붕괴와 개인이라는 개념의 등장, 개인의 개념을 바탕으로 한 시민권 개념의 확대와 국민의식의 성장, 이에 따른 민족주의의 세계적 확대와 반복되는 국가 간 갈등과 국가권력의 재강화, 그리고 이에 대한 저항운동을 통한 민주화 달성 등의 복합적 문제들이 완전히 추상되고 난 이후 남은 국가라는 텍스트만이 전달되었다.

이렇게 컨텍스트로서의 역사성이 추상된 채 텍스트로만 전달된 국가의 개념은 전통적 유교 관념을 바탕으로 한 관찰자의 입장에서 불가피하게 왜곡되어 논의되면서 서양 이론에 입각해서 국가가 논의되지만, 사실은 전통적 국가 개념을 반복했다는 점에 주목할 필요가 있을 것이다.[132] 특히 새로운 이론의 수용과 논의가, 예컨대 카

---

132 이 점과 관련하여 우리는 "국가를 실체로 경험하는 것이 아니라 관념으로 경험할 수밖에 없다는 한계를 인정"해야 한다는 주장에 주목할 필요가 있다. 김근(2004), 앞의 논문, p.369.

를 라트겐을 초빙하여 대학에서 정치학을 대중적으로 강의하게 한 일본과 같이 사회 전체의 수준에서 대중성을 띠면서 전개된 작업이 아니라 개인 학자에 의해서 제한된 독자만을 상대로 이루어질 수밖에 없었던 현실은 자체 수정될 기회도 없이 그러한 난점을 더욱 강화했다.[133]

이러한 점 등을 고려할 때 유길준에 의해 소개되고 논의된 서양식 국가의 개념은, 유길준 자신에 의해서도 충분히 그 근대적 의미로 의식되거나 인지되지 못했다는 점을 결론적으로 말할 수 있을 것이다. 그 개념을 소개한 주인이 그러하건대 그가 소개하고자 한 일반대중 또는 사회의 주도적 여론형성 계층이 그것을 사회적 담론을 위한 어휘에 포함시키고, 또한 자신의 정치적·사회적 문제를 논의하는 기본 개념의 하나로 만들지 못했던 것은 오히려 자명하고 당연한 것으로 이해된다. 교과서의 형태로 소개되었기 때문에 그 개념의 존재를 충분히 인지하고, 또한 부분적으로는 자신의 문제를 논의하기 위해 사용하면서도 여전히 자신의 문제와는 거리가 있는, 즉 아직 현실로부터 소외된 개념일 수밖에 없었던 것으로 여겨진다. 그 까닭은 자신의 문제나 변화를 설명하기 위한 개념으로서 만들어진 것이 아니라 자신이 아직 갖지 못한, 또는 달성하고자 하는 현실을 지칭하기 위해 완제품 형태로 빌려 온 개념이었기 때문이다.

---

133 예컨대 유길준에게 막대한 영향을 미쳤던 일본의 개화사상가 후쿠자와 유키치의 『서양사정』은 해적판을 포함하여 약 25만 부가 출판되었다고 하는데, 이에 비해 『서유견문』은 자비로 출판한 초판 1천 권이 정부 고관과 유력자들에게 기증되었다고 한다. 이 수치는 김학준(2000), 앞의 책, p.41에서 인용.

영국에서 개념사 작업의 중심적 학자의 중 한 사람인 스키너 교수는 개념사 연구의 의의와 관련하여 다음과 같이 언명한 바 있다. 즉 한 사회가 분명히 의식하면서 정치·사회문제와 관련한 어떤 새로운 개념을 가지고 있다는 가장 중요한 징표는 그 개념을 명료한 형태로 토론할 수 있는 수단으로서 어휘가 만들어져 있다는 사실이다. 이러한 의미로 이해할 때 16세기 말에 이르면 적어도 영국과 프랑스에서는 근대적 국가에 관한 새로운 개념을 갖게 되었다고 그는 말한다.[134] 이를 달리 말한다면, 유길준에 의해 국가라고 번역된 서양어의 state·Staat의 개념을 중심으로 짜인 이론서 또는 교과서가 소개되었지만, 이것이 (서양식) 국가에 대한 새로운 경험이나 충격의 설명을 위해 사회적으로 진행된 토론 과정에서 만들어지기보다는 급한 대로 서양에서 만들어진 기성의 제품을 소개하는 작업으로 이해될 수 있을 것이다. 이것은 스키너적 의미에서 볼 때 당시 조선 사회가 국가라는 단어는 이미 갖고 있었지만, 서양식 근대국가와 관련한 새로운 개념을 갖게 된 것을 의미하지는 않는다. 다만 새로운 현상에 관한 설명과 토론을 위해 국가의 단어와 관념이 소개되었으나, 그것의 이해는 여전히 기존의 경험을 바탕으로 했기 때문에 전통적 사고틀의 범위를 벗어나지 못했던 것으로 보인다.

이러한 논의는 『정치학』에서 다른 형식, 즉 근대적인 정치학 논고의 형식을 취하면서 서양 국가이론의 소개라는 형식을 통해 진행되었고, 또한 그것을 통해 자신의 이론적 입장이 간접적으로 개진되었다. 그가 제시하는 국가이론은 충효사상에 기반하고 있는 유교의 가

---

134 Skinner(1978a), 앞의 책, p.x.

부장이론과 가장 흡사한 독일의 유기체국가이론이다. 이 국가이론에 근거하여 주어진 현실을 소개하고 개화와 부강이라는 실천적 목적의 달성 필요성을 말하고 있다.

이러한 국가를 중심 쟁점으로 하는 정치담론은 유길준에게는 개혁이라는 현실문제를 바탕으로 전개되는데, 그의 뒤를 잇는 또 다른 논의들은 국권 상실의 위협에 맞서 국권회복의 필요성과 그 방법에 관한 논의들로서 역시 현실적으로 주어진 긴박한 정치문제를 추진력으로 하고 있다.

3) 『독립신문』

근대 사상가로서 유길준의 한계가 분명히 있지만, 그로서 대표될 수 있는 조선 말 개화사상은 당시 조선 지식인들의 문제의식을 새로운 방향으로 이끄는 데 대단히 중요한 역할을 했다는 평가를 내릴 수 있을 듯하다. 특히 '국가'라는 주제가 정치문제와 관련된 사회적 토론의 기본 주제가 될 수 있게 한 점에 대해서는 그의 역할이 적지 않았던 것으로 보인다.

유길준의 직접적인 영향 때문이었다고 단정적으로 말하기는 어려우나 갑신정변과 『서유견문』의 출판 이후 정치적 문제와 관련된 담론의 중심 주제는 개화파에 의해 주도적으로 제시된 개화와 부강이었다. 아직 대중적 출판물이 없는 상황에서 이러한 정치적 · 사회적 문제에 관한 공공적인 토론이 활발하지 않았으나 『독립신문獨立新聞』1896의 발간은 이러한 개화파의 주장을 펴는 중요한 기능을 수행했다. 실제 이러한 공론 형성과 전달의 어려움은 개화파가 주도하던 김홍집 내각 정부정책의 홍보에도 어려움을 주었고, 이러한 연유로 정부는 갑신정변 후 미국으로 망명했다가 막 귀국한 서재필徐載弼에게 신문 발간을 지원했다. 준비기간 중에 아관파천 사건이 일어나고 김홍집 내각이 물러났음에도 신문 발간에 대한 정부의 필요성은 변하지 않아 예정보다 약간 지연되기는 했지만, 1896년 4월 7일『독립신문』 제1호가 발간된 것은 잘 알려진 사실이다.

이『독립신문』과 독립협회의 정치적 성격에 관해서는 서로 상반되는 평가가 제출되고 있다. 신용하, 김영작, 정용화, 홍원표 등은 『독립신문』의 성격을 긍정적으로 파악하여 근대 국민국가를 지향했다거나 근대 천부인권 개념을 창도했다고 주장했다.[135] 이러한 견해와는 반대로『독립신문』의 주도 인사들은 제국주의 침략성에 대한 의식이 희박했고, 민중에 대한 진정한 애정을 갖지 않았던 것으로 비판되기도 했다.[136] 그들이 지향점으로 제시한 근대국가의 건설도 사실은 기존 체제의 강화였으며, 또한 이들이 제창했다고 하는 천부인권설은 수사에 불과하다는 주장도 있다.[137]

『독립신문』의 근대 지향적 성격의 진정성 여부를 떠나 이『독립신문』의 주도자들이 펼친 정치적·사회적 주장은 당시 존재한 공론의 장 속에서 조선의 장래에 관한 외래사조의 역할에 대하여 가장

---

135 신용하(1976),『獨立協會硏究』, 일조각 ; 신용하(2001),『甲午改革과 獨立協會運動의 社會史』, 서울대학교출판부 ; 김영작(2006),『한말 내셔널리즘 : 사상과 현실』, 백산서당 ; 정용화(2003a),「서구 인권 사상의 수용과 전개 :『독립신문』을 중심으로」,『한국정치학회보』제37집 제2호 ; 홍원표(2003),「독립협회의 국가건설사상 : 서재필과 윤치호」,『국제정치논총』제43집 제4호.

136 주진오(1993),「독립협회의 주도세력과 참가계층 : 독립문 건립 추진위원회 시기를 중심으로」,『동방학지』제77~79집 합집.

137 김동택(2004),「『독립신문』의 근대국가 건설론」,『社會科學硏究』제12권 제2호.

개방된 입장이었던 것으로 보인다. 즉 이들이 보인 태도의 한계가 무엇이었든 그것은 당시 공론의 장에서 발견할 수 있는 가장 개방된 자세였기 때문에 그들의 논의가 중요하게 여겨지는 것이다.

우리의 문제와 관련해서 중요한 점은 '국가'의 문제와 관련된 이 신문 주요 집필진의 논의 태도이다. 한 연구에 따르면 '국가'라는 단어가 사용된 횟수는 4년간 총 210회(1896년 30회, 1897년 39회, 1898년 94회, 1899년 47회)였는데, 이와 비슷한 빈도로 사용된 다른 단어들에는 신민·교육·인종·국민·황상 등이 있고, 이보다 많이 출현하는 것으로는 독립(131회, 199회, 358회, 85회)과 권리(33회, 162회, 154회, 236회)가 있으며, 백성·인민·외국은 수백 건씩 사용되어 최고의 빈도를 보인다.

이러한 빈도로 볼 때 『독립신문』에서는 국가 자체가 특히 심도 있는 논의의 주제로 취급되지 않았음을 짐작할 수 있다. 물론 '독립'이라는 말은 일단 새로운 신문의 제명으로 되었던 만큼 이 문제에 상당히 큰 관심을 가졌던 것은 당연한 일이다. 물론 이때의 독립은 당연히 국가의 독립이지만 여기에서 국가는 당연한 것으로, 즉 그 자체로서 굳이 더 논의할 필요가 없는 것으로 보았기 때문에 논의하지 않았던 것이다. 그럼에도 위에서 그 빈도수를 언급한 단어들 전부가 『독립신문』 집필자들의 국가에 관한 생각을 엿보게 하는 중요한 주제어들로 생각된다.

국가라는 말에 대해서 당연한 것으로 취급했다는 사실은 당시 사회에서 이미 합의된 의미가 있다는 점을 전제로 관련되는 주제를 논의했음을 의미한다. 즉 국가에 관한 당시의 기성 관념을 전제로 그 위에서 관련된 논의를 전개했다는 의미이다. 『독립신문』에서 사용되는 국가의 용례를 조사한 한 연구에서 "'국가'의 용례는 주어진 정치체를 서술하는 방식으로 사용되는 경우가 대부분이었으며, 그것이 담고 있는 정치적·사회적 함의를 이론적으로나 개념적으로 상세히 밝힌 경우는 거의 없다"[138]고 지적한 것은 바로 그러한 점을 의미한다.

물론 이러한 『독립신문』 주역들의 한계에 대한 지적은 그 개인들이 지니고 있던 사유의 이데올로기적 한계성을 말하는 것이기보다는 아직 새로운 사고가 생겨날 수 있는 더 절박한 정치적 환경이 마련되어 있지 않았음을 뜻한다. 국가의 존재가치나 '본질'에 대한 문제의식은 국가의 존재가 위협받거나 더 이상 현실이 아니게 될 때 절실하게 제기될 수밖에 없음이 경험적으로 확인될 수 있다. 예컨대 서양에서도 국가의 존재에 관한 가장 절박한 논의나 뛰어난 형이상학적 개념 구성이 이루어진 곳은 아직 국가 형성에 관한 한 후진성을 면하지 못하고 있던 독일이었다는 점을 염두에 둘 필요가 있다. 물론 모든 후진 지역에서 선진적인 논의가 제출된 것은 결코 아니다.

한편 서양의 경험을 바탕으로 볼 때 국가 개념의 변화가 단순히 정치적 환경의 변화만으로 이루어지는 것은 아니다. 장기간 지속되는 변화된 환경에 상응하여 기존의 국가 개념을 대체하는 새로운 개

---

138 김동택(2004), 앞의 논문, p.92. 국가에 관한 전통적 개념을 그대로 계승한다는 점, 즉 정치·사회문제에 대한 원론적인 재검토가 따르지 않았다는 점으로 미루어 볼 때 『독립신문』의 주역들이 가졌던 사상에 대해 '자연법적 천부인권설', 대중적 기반 위에 선 자유민권운동, 또는 '국민적 통일'이라는 내셔널리즘의 과제를 달성하려는 목표'를 갖고 있었다는 긍정적 평가[김영작(2006), 앞의 책, pp.389~390]는 실제보다 상당히 과장된 평가라는 인상을 준다.

념이 구상될 수 있도록 정치적·사회적 관계에 관한 새로운 이론적 관점의 발전이 있어야 한다. 물론 후자는 다른 곳에서 만들어진 것을 차용할 수 있으나, 그러한 차용 자체에 대한 필요성이 절실하게 느껴지는 정치적 환경의 변화가 있어야 한다. 그리고 이러한 새로운 관념을 실천에 옮길 수 있는 정치적 환경이 마련되어야 하는 점도 지적되어야 할 것이다.

『독립신문』의 필자들(주로 서재필)은 자신들의 정치적 과제로 생각하던 '독립'이 중국 중심의 사대질서권으로부터의 탈출을 전제로 나온 것이었던 만큼 보다 절실한 국가의 문제의식이 생겨나기 위해서는 국권의 상실이라는 한층 더 어려운 난국까지 기다려야 했는지도 모른다. 문제는 그러한 국권 상실의 위기 상황이 새로운 정치 관념과 국가 개념을 모색하는 중요한 실천적 계기를 마련해 주었고, 또한 차용된 이론으로 새로운 개념을 수립할 수 있는 계기도 주어졌지만, 독자적인 실험이 이루어질 수 있는 기초적 전제인 정치적 독립이 곧 사라지게 되었음은 우리가 익히 알고 있는 사실이다.

4) 을사보호조약과 국가 의식의 분출

1899년 12월 4일자로 『독립신문』이 폐간되면서 정치·사회문제에 대한 여론 형성층의 기본적인 입장은 『독립신문』을 주도하던 개화파의 입장에 비하면 전통적 사고 유형으로 상당히 복귀했다. 즉 1899년에서 1905년 을사보호조약을 전후한 시기의 논의들 중에서 다수의 입장으로 보이던 논조는 유학의 활성화를 통한 신문물의 도입을 주장하는 구본신참舊本新參 또는 신구참작新舊參酌이라는 1880년대의 동도서기론으로의 회귀였다. 이러한 논의를 주장하던 지식인들은 대부분 대한제국의 관료층 인사였다.

유길준과 함께 갑오개혁에 핵심이론가로 참여했던 김윤식金允植, 1835~1922도 그 대표적 인물의 하나였고, 『황성신문皇城新聞』 창간에 직접 참가한 박은식朴殷植, 1859~1925이나 장지연張志淵, 1864~1920 등도 여기에 속하는데, 이들의 입장을 체용體用의 입장으로 불리기도 한다. 이들은 유교권도 서양 문명과 마찬가지로 하나의 독자적 문명을 이루고 있지만, 당시로서는 서양 문명이 앞서 있다는 점을 인정하지 않을 수 없다는 입장에서 서양 문명의 적극적 도입을 권장한다. 하지만 유교의 경전만은 만고에 불변한 도덕원리이기 때문에 유교를 새로이 하는 데 힘써야 하고, 유교권 안에 존재하는 문명의 요소를 발굴하는 작업에 매진해야 한다는 주장이 전개되었다. 이렇게 유교를 본으로 삼고 신학(서양 문명)을 참작하여 절충하되 장단점을 고려하여 병행하자는 것이 이들의 기본적 주장이었다.[139]

이 당시 이러한 정치·사회문제에 대한 의견 개진은 신문 외에 특정한 의견 개진을 위해 결성되었던 사회단체들이 발간하던 정기·부정기 간행물을 통해 이루어졌는데, 여기에 포함된 주제들에는 제국주의 침략의 문제와 당시 지방에서 산발적으로 일어나던 의병의 문제 등이 포함되었다.[140] 이러한 간행물과 신문 등을 통해 토론이 진행되던 중 1905년 을사보호조약을 계기로 국권이 사실상 상실되면서

---

139 김도형(1994), 『大韓帝國期의 政治思想硏究』, 지식산업사, p.49. 이러한 경향의 사유를 대표하는 『황성신문』 그룹의 사유 경향에 대해서는 길진숙(2006), 「문명의 재구성 그리고 동양 전통 담론의 재해석 : 『황성신문』을 중심으로」, 이화여대 한국문화연구원 편, 『근대계몽기 지식의 발견과 사유 지평의 확대』, 소명출판, pp.13~47 참조.
140 김도형(1994), 앞의 책, pp.65~94.

국가의 문제가 가장 중요한 토론의 주제로 등장하게 되었다. 이와 함께 많은 새로운 간행물이 발간되기 시작했는데 대부분 2~3년간 발행되다가 종간했다. 이러한 잡지들에는 『대한유학생회학보大韓留學生會學報』, 『대한자강회월보大韓自强會月報』, 『대한협회회보大韓協會會報』, 『서우西友』, 『서북학회월보西北學會月報』, 『기호흥학회월보畿湖興學會月報』, 『대조선독립협회회보大朝鮮獨立協會會報』, 『태극학보太極學報』, 『호남학보湖南學報』, 『대한학회월보大韓學會月報』, 『대한흥학보大韓興學報』 등이 포함된다.

1905년 이전에 국가의 문제가 상대적으로 덜 토론된 것은 당시 토론 참가자들의 정치적 성격과 관련되는 것으로 보인다. 당시 국가 문제에 대한 토론은 기본적으로 정체와 관련된 논의로 여겨졌던 것이다. 이 점은 처음으로 서양식 국가론을 소개한 유길준의 경우에도 국가문제의 논의가 대부분 정체의 문제로 되어 있다는 점에서 잘 나타난다. 그런데 정체의 문제를 논의할 경우 기본적으로 당시 대한제국의 황제체제 즉 군주제를 논의의 대상으로 삼아야 하는데, 이것은 정치적으로 문제가 될 수 있었다. 토론에 참여하던 대부분의 지식인은 관료층을 겸하든가, 아니면 이들과 기본적으로 유사한 정치적 입장에 있었다. 따라서 이들이 정체의 문제를 논의할 경우는 군주제를 적극 지지하든가, 아닐 경우 언급을 피하는 경우가 많았다고 이해된다. 『황성신문』의 주필이었던 장지연은 1904년 다른 지식인들과 함께 중추원에 55개조의 「시정개선안」을 제출했다. 이 개선안의 제1조에서 제4조까지는 입법, 사법 및 행정의 모든 통치 분야에서 황제의 절대권을 인정한다는 점을 명백히 하는 조항으로 되어 있고, 이 점을 전제로 하면서 민권도 보장되는 체제의 도입을 건의하고 있음을 볼 수 있다.[141] 이것으로 미루어 볼 때 당시 대부분의 시정개혁안은 일단 군주제에 대한 의심이 없다는 사실을 명백히 하고 시작해야 했던 것으로 보인다.

이러한 분위기는 1905년의 을사보호조약을 계기로 급히 바뀌어 갔다. 국권 상실을 계기로 국가사상을 고취시킨다는 실천적 필요성에 따라 '국가'라는 단어를 전면에 내세운 '국가학'이라는 제목의 저작이 나오기 시작했다. 국권회복에 대비하여 국가에 관해 이론적으로 무장해야 할 필요성이 절박하게 인식되었다. 그리고 국권 상실이 국민의 부족한 국가의식, 민족정신 또는 민족사상에도 한 원인이 있는 것으로 본 당시의 논객들은 이러한 것을 극복하고 국가를 강하게 하기 위해서 서양 정치학의 수학을 통해 국가 또는 정치현실을 바르게 알고 이를 바탕으로 국민리복을 추구해야 한다는 논지를 전개하기도 했다.[142] 대한자강회의 후신인 대한협회의 기관지를 통해 여러 편의 논설을 저술한 김성희金成喜는 민족정신, 입헌정치, 정치사상의 배양 등이 서로 밀접한 관계에 있음을 역설하여 정치학 또는 국가문제에 관한 체계적 연구와 교육의 필요성을 강조했다.[143]

이러한 국민계몽의 필요성에 대한 자각을 바탕으로 만들어진 첫 번째의 작업 중 우선 언급되어야 할 것으로는 1905년(또는 1906년)에 출판된 『국민수지國民須知』라는 제명의 소책자가 있다. 이 글의 저자들

---

141 김도형(1994), 앞의 책, pp.95~96. 실제 1900년을 전후한 당시 대부분의 국가문제에 관심을 가지고 있던 지식인에게 가장 큰 문제의 하나는 전제정치의 청산이었다. 따라서 국가문제에 대하여 논의를 시작한다고 하면 일단은 이 문제를 건드리고 시작해야 한다는 점이 왕정의 지지자나 반대자 모두에게서 당연하게 받아들여졌던 것이다.

142 김도형(1994), 앞의 책, p.97.

143 김도형(1994), 앞의 책, pp.97~98.

로 추측되는 인물들은 일본 메이지 헌법을 상세히 연구한 지식인들로[144] 그들의 목적은 황실 또는 왕조와 구별되는 근대적 국가의 관념을 국민에게 심어 주고 올바른 정치관에 입각하여 자신의 문제를 설정할 수 있는 기초적 이론을 제공하는 것이었다.

체계적인 정치학 연구의 필요성이 강조되는 분위기 속에서 이 분야에 관한 서책들이 출간되기 시작했는데, 이 방면의 이론적 축적을 전혀 갖지 못하던 상황에서 지식인들이 급히 할 수 있었던 일은 자신들이 보기에 당시 조선의 문제와 적합하다고 생각되는 외국의 저명 저술을 번역하여 소개하는, 당시의 일반적인 표현으로는 '강술講述'하는 일이었다.

5) 국가학 · 정치학 · 헌법학 교과서의 강술

'국가학'이라는 제명으로 한국에서 발간된 첫 번째 책은 1906년 나진羅瑨과 김상연金祥演이 역술譯述한 『국가학國家學』이었다.[145] 나진은 일본 메이지明治대학 법과에 유학한 뒤 귀국하여 법관양성소의 교관과 판사를 지냈고, 김상연은 와세다早稻田대학에서 법학을 공부한 뒤

---

144 『국민수지』의 저자는 불명이나 장기렴, 이준, 윤효정, 심의성 등이 설립한 '헌정연구회'라는 학술단체의 이름으로 1905년에 출간된 『憲法要義』의 내용과 거의 중복된다. 이 책은 그 일부가 1905년 8~12월 사이에 『황성신문』에 연재된 바 있는데, 『국민수지』의 내용과 같은 것으로 판명되었다. 이 글이 만들어지는 전후 사정에 관해서는 김효전(1996), 『서양헌법이론의 초기수용』, 철학과현실사, pp.410~411, pp.420~422 참조. 그리고 김효전의 책 pp.422~431에는 『국민수지』의 전문이 수록되어 있다.

145 이 책은 현재 1906년의 원서가 영인본으로 재간되어 있다. 나진 · 김상연 역술(1986), 『國家學』, 부산 : 민족문화. 이 영인본 말미에는 이 책의 역술자인 나진과 김상연 두 사람의 간단한 이력과 함께 이 책의 발간과 관련된 전후 사정에 관해 동아대학교 김효전 교수가 유용하고 상세한 해설을 붙이고 있다.

귀국하여 『제국신문』의 기자 및 법관양성소의 교관을 지낸 인물이
었다.[146] 이 책 『국가학』의 원서는 아직 밝혀지지 않고 있는데, 이 책
에 인용되어 있는 독일 국가학자 블룬칠리가 자주 언급되고 있는 것
으로 보아 독일 학자의 책을 일본어로 번역한 것을 다시 중역한 것
으로 보인다.[147] 국가의 정의에서 시작하여 국가의 기원, 개인·사회
와 국가의 구별, 국가의 목적, 주권, 정체, 국가 간 종속관계, 국가연
합제에 이르기까지 총 21장으로 구성된 이 책의 머리에서는 국가를
다음과 같이 정의하고 있다.

國家란 者에 대하야 定義를 敍할진댄 國家는 즉 國民全體로 此에 속한
各個人의 生活發達을 爲하야 必要한 事業으로 個人의 獨力과 又 社會的
結合力을 依하야 經營存立한 一大公共體라.[148]

천도교에서 발간한 『만세보萬歲報』는 1906년 9월 19일부터 11월
22일까지 「國家學」이라는 제명의 연재물을 게재했다.[149] 국한문으로
된 다른 기사와는 달리 순한문으로 된 이 연재물은 상당히 제한된
독자들을 상대로 한 것으로 추측된다. 구성은 나진·김상연(역술)의

---

146 보다 상세한 내용에 관해서는 나진·김상연 역술(1986), 앞의 책, pp.3~15의 김효전 교수의
해설 참조.
147 나진·김상연 역술(1986), 앞의 책, p.3.
148 나진·김상연 역술(1986), 앞의 책, pp.4~5.
149 이 연재물은 동아대학교의 김효전 교수가 약간의 주석과 함께 우리말로 번역하여 『동아법
학』 제7호(1988), pp.229~380에 발표했다가 다시 뒤에 단행본으로 발간했다(도서출판 관악
사, 2003). 이 책의 뒤에는 본문의 다음 내용에서 논의될 安鍾和, 『國家學綱領』과 鄭寅琥,
『國家思想學』 두 책의 영인본이 실려 있다.

『국가학』과 유사한 교과서 형태의 개론서 모습을 하고 있는데, 독자들의 지식을 한층 높이려는 의도로 게재된 것으로 보인다. 그런데 원전의 출처나 역자를 밝히지 않고 대신 '我國第一學問家의 번역'이라고만 소개되고 있어 그 출전이 궁금하다. 글의 첫 부분에서 루소의 사회계약설을 완전히 허망한 논의라고 비판하고 있는 점에서, 그리고 인종투쟁설을 전개했던 19세기 말 20세기 초의 오스트리아 국가학자인 루트비히 굼플로비츠Ludwig Gumplowicz를 부드럽게 비판하고 있는 점에서 독일의 국가학 계통의 저술임을 짐작케 한다. 그 외에 인용되는 대부분의 학자가 독일 계통의 사람들이라는 점도 이러한 짐작을 더 강하게 떠받쳐 준다.

1907년에는 독일보다는 영국의 정치이론에 더 치중된 『정치원론政治原論』이라는 제명의 책이 안국선安國善에 의해 출간되었다. 한때 안국선의 저서로 알려졌지만, 이 책은 일본의 정치학자 이치시마 겐키치市島謙吉의 동명의 책을 번역한 것으로 밝혀졌다.[150] 지금까지의 국가학 서적들이 압도적으로 독일 이론의 영향을 받은 원서를 번역한 데 비해, 이 책은 상대적으로 영국 계통의 이론에 기운 서적을 소개한다는 점에서 흥미를 유발한다. 그럼에도 이 책의 소개가 단순한 이론의 소개가 아니라는 점은 이 책의 서문을 쓰고 있는 이기용李埼鎔의 글에서 잘 엿보인다.[151]

---

150 김효전(1996), 앞의 책, pp.447~451.
151 내용의 요점은 다음과 같다. 오늘날 국권이 타락한 것은 인민의 국가 부담심(負擔心)이 없고 국체결합력이 없는 데에서 연유하는데, 이러한 것은 정치학이 발달하지 않아서 그러한 것이다. 따라서 국권 부흥의 뜻이 있으면 이 학문을 공부할 필요가 있다. 원문은 김효전(2000), 『근대한국의 사상사』, 철학과현실사, p.133.

독일계의 책과 달리 안국선의 『정치원론』은 국가의 문제를 바로 다루지 않고 있다.[152] 그러나 그가 국가의 문제에 관심을 덜 가진 것은 아니다. 1908년에 쓴 「정치학」이라는 제명의 논설에서 "정치학은 국가의 사실적 성질을 설명하며 국가정책의 기초를 강구講究하는 학문이라. 고로 정치학은 다만 국가의 목적을 결정하며 정치의 우열을 비교하야 국가의 근본적 개념을 보급할 뿐만 아니라……"[153] 라고 하여 역시 국가의 문제가 정치학 제일의 문제임을 분명히 하고 있다.

안국선의 『정치원론』이 역간된 것은 강의용 교재로서 사용되기 위한 것이었다. 안국선은 1906년 11월 앞에 적은 이기용이 설립한 돈명의숙의 교사로 정치원론을 강의했다. 그는 이 책 외에 『외교통의』와 『행정법』도 번역 · 출간했는데, 전부 1차적으로는 강의용 교재의 목적을 갖는 것이었다. 이때 사용된 원본은 모두 도쿄전문학교의 교과서로 아마도 그가 일본 유학 중에 사용했거나 배웠던 것으로 여겨진다.[154]

이렇게 교과서류의 서책이 역간된 것은 나름의 수요에 응한 것이다. 즉 폐지된 과거를 대신한 공무원 선발고사의 준비용으로 사용되었는데,[155] 이러한 교과서는 정치학보다는 오히려 법학 쪽에서 더 많이 발간되었다. 유성준俞星濬의 『법학통론法學通論』1905이나 권봉수權鳳

---

152 이 책의 간략한 내용에 대해서는 김학준(2000), 앞의 책, pp.125~137 참조.
153 안국선(1908), 「정치학」, 『畿湖興學會月報』 제2호, p.29.
154 김효전(1996), 앞의 책, pp.449~451.
155 김효전(1996), 앞의 책, p.449.

洙의 『법학통론』1906도 전부 이러한 맥락 속에서 출판된 것인데, 어느 정도 심도 있게 국가의 문제를 다룬 첫 번째 법률학 서적으로는 1908년에 발간된 유치형俞致衡의 저서를 들 수 있을 것이다.

유치형의 『헌법憲法』은, 이 책에서 밝히고 있듯이 일본의 헌법학자 호즈미 야쓰카穗積八束의 강의를 바탕으로 저술되었다. 제1편에서는 국가의 본질에 관한 문제를 다루고 있는데, 주권·영토 및 주민의 3요소를 바탕으로 설명한다. 특히 국가가 다른 조직과는 주권의 존재 여부에서 갈리게 된다고 말하면서 자유로운 개인 간의 계약이라는 관점에서 국가를 설명하는 사회계약설에 정면으로 반대하고 있다.[156]

나진과 함께 원저자 미상의 『국가학』을 편술한 바 있는 김상연은 1908년(?)에 출판한 『헌법』에서 총 250면 중 70면을 국가 부분에 할애하고 있는데, 그는 이 책에서 국가의 모든 면을 설명하려는 것이 아니라 법리적 측면에서의 국가문제에 국한해서 논의하고 있음을 밝히고 있다. 헌법의 문제가 기본적으로는 주어진 정치조직 즉 국가의 구조, 국가 내의 권력 배분과 그 제도에 관한 것인 만큼 헌법 강의가 국가의 문제에서 시작되는 점은 자연스러운 일이지만, 김상연은 특히 국가에 관한 원론적인 문제를 심도 있게 다루고 있다. 그에게 국가는 일정한 토지 위에 수립된 최상위기관으로 규정된다. 최상위기관이라 함은 그 지위가 다른 어떤 조직이나 사람들에 의해 위임되거나 승인되지 않고 스스로의 능력으로 그 지위를 차지한 조직을 의미하는 것이다. 즉 "국가 통치의 법률상 연원은 오직 국가 자기의

---

156 김효전(2000), 앞의 책, pp.135~136.

의사에 基흠이오 결코 他으로 위임되야 부여흔 자가 아닌" 것이다.[157]

한편 대한제국 내부內部의 관리를 역임한 조성구趙聲九는 1908년에 『헌법』이라는 제목의 저서를 강술하여 출판했는데, 역시 첫머리에서는 국가의 본질 문제를 다룬다. 국가의 정의는 주권, 영토 및 주민의 3요소를 바탕으로 "일정흔 영역 내에 다수 인류의 결합된 단위의 단체로 원시적으로 통치권을 有흔 인격이라"고 내리고 있다.[158] 이러한 3요소에 근거한 국가의 본질 설명 또는 정의는 다른 법률 서적들에서 공통적으로 나타난 것인데, 이러한 것은 당시 법률 서적들이 전부 일본의 표준교과서를 바탕으로 '강술'되었기 때문인 것으로 여겨진다. 그리고 이러한 공통성은 그들이 소개하고 있는 주요 법학자들인바 거의 예외 없이 독일 학자들이라는 점에서 다시 반복되고 있다.

6) 전통적 국가 개념과 국가유기체설

나진 · 김상연이 역술한 『국가학』에서 자주 인용되는 블룬칠리는 후쿠자와 유키치와 함께 근대 계몽기의 일본을 대표하는 학자 가토 히로유키加藤弘之에 의해 널리 소개된 바 있다. 블룬칠리의 *Allgemeines Staatsrecht* 1851는 그 일부가 1872년 가토에 의해 『국법범론國法汎論』이라는 제명으로 번역 · 소개되었다. 블룬칠리가 일본에서 큰 영향력을 발휘한 것은 영미계열의 자연법이론과 다르게 사회진화론과 결합한 형태로 나타난 유기체국가이론이 천황의 권위와 관료기구

---

157 김효전(2000), 앞의 책, p.138에서 인용.
158 김효전(2000), 앞의 책, p.139에서 인용.

를 바탕으로 국가주의적 발전 방향을 채택한 메이지 헌법을 정당화해 주는 이데올로기로 기능한 것으로 이해된다.[159]

근대 자연법 사상에 바탕을 둔 국가이론은 개인주의적 계약이론, 즉 개인의 이익 관념을 바탕으로 한 기계적 결합이라는 논지로 이어지고, 그 대표적인 이론가로는 토머스 홉스를 지적하고 있다. 이러한 개인의 이익 관념에 기반한 논의는 뒤에 비판의 대상이 되는데, 가장 큰 비판은 독일에서 제기되었다. 이러한 비판은 이익의 개념만으로는 국가조직의 결합력을 설명하기 어렵다는 점에 맞추어졌다. 국가의 결합은 단순한 물질적 이해관계를 초월하여 이루어지는 것이기에 국가는 윤리적 실체로서 인식되어야 한다는 점이 나폴레옹 전쟁을 극복한 독일인들의 합의점이었다. 이것은 서유럽의 자연법 사상에 반대하는 독일의 역사주의이론의 뿌리가 되었다. 이러한 점을 명백하게 제시한 논객으로 우리는 헤르더를 든다. 또한 그 점을 형이상학적으로 압축해 포착한 대표적 이론가로서 헤겔을 든다. 헤겔의 근대국가와 근대사회에 대한 형이상학적 논술은 뒤에 역사학파 학자들에 의해 역사학, 사회학 또는 국가학 같은 탈형이상학적

---

159 신연재(1991), 「동아시아 3국의 社會進化論 受容에 관한 연구 : 加藤弘之, 梁啓超, 申采浩의 사상을 중심으로」, 서울대학교 박사학위논문, pp.69~112 ; 전복희(1996), 『사회진화론과 국가사상 : 구한말을 중심으로』, 한울아카데미, p.51. 보다 자세한 내용에 대해서는 石田雄(1976), 『日本近代思想史における法と政治』, 東京 : 岩波書店 참조. 양계초가 당시 일본에서 사회진화론의 영향을 받았던 상황에 대한 자세한 안내로는 Price, Don C.(2004), "From Might to Right : Liang Quichao and the Comforts of Darwinism in Late-Meiji Japan," in Joshua A. Fogel(ed.), *The Role of Japan in Liang Qichao's Introduction of Modern Western Civilization to China*, Berkeley, Cal. : Institute of East Asian Studies, University of California, pp.68~102 참조. 가토의 정치사상 형성의 배경에 관해서는 Davis, Winston(1996), *The Moral and Political Naturalism of Baron Kato Hiroyuki*, Berkeley, Cal. : Institute of East Asian Studies, University of California 참조.

학문 형태로 바뀌었다.[160]

따라서 국가유기체설에 입각한 블룬칠리의 국가학이론은 영국과 프랑스를 중심으로 발전한 자연법이론과 계약설을 비판하는 헤르더와 헤겔의 논지를 충실히 계승하는 것이었는데, 이것이 일본에 큰 영향을 미칠 수 있었던 것은 국가보다 사회의 중요성을 더 강조한 영국형 이론과 달리 국가를 형이상학적으로 지지되는 윤리적 실체로 고양시킨 점이 권위주의적 군주제와 쉽게 접합할 수 있었기 때문이다. 그리고 이러한 유기체설은 애국심과 같은 국가 결합의 정서적인 요소를 강조했기 때문에 애국심에 호소하여 서양을 극복하고 변법자강운동을 꾀하던 중국 지식인들에게도 절대적 영향을 미쳤는데, 그 대표적 인물이 양계초梁啓超, 1873~1929였다. 그런데 양계초가 블룬칠리의 국가학을 알게 된 것은 그가 일본에 머물던 시절, 앞에서 언급된 일본어 번역이 아니라 한문으로 번역된 블룬칠리의 책을 통해서였던 것으로 알려져 있다.[161] 그는 블룬칠리의 『일반국법학』

---

160 Iggers(1983), 앞의 책 ; Manicas, Peter T.(1987), *A History and Philosophy of the Social Sciences*, Oxford : Blackwell, pp.117~140 참조.

161 양계초가 『淸議報』에 연재한 블룬칠리의 국가론은, 지금까지는 일반적으로 당시에 이미 나와 있던 일본어 번역, 특히 블룬칠리의 제자이기도 한 히라타 도스케(平田東助)가 1881~1889년 사이에 해놓았던 일역판을 옮긴 것으로 알려졌다. 그러나 최근의 한 연구에 의하면, 양계초가 사용한 원본은 히라타의 번역이 아니라 한학자 아즈마 헤이지(吾妻兵治)가 이 히라타의 번역을 원문과 대조하면서 해놓은 한역(漢譯)이었다고 밝혀지고 있다. 양계초가 한 작업은 중국에서 사용하는 한문 투에 따라 글자를 약간 바꾸고, 또한 중국인들의 관심이 덜한 교회의 문제 등을 삭제한 것이었다고 한다. 아즈마 헤이지의 원본 한역은 뒤에 중국에서도 발간되었다. 보다 자세한 내용은 Bastid-Bruguière, Marianne(2004), "The Japanese-Induced German Connection of Modern Chinese Ideas of the State : Liang Qichao and Guojia lun of J.K. Bluntschli," in Joshua A. Fogel(ed.), *The Role of Japan in Liang Qichao's Introduction of Modern Western Civilization to China*, Berkeley, Cal. : Institute of East Asian Studies, University of California, pp.105~124 참조.

의 일부를 중국어로 번역하여 그가 주필로 발간하고 있던 『청의보清議報 · The China Discussion』라는 잡지에 연재했는데, 이것을 안종화安鍾和가 국한문혼용체로 『국가학강령國家學綱領』廣學書舖, 1907이라는 제명으로 중역했다. 한때 출판사를 운영하기도 했고, 1919년 이후로는 적극적으로 독립운동을 했던 정인호鄭寅琥도 양계초의 중국어 번역본을 바탕으로 블룬칠리의 또 다른 중역판을 『국가사상학』1908이라는 제명으로 발간했다.[162]

양계초가 블룬칠리를 특히 선호한 것은 국가유기체이론 때문이었는데, 그것은 중국의 유기적 통일과 강력한 질서 구축이 자유와 평등에 선행한다는 그의 입장을 이론적으로 잘 떠받쳐 주었기 때문이다. 양계초는 서양인에 비교하며 중국인을 '노성奴性', '우매愚昧' 또는 '위아爲我' 등의 경멸적인 말로 표현했는데, 중국인은 서양인에 비해 국민으로서의 일체의식이 결여되어 있다고 했다. 중국이 '민족제국주의화'된 서양 제국의 강자의 권리 주장에 맞서기 위해서는 중국인들이 단일개체 국민으로서의 일체의식을 조속히 갖는 것이 대단히 중요한 일이었다. 이런 문제의식에서 볼 때 개인의 자유와 평등의 이론보다 유기적 통일체로서 근대적 '국가사상'을 갖는 것이 긴요한 일이었다. 양계초가 말하는 '국가사상'이란 ① 개인보다 국가를

162 이 책은 원본의 영인본이 상기 김효전 교수에 의해 출판되었는데(도서출판 관악사, 2003) 이 새로 발간된 영인본에는 본문의 다음 내용에서 언급될 정인호의 『國家思想學』의 영인본, 그리고 『萬歲報』에 연재되었던 「國家學」의 번역과 함께 수록되어 있다. 이 합본의 제명은 『國家學』이다. 이 책에는 블룬칠리와 함께 두 중역자의 인적 사항이 상세히 소개되어 있다. 양계초의 이 글은 이 두 책이 발간되기 이전에 이미 여러 잡지에 소개되어 논의되었던 것으로 알려져 있다. 박찬승(2002), 「20세기 韓國 國家主義의 起源」, 『韓國史硏究』 제117호, p.204.

앞세우고, ② 조정朝廷보다 국가를 앞세우며, ③ 외족으로부터 국가를 지키고, ④ 세계에 대하여 국가를 내세우는 것이다.[163] 간단히 요약하면 중국의 반半식민지적 현실을 극복하기 위해서는 민족을 통일시킬 수 있는 국가와 민족의 사상이 필요하고, 동시에 정치체제 면에서는 동양의 전통적 전제주의를 넘어서는 입헌군주제를 수립할 필요가 있다는 것이다.[164]

이러한 논의가 을사보호조약을 통한 국권 상실을 통탄하던 지식인들에게 미친 영향이 대단했다는 점을 짐작하기는 그리 어렵지 않다. 위에 언급된 두 가지의 번역이 이루어지기 전에 양계초의 글은 『청의보』의 보급을 통해 이미 국내에 알려지기 시작했고, 많은 사람 사이에서 토론되었던 것으로 전해진다. 블룬칠리의 글이 두 편이나 번역된 것은 대체로 이러한 분위기와 직접 관련 있는 것으로 여겨진다.

당시에는 블룬칠리의 책과 양계초의 저술을 통해 이미 자연법적

---

163 梁啓超(1935),「政治學大家伯倫智理之學說」,『飮冰室文集 13』, 上海 : 大達圖書供應社 ; 梁啓超(1990),「新民說」,『飮冰室專集 4』, 臺北 : 臺灣中華書局. 양계초의 저술집은 여러 가지 형태로 발간되었다. 그 내용에 관해서는 蕭公權(1998),『中國政治思想』, 崔明 · 孫文鎬 역, 서울대학교출판부, pp.1180~1181에 상세히 설명되어 있다. 여기에서 『文集』과 『專集』의 표현은 1932년 린즈쥔(林志鈞)이 총 40권으로 上海의 中華書局에서 출간한 전집의 두 부분을 말한다. 『문집』은 총 16권, 『전집』은 총 24권으로 되어 있다. 이 전집은 1989년 총 12권으로 된 영인본으로 다시 발간되었다. 위의 양계초의 글은 蕭公權(1998), 앞의 책, pp.1183~1184에서 수록.

164 양계초의 이러한 논의의 궁극적 의도는 서양 제국주의의 침략을 극복해야 한다는 점에 있지만, 그러한 분석의 과정에서 사용된 빌려 온 서양식 논의의 틀(특히 사회진화론) 때문에 서양인의 우수성을 간접적으로 인정하고 그들의 주장을 인정하는 자기 모순을 범했다는 리디아 리우(Lydia Liu)의 논지를 새겨들을 필요가 있다. Liu, Lydia H.(1995), *Translingual Practice : Literature, National Culture, and Translated Modernity : China, 1900~1937*, Stanford : Stanford University Press, pp.48~51.

국가이론과 유기체적 국가이론이 상세히 소개되고 있었다.[165] 국권보다 민권을 더 중요하게 다룬 사람도 있었으나[166] 일반적인 분위기는 유기체설이 선호되었다. 정치논설이 주어진 현실문제의 답을 얻기 위해 저술되기 때문에 당면한 과제, 즉 국권이 위태롭게 여겨지던 상황하에서 개인의 권리 주장에 앞서 국가의 단합을 강조하는 글이 거의 일방적일 정도로 많던 것은 오히려 자연스런 일로 여겨진다. 1902~1903년 중추원 의관을 역임했고, 대한자강회와 대한협회의 회원이었던 김성희는 그 대표적 논객의 한 사람으로 「독립설」 및 「국민적 내치 국민적 외교」라는 두 글을 통해 양계초의 영향이 엿보이는 국가유기체설을 지지했다.[167] 유길준의 실제實弟였던 유성준도 1910년에 저술한 『법학통론』에서 국가유기체설을 옹호한 바 있다.[168]

독일에서의 유기체설의 흥성은 영국은 물론 프랑스로부터의 영향을, 특히 개인주의적 사유를 극복한다는 독일 낭만주의 · 민족주

---

165 예컨대 설태희(薛泰熙)는 『대한협회회보』 제3호와 제5호(1908)에서 「憲法」이라는 글을 통해 이 두 이론을 자세하게 비교 · 논의하고 있다.

166 앞의 설태희가 그러했고, 1907년에 『법학통론』(匯東書館, 1908)을 발간한 주정균(朱定均)도 유기체설에 대해 비판적인 태도를 피력한 바 있다. 관련된 문장에 관해서는 김효전(2000), 앞의 책, pp.153~154 참조. 이외에도 국가와 개인의 관계를 개인의 우선적 입장에서 논의한 글들이 다수 발견된다. 예컨대 김영기, 김지간 또는 문일평 같은 이들을 들 수 있다. 이 점에 대해서는 박찬승(2002), 앞의 논문, pp.204~205 참조.

167 김성희(1906), 「독립설」, 『大韓自强會月報』 제7호, pp.15~17 ; 김성희(1908), 「국민적 내치 국민적 외교」, 『大韓協會會報』 제4호, pp.24~29.

168 김효전(2000), 앞의 책, p.153. 유기체설이 원래 생성되었던 유럽, 특히 독일에서 그 학설이 만들어진 정치적 맥락과는 무관하게 국민적 단합이라는 정치적 주장과 관련하여 유기체설의 수사가 갖는 호소력 때문에 이 시기에 나타난 논설문들은 거의 대부분 유기체설에 동조하는 내용을 전달했다. 이 시기에 나타난 이러한 글에 관한 좋은 요약으로서는 전복희(1996), 앞의 책, pp.164~175 참조.

의의 실천목표와 유관하다. 여기에 더해 가부장제의 원리 위에 수립된 독일의 강력한 관헌국가Obrigkeitsstaat 사상의 전통과 개인보다는 전체의 우위성을 강조하는 유기체설의 친화성을 지적할 필요가 있을 것이다. 유기체설을 지지하는 김성희가 1907년에 쓴 「국가의의」라는 글에서 "一家도 亦國家오, 一身도 亦國家"[169]라고 말하고 있는 점은 바로 이러한 점을 말해 주는 것이라 하겠다. 일본 메이지 국가의 이론적 기초를 제공한 것으로 평가되는 가토 히로유키가 블룬칠리를 적극 소개한 것은 가부장제 원리에 입각한 '가족국가'로서 메이지 국가의 정당화를 위한 것이지만, 이러한 유기체이론이 큰 저항 없이 그러한 작업을 수행할 수 있었던 것은 그 유기체이론이 전통적 가부장제 사상과 맺은 친화성 때문이라는 점을 기억해 둘 필요가 있을 것이다.[170]

일본에서의 수용 계기와 현실정치에서의 기능과 무관하게 국가 유기체설은 중국의 경우에는 양계초를 통해 반식민지 상황을 극복하고 국민적 통일을 위한 이데올로기로 활용되었음은 앞에서 이미 지적했지만, 1905년 을사보호조약 이후 한국 지식인에게 국가유기체설이 특별한 매력 또는 효용 가치를 갖게 된 것도 전적으로 양계초와 동일한 문제의식에서였던 것으로 여겨진다. 그리고 이러한 유기체설이 큰 저항 없이 수용된 것도 일본의 경우와 같이 기존의 국가관 또는 사회관과 친화되는 부분이 컸기 때문인 것으로 보이는데,

---

169 김성희(1906), 「국가의의」, 『大韓自强會月報』 제11호, p.41.
170 메이지 국가의 정당화와 관련된 이데올로기의 구체적 내용에 관해서는 Gluck, Carol(1985), *Japan's Modern Myths : Ideology in the Late Period*, Princeton : Princeton University Press, pp.262~265 참조.

이 부분은 개인을 원자적 개인으로서가 아니라 가족의 부분으로서 파악하는 전통 사상을 말하는 것이다. 한 개인이 존재론적 의미를 갖는 것은 가족의 일원으로서 파악되기 때문이라는 전통 사상에서는 국가를 가족의 확대판으로 보는데, 이에 따라 개인은 확대된 가족으로서 국가의 일원으로 파악되는 경우에 한하여 그 존재 의미를 지니게 된다. 따라서 개인은 자신의 영달을 생각하기 전에 국가에 충성해야 한다는 논리가 자연스럽게 도출된다.

한때 『대한매일신보』의 기자를 지낸 선우순은 『서북학회월보』에 기고한 「국가론의 개요」에서 말하기를 국가는 동서를 불문하고 가족에서 시작되었는데, 가족에 가장이 있듯이 국가에도 그 장이 있어 그 권위에 복종해야 한다고 말했다.[171] 즉 국가에 대한 국민의 복종 의무는 부모에 대한 자식의 효 의무와 동렬에 놓고 설명함으로써 동아시아의 가장 오랜 국가 개념을 그대로 반복하고 있음을 알 수 있다. 물론 그는 국가유기체설을 끄집어 내지는 않았지만, 바로 이러한 전통 사상은 서양 학설로서 국가유기체설이 대단히 자연스럽게 정착하는 데 일조하고 있다.

물론 이러한 국가의 중요성에 대한 강조는 당시 절박한 현실로 경험되던 국가 상실이라는 위기의식의 분위기 속에서 국력을 키워 국권을 회복하는 일이 개인의 권리를 옹호하는 것보다 훨씬 시급한 것이라는 사회적 합의를 반영하는 것이고, 또한 그러한 합의 위에

---

171 선우순(1909), 「국가론의 개요」, 『西北學會月報』 제9호, p.15. 이와 비슷한 내용의 글들은 다음과 같은 논설에서도 그대로 반복되고 있다. 山雲生(1908), 「國民의 義務」, 『西友』 제17호 ; 李海朝(1909), 「倫理學」, 『畿湖興學會月報』 제12호.

제기된 주장임을 잊어서는 안 될 것이다. 그러나 그러한 주장에서 드러나는 액면가도 중요하지만, 그에 못지않게 중요한 것은 그러한 명시적 주장에 가려 함축되어 있는 또 다른 정치적 의미이다. 예컨대 당시 국민적 단합이 필요하다는 점에 대해서는 사실 어떤 반대도 제기되기 어려웠다. 따라서 단합을 저해하는 신분적 또는 계급적 위화감이 지적되면서 이 문제에 대한 강조는 회피되었다. 따라서 국가의 독립이라는 과제를 달성할 방안을 일체의 변화를 거부하는 기존의 사상적 틀 안에서만 찾다 보니 국민은 자신의 처지에 만족하고 자신의 의무를 게을리해서는 안 된다는, 유교적 조화 및 정명 사상을 바탕으로 국민의 단합을 강조하는 논의만 허용되는 결과를 낳게 되었다.[172] 즉 국가의 총체적 위기를 맞으면서 국가에 관한 어떤 새로운 또는 대안적 관념이나 개념이 만들어질 가능성은 오히려 억제되는 역설적인 상황이 전개되었다.

7) 장지연과 사회진화론

앞에서 우리는 장지연의 정치적 입장을 언급하면서 기본적으로는 유교권 문명도 서양 문명에 뒤지는 것이 아니지만, 현실적으로는 서양 문명이 앞선바 이를 적극적으로 도입할 필요가 있다는 '체용'의 입장으로 규정했다. 그리고 개혁문제에서도 전통적인 군주제를 지지함으로써 국가 자체에 대해서는 특별한 문제의식이 없었다는 점을 시사했다. 그러나 일단 1905년의 을사조약으로 국권이 사실상 상실되면서 그도 국가의 문제를 논의하지 않을 수 없었다.

---

172 이 점에 대해서는 전복희(1996), 앞의 책, pp.169~170 참조.

그가 볼 때 국권의 상실에 가장 큰 문제점은 당시 조선인들의 단결력 부족이었다. 그는 일단 국권이 상실된 상황에서 시급한 문제는 현실적으로 부재한 국가를 대신하여 한국인의 정신적 단결을 구현할 수 있는 물리적 실체의 창출이라고 한다. 그런데 이러한 단합의 작업과 관련하여 한국인들은 다섯 개의 병폐를 가지고 있는데, 그것은 다름 아닌 당파·기질忌嫉·의뢰·나태 및 국가사상의 부재(無國家之思想)라고 그는 지적한다.[173] 이것은 사람들이 가족적 관념에 지배당하고 있고 공共국가적 관념이 적은 것을 말한다. 여기에서 국가사상 부재의 원인에 관한 답이 이미 주어지고 있다. 가족에게 가치를 둘 경우 국가에 최고의 가치를 두는 국가사상은 형성될 수 없다는 것이다. 이러한 이유 때문인지는 확실하지 않으나, 당시의 많은 논객이 국가의 결속을 강조하기 위하여 흔히 국가를 가족에 비유했으나[174] 장지연에게서는 그러한 비유가 거의 보이지 않는다.

장지연에게 국가는 '민족이라는 단체의 집합'이라고 설명된다. 원래 사람들은 개인으로서는 짐승보다도 약하기 때문에 평시에는 불편을 덜고 재난 시에는 보호를 위하여 무리(羣)를 지어 살게 되는데, 이렇게 만들어진 무리 사이에는 생존경쟁의 관계가 만들어지고 이 경쟁 속에서 우수한 무리는 이기고 열등한 자는 패하게 되므로 이기기 위하여 여러 무리를 합하여 단체를 만들게 된다. 따라서 이렇게

---

173 장지연(1906), 「團體然後民族可保」, 『大韓自强會月報』 제5호[단국대학교 동양학연구소 편 (1989), 『張志淵全書 8』, 단국대학교출판부].

174 그러한 비유를 사용하는 많은 논객 중 특히 눈에 띄는 사람으로는 장지연과 함께 활동했던 박은식의 경우를 들 수 있다. 박은식은 『大韓自强會月報』 제1호(1906. 7)에 게재된 논설 「大韓精神」에서 "邦國은 곧 하나의 큰 가족"이라 언명하고 조선 인민이 갖고 있는 자국정신을 가족정신에 비유하고 있다.

만들어진 단체에는 야만의 일부락에서 국가에 이르는 크고 작은 것들이 있는데, 그에게 국가는 "민족이라는 단체가 집합하는 데에서만 성립되는 것"이다.[175]

이렇게 국가를 사람들이 자신들의 필요에 따라 만든 무리로 보는 관점은 양계초가 1902년 『신민총보新民叢報』에 게재했던 「중국전제정치진화사론中國專制政治進化史論」과 「설군說羣」 등의 논설에서 따온 것으로 보인다. 또한 그는 무리 사이의 생존경쟁의 불가피성을 강조하면서 이 경쟁이 국가 사이에 그대로 재현되고 있는 현실을 강조하고 있다. 1906년의 같은 논문에서 그는 다음과 같이 말한다. "夫優勝劣敗는 즉 天演界之公理라 劣者昧者孤立者自弱者는 不得不 催敗滅絶而讓於優者明者團合者自强者之勝利矣니 此는 天擇自然之淘汰結果." 그가 사용하고 있는 사회진화론의 용어들, 즉 우승열패優勝劣敗ㆍ천연(진화)ㆍ천택(도태) 등은 사회진화론, 특히 양계초에 의해 전달된 사회진화론으로부터의 강한 영향을 말해 주고 있는 것이다.[176]

이러한 생존경쟁에 관한 사회진화론의 영향 덕분에 장지연의 국제정치관은 대단히 현실주의적인 색채를 보이지만, 국가에 관해서

---

175 장지연(1906), 앞의 논설, p.473 : 夫國家之所成立者는 由乎其民族之團體集合耳.
176 국가 성립과 국가 간 경쟁과 관련된 양계초의 영향에 관해서는 우남숙(1999), 「한국 근대사에서의 사회진화론 수용 양식 : 장지연ㆍ박은식ㆍ신채호를 중심으로」, 『한국정치외교사논총』 제21집 제1호, pp.28~37 참조. 그리고 장지연의 양계초 이론 수용 과정에 관해서는 김영무(2004), 「張志淵의 梁啓超 수용에 관한 연구」, 『中國文學』 제42권, pp.150~154 참조. 그러나 유기체론의 영향에 관해서는 그렇게 단정 지을 만한 원문을 발견하기 어렵다. 예컨대 우남숙(1997), 「장지연의 국가론 연구」, 『한국정치외교사논총』 제17집, p.298에서 필자는 장지연의 경우 "국가유기체론의 기본 명제에 대한 언급은 없다"라고 말하고 있다. 그러나 장지연의 유기체적 국가론의 이론적 원형은 블룬칠리의 국가이론이라고 단정적으로 말하고 있는데(p.294), 그 구체적인 증거 제시는 없다.

는 '민족이라는 단체의 집합'이라는 규정을 넘어서는 다른 논의는 보이지 않는다. 그러나 여기에서 우리가 중요하게 눈여겨볼 점이 있다면, 그것은 국가의 정의가 민족이라는 관점에서 이루어진다는 사실이다. 엄밀히 말해 국가와 민족은 별개의 것이지만 민족 없이는 국가가 설명될 수 없고, 국가는 민족 없이는 허망한 것처럼 여겨지게 된다. 물론 이러한 사실이 서양에서 발전된 the nation-state를 지적하는 것은 아닌 것으로 보인다. 그에게 '민족국가'가 아닌 국가는 이론적 탐구대상이 될지는 모르지만, 현실정치를 논의하는 현장에서는 무의미한 것처럼 보이고, 국가의 문제는 오로지 민족국가의 문제이기 때문에 굳이 민족과 국가가 구별되는 실체임에도 불구하고 민족국가만이 중요성을 갖는 것으로 보인다.

그러나 단순히 이론적 논의가 아니라 국권회복이라는 실천운동에 더 큰 관심을 갖고 있던 장지연에게서 국권회복의 작업이 더 큰 문제였다. 그리고 국권이 상실된 현실 속에서 국가에 대한 이론적 논의보다는 국가를 회복하는 단합운동을 전개함에 있어 더 이상 국가는 토론의 대상이 되지 않고, 그 실천방안으로서 단합 즉 단체=사회의 결합운동이 더 중요하게 부상한다. 이러한 작업이 1905년 이후의 자강운동의 방향을 규정했고, 그 내용은 교육과 식산殖産으로 구체화되었다. 이러한 한에서 국가는 목적과 이상의 위치로 물러설 수밖에 없었고, 더 이상 이론적 논의의 대상이 되지 못했다.

8) 단재 신채호

일본의 국권침탈이 거의 목전에 다가오면서 국가의 틀이 갖는 중요성은 더 이상 강조할 필요가 없을 정도로 절박한 문제가 된 것이

1905년에서 1910년에 이르는 5년간, 일반적으로 '애국계몽기'라고 불리는 시대의 분위기였다. 따라서 그러한 위기에 효과적으로 대응하기 위한 전 국민의 단합에 대한 호소도 더욱 절실하게 나타나기 시작했는데, 위에서 본 바와 같이 그러한 주장을 설득력 있는 논의로 만들어 줄 수 있는 이론적 자원으로는 국가를 가족에 비유하고, 따라서 나라 사랑을 가족에 대한 사랑에 비유하는 전통적 사유가 가장 일반적이었다. 그리고 서양 이론으로서 이러한 전통적 사유와 가장 친화력이 컸던 국가유기체설을 들 수 있을 것이다.

국가유기체설이 원래 만들어졌던 고장에서의 정치적 의미와 무관하게 동아시아에서 적극적으로 수용된 것은, 개체로서의 국민 또는 국가의 의식을 강조한 유기체적 설명이 국가의식을 상대적으로 결여하고 있던 아시아 국가에서 단합된 국민의식의 고양에 이데올로기로서의 효용성을 가졌다는 사실 덕분이었다. 중국의 양계초가 국가유기체설을 바탕으로 하는 블룬칠리의 이론을 적극 받아들인 것도 그 때문이었고, 바로 같은 이유에서 한국 내에서도 많은 추종자가 생겨나게 되었다는 점은 앞에서 이미 지적하였다.

적지 않은 수의 논객들이 이러한 입장에서 국가의 중요성을 호소했지만, 국가의 중요성을 근대 민족주의의 사상적 흐름과 결합시킨 가장 중요한 인물로는 단재丹齋 신채호申采浩, 1880~1936를 들지 않을 수 없다. 그는 우선 국가를 이해함에 국가와 가족을 동일시하는 전통적인 국가 관념을 출발점으로 하고 있다. 1908년 7월 31일자에 기고한 「국가는 즉 일가족」이라는 논설에서 그는 "국가는 즉 일대가족"이라고 말한다. 그리고 "서언西彦에 운云한바 '국가는 즉 가족 이자二字의 대서大書라' 한 어語에 취론하여……"라고 하여 아마도 헤르더를 인용한 것으로 보이기도 한다.[177] 이때 그가 가족의 비유를 드는 것은 그동안의 정치가 일반백성을 무시한 채 이루어졌기 때문에 사람들이 국가가 망하여도 자신과는 무관한 것으로 여기고 있는 점을 경고하기 위한 것이었다. 같은 해 『대한협회회보』 제5호에 기고한 「역사와 애국심의 관계」라는 글에서는 "夫 國이란 者는 일가족의 결집체며, 역사란 자는 일국민의 譜牒"이라고 말하고 있다.[178]

그러나 신채호는 이러한 전통적 유교 관념에 머물지 않고 근대적 국가 관념으로 발전해 갔다. 실제 그가 가족의 비유를 사용하고 있는 목적은 가족구성원 사이에서 발생하는 자연스러운 애호의 감정을 국가라는 대가족으로 확대시켜야 한다는 점을 강조하기 위해서이다.[179] 확대된 가족으로서의 국가 관념의 형성은 그가 역시 양계초를 통하여 수용한 사회진화론의 관념을 바탕으로 설명된다.[180]

신채호는 사회진화론의 영향으로 보이는 생존경쟁의 개념을 바탕으로 역사발전을, 특히 국가의 발생과 그 변화를 설명한다. 태초에 사람과 짐승 사이에 경쟁이 시작되었는데, 지능이 앞선 사람이 무기를 제조하여 승리했다. 다음에는 사람과 사람 사이에 경쟁이 벌

---

177 정확히 말해 헤르더가 큰 글자로 쓴 가족이라고 한 것은 국가가 아닌 민족(Volk)을 두고 한 말이었다.
178 앞의 글은 단재신채호선생기념사업회 편(1975a), 『단재신채호전집 별집』, 형설출판사, pp.148~149 ; 뒤의 글은 단재신채호선생기념사업회 편(1975b), 『단재신채호전집 하』, 형설출판사, p.74.
179 단재신채호선생기념사업회 편(1975f), 「打破 家族的 觀念」, 『단재신채호전집 별집』, 형설출판사, pp.164~166 참조.
180 신채호에 대한 사회진화론의 영향에 관해서는 이광린(1979), 「구한말 사회진화론의 수용과 그 영향」, 『한국개화사상연구』, 일조각 ; 신용하(1984), 『신채호의 사회사상 연구』, 한길사 ; 신일철(1983), 『신채호의 역사상 연구』, 고려대학교출판부 ; 신연재(1991), 앞의 논문, pp.154~189 ; 전복희(1996), 앞의 책 등 참조.

어졌는데, 강한 자는 살아남고 약한 자는 멸망했다고 한다. 이러한 관점은 '우존열망優存劣亡' 또는 '우승열패' 등의 구절로 표현된다. 가족 사이의 상호 결합을 통해 부락이 생기고 다시 부락 사이의 경쟁을 통해 최강자가 작은 부락을 정복하고 병합하여 국가로 발전한 것으로 풀이한다.[181] 이러한 국가들은 이름만 국가일 뿐 진정한 국가는 될 수 없다고 한다. 그에게 진정한 국가란 인민이 참여할 때만 가능한 것이다.[182] 그가 국가를 '민족정신으로 구성된 유기체'[183]라고 할 때는 전체 인민이 참여한다는 점을 전제로 하고 있는 것으로 보인다. 이러한 국가는 역사적 진화의 결과로 만들어진 최후의 양상으로 풀이된다. 그에 따르면, "국가 명칭의 출생은 고대에 在하나, 고대의 국가는 일가족의 有한바며, 금대의 국가는 일민족의 有한바"이다.[184]

신채호의 국가론은 전통적 개념에서 출발했지만, 국민국가the nation-state로서의 당대 국가에 대한 그의 이해는 대단히 참신하게 보인다. 그리고 그러한 국가체제가 자연스럽게 성장한 것이 아니라 근대국가체제라는 평등한 주권을 보유하는 것으로 관념되는 국가들 사이의 심각한 생존경쟁의 틀을 통해서 수립된 역사 과정을 대단히 훌륭하게 포착하고 있는 것으로 보인다. 아마도 이러한 점은 그가 차용하고 있는 사회진화론이 부분적으로는 유럽 열국 간의 제국주의 경쟁으로 이어진 근대 국제체제의 경쟁 메커니즘을 경험적 기반

181 단재신채호선생기념사업회 편(1975e), 「身·家·國 三觀念의 變遷」, 『단재신채호전집 별집』, 형설출판사, pp.153~154.
182 단재신채호선생기념사업회 편(1975b), 앞의 책, p.155.
183 단재신채호선생기념사업회 편(1975d), 「독사신론」, 『단재신채호전집 상』, 형설출판사, p.471.
184 단재신채호선생기념사업회 편(1977e), 앞의 글, 형설출판사, p.156.

으로 하면서 성장했고, 부분적으로는 그 선도국의 공격적 정책에 대한 정당화 작업의 일환으로 나타났다는 점과 무관치 않은 것으로 이해된다.

'민족정신으로 구성된 유기체'로 정의되는 국가의 관념은 처음부터 그러했던 것은 아니고, 진화의 결과로 이해된다. 중요한 점은 그 진화를 가능케 한 메커니즘이 경쟁이라는 사실이다. 이 경쟁을 통해서만 국가의 성원들은 자신들이 속해 있는 국가라는 개체의 존재를 의식할 수 있는 것이라고 신채호는 말하고 있다. "한국이 수백 년 내로 대외의 경쟁이 무하므로 국가적 관념이 甚微하여……."[185]

이러한 신채호의 국가 관념을 이해하는 데 핵심적 요소가 되는 것은 바로 '민족'의 개념이다. 즉 민족의 요소를 뺀다면 국가의 개념은 홀로 존재할 수 없게 된다. 그가 민족의 개념을 앞에 내세우게 된 것은 당연히 당대의 정치문제, 즉 국권회복의 절박성에서 연유한다. 당시의 많은 지식인이 공감한 가장 큰 문제는 당시의 사람들이 강력한 국가 관념을 갖고 있지 않았다는 사실이다. 앞에서 보았듯이 장지연도 그러한 생각을 가진 대표적 인물 중 한 명이었다. 신채호가 보기에 국가 관념의 부재는 위에서 인용한 글에서 보듯이 한국이 상당한 기간 동안 대외 경쟁을 경험한 바가 거의 없었던 점과 관련된다. 따라서 그는 『대한매일신보』의 여러 논설을 통해 국권회복을 위해서는 우선 국민들 사이에 국가 관념의 고취가 필요하다는 논지의 주장을 지속적으로 발표했다. 국민들이 국가정신으로 무장한 신국

---

[185] 단재신채호선생기념사업회 편(1975c), 「국가는 즉 일가족」, 『단재신채호전집 별집』, 형설출판사, p.148.

민이 되고, 나아가 교육과 실업의 진흥과 같은 사업을 해야 한다고 주장했다. 즉 국가 관념만이 한국인이 취해야 할 길이라는 것이다.[186]

국가 관념의 회복을 위해 우선적으로 해야 할 일은 '국가가 민족 정신으로 구성된 유기체'[187]라는 사실을 빨리 인식해야 함을 그는 강조한다. 그는 '국가'라는 이름이 고대부터 있어 왔지만, 그의 시대에 와서 국가는 일민족이 소유하는 조직이라고 말한다.[188] 유기체로서의 국가는 신채호에 의하면 신체에 해당하는 하드웨어적 측면과 함께 정신에 해당하는 소프트웨어적 측면 두 가지로 구성된다. 전자에는 영토, 주권, 군주, 의회, 관리, 군함, 대포, 육군, 해군 등 가시적인 제도나 군사자원 등이 포함된다. 후자, 즉 정신상 국가란 민족이 독립하고 자유하고 생존하고 국위를 분양할 정신 등을 말한다. 그는 이러한 정신이 없으면 형식상 국가 또는 구체적 국가가 있어도 소용이 없지만, 역으로 정신이 있으면 영토, 주권 등의 형식이 없어도 언젠가는 도로 찾을 수 있다고 본다.[189]

여기에서 우리가 주목해야 할 점은 그러한 정신의 주체는 국가가 아니라 민족이라는 점이다. 따라서 신채호에게 민족이 없는 국가는 있을 수 없다. 즉 당대의 모든 국가는 당연히 민족국가일 수밖에 없는 것이다. 따라서 그가 사회진화론의 강한 영향을 받고 있다는 점을 보여 주는 당대의 국가들 간의 생존경쟁은 승패의 결과가 한두

---

186 박찬승(2002), 앞의 논문, p.206.

187 단재신채호선생기념사업회 편(1975d), 앞의 글, p.471.

188 단재신채호선생기념사업회 편(1975e), 앞의 글, p.156.

189 이 논의는 「精神上 國家」 국가라는 제명의 논설문의 요지이다. 현재는 단재신채호선생기념사업회 편(1975a), 앞의 책, pp.160~161에 수록.

사람으로부터 유래하는 것이 아니라 국민 전체에서 유래하는 것이다. "금일은 不然하여 其 경쟁이 즉 전 국민의 경쟁이라. 고로 其 경쟁이 烈하며 기 경쟁이 長하며 기 경쟁의 화가 大하나니 고로 왕, 국민동포가 20세기 신국민이 되지 아니함이 불가하다."[190]

우리는 신채호의 논의 속에서 서양에서 발전한 근대국민국가체제the modern nation-state system와 상당히 가까운 민족국가론을 발견하게 된다. 흥미로운 점은 이러한 민족국가 관념이 만들어지게 된 배경으로 서양에서 (양계초를 통해) 도입된 사회진화론이 영향을 미쳤다는 사실이다. 사회진화론은 물론 다양한 형태로 나타났지만[191] 국제관계와 관련해서는 19세기 말 20세기 초, 특히 인종주의와 결합하여 서양 제국주의 국가들의 아시아 · 아프리카로의 침탈을 정당화하는 기능을 수행했다.

그러나 사회진화론이 동아시아에 들어올 때, 양계초를 거쳐 한국에 들어오면서 원래의 의미, 특히 부정적인 의미는 생략된 채 임의대로 해석되어 나름대로 중요한 긍정적인 역할을 하게 되었다. 첫째, 서양의 제국들이 성공할 수 있게 된 연유와 한국이 몰락하게 된 원인을 찾을 수 있는 이론적 관점으로 사용되었다. 무엇보다도 '우승열패'라는 말이 정확히 적용되는 현실 국제정체의 세계를 이해하는 데 큰 도움이 되었고, 이것을 바탕으로 개화와 자강을 위한 방안

---

190 단재신채호선생기념사업회 편(1975g), 「20世紀 新國民」, 『단재신채호전집 별집』, 형설출판사, p.211.

191 이 점에 관해 개괄적인 안내를 하고 있는 국내 문헌으로는 전복희(1996), 앞의 책, 제2장 참조. 최근의 논의로는 Dickens, Peter(2000), *Social Darwinism : Linking Evolutionary Thought to Social Theory*, Philadelphia : Open University Press 참조.

의 모색에 도움을 주었다. 신채호에서 발견되는 새로운 국가 관념은 이 사회진화론의 영향을 빼고서는 설명하기가 어렵다고 하겠다.

신채호의 논의에서 우리의 문제와 관련하여 가장 큰 흥미를 끄는 점은 다음과 같은 사실이다. 즉 국가 간의 경쟁이 국민 전체가 개입되는 새로운 형식의 경쟁으로 바뀌었다는 점, 국민 전체의 적극적인 참여를 유도하기 위해서는 국민의 참여를 보장하는 정치체제가 되어야 한다는 인식이 대단히 분명하게 나타난다는 점이다.[192] 이러한 이해는 서유럽의 근대식 국민국가의 형성 과정을 대단히 훌륭하게 압축하는 것처럼 보인다는 점이다.

……於是乎 국가는 斯民의 국이라 하여 其存其亡에 惟民이 是圖라 하며, 국민은 사국의 민이라 하여 其安其危를 惟國이 是顧라 하여, 국가는 국민의 公算을 작하며 국민은 국가의 공권을 有함에 至한지라, 비록 단 亘古節今의 梟雄悍夫가 출할지라도, 此産을 獨專하며 此權을 獨把함을 不得하고, 비록 呑山吸海의 頑魔巨敵이 來할지라도 此産을 不敢侵하며 此權을 不敢害하나니, 蓋 如此라야 금일에 운하는 국가라.[193]

---

192 신채호의 민족주의 정신의 발현과 관련하여 우리는 흔히 '민족의식의 자각'이라는 표현을 사용한다. 그러나 그의 글의 바닥에 깔려 있는 '민족주의적' 사고의 틀은 외래 이론을 바탕으로 만들어진 점이 적지 않다는 점에서 '자연적으로' 우러나온 부분도 적지 않지만, '만들어진' 부분 또한 적지 않다는 점을 지적해야만 하겠다. 이러한 의미에서 베네딕트 앤더슨(Benedict Anderson)적 의미에서의 일정한 '상상력'을 필요한 것이었다고 말할 수 있을 것이다. 이러한 문제의식에서 대한제국 말기의 한국 민족주의의 문제를 다룬 슈미드, 앙드레(2007), 『제국 그 사이의 한국』(원제 : Korea Between Empires 1895~1919), 정여울 역, 휴머니스트 참조.

193 단재신채호선생기념사업회 편(1975e), 앞의 글, pp.155~156.

아마도 이러한 의미에서 한국에서의 국가 개념은 신채호를 통해서 역사상 처음으로 근대식 국민국가의 관념을 바탕으로 발전할 계기를 갖게 되었다고 할 수 있을 것이다. 그러나 서양에서와 달리 앞의 제1장에서 지적되었던 아리스토텔레스적 개념과 기독교적 개념에서 해방된, 즉 구성원들과는 별개의 실체로 인식되거나 정체의 변화와는 무관하게 독자적인 양태로 존재한다는 국가라는 관념을 거치지 않으면서 바로 근대식 국민국가의 개념을 가진 것이었다. 같은 국민국가의 개념이기는 하지만, 그것의 수용 또는 발전이 이룬 서로 다른 현실 및 학설사상의 맥락 때문에 그것이 실제 정치 속에서 하는 역할은 상당히 다를 수밖에 없었다고 보인다. 특히 국가라는 객관적 권력과 권위의 틀이 그 자체로서의 이론적 또는 존재론적 의의를 획득할 수 있는 계기를 갖지 못했던 것으로 보인다.

취약한 국가 전통과 국가지상주의의 위험

우리는 앞에서 서양 전통에서 국가 개념의 역사와, 동아시아 전통에서 국가 개념을 검토하고 마지막으로 한국사에서 국가 개념의 역사도 살펴보았다. '근대화' 과정을 통해 동아시아의 상당히 많은 서양식 사회제도가 도입되었고, 이에 따라 새로운 이름들이 만들어졌다. 그 대표적인 경우로 우리는 사회, 주권, 권리, 개인 등의 개념을 들 수 있다. 국가의 경우도 현재는 서양식 국가 개념의 영향을 반영하고 있다. 그러나 서양에 비해 오히려 더 긴 국가의 전통을 갖고 있지만, 동아시아 제국은 서양의 국가제도를 급속히 받아들이는 과정에서 심각한 역사적 굴절 현상을 경험했기 때문에 이 국가들에서 국가 개념의 이해는 서양의 경우와 같이 일직선적인 변화 과정으로 설명하기 어려운 부분이 적지 않다. 동아시아 국가들은 서양식 국제질서에 편입하는 과정에서 대부분 고유한 전통을 바탕으로 그것과 친화성이 있는 서양적 개념, 구체적으로는 유기체국가관을 받아들이고, 이것을 바탕으로 기성의 가부장적 권위주의체제를 온존한 채 자신에게 주어진 문제를 설정하고 답을 찾는 작업에 임했다.

서양적 개념이 소개되기 이전의 동아시아, 특히 한국의 전통적 국가의 개념은 상당한 안정성을 누리고 있었다. 그 첫 번째 요인으로 우리는 국가라는 틀 자체에 대하여 굳이 새로운 설명을 할 이유가 없었다는 사실을 들 수 있다. 기존 질서가 아무런 도전도 받지 않은 채 모든 것이 타당하게 받아들여지던 환경 속에서 새로운 논의는 불필요한 것이었다. 두 번째로 경험과 이론 두 가지 면에서 기존 체제에 대한 아무런 대안이 제시되지 않았다는 점을 말할 수 있을 것이다. 사회제도와 관련된 심각한 성찰이 있게 되는 경우는 대부분 기존의 질서에 대한 불만이 제기되고 동시에 그것을 대신할 수 있는 대안이 현실적으로 그리고/또는 이론적으로 제시될 때이다. 한국사 전통에서 대안적 국가질서에 관한 성찰이 약했다는 것은 기존 체제의 변화를 요구할 수 있는 대안적 세력의 성장이 없었음을 의미하고, 이것은 다시 사회·경제체제의 확대나 성장이 없었음을 의미한다. 따라서 새로운 국가의 틀이 논의될 수 있는 계기가 마련되지 않았음을 지적할 수 있다.

그런데 서양에서도 국가 개념의 전통은 대단히 복잡하고 다양한 모습을 갖고 있다. 우리는 앞에서 근대 서양에서 발전한 국가 개념을 두 가지 단계로 나누어 설명했다. 하나는 홉스로 대표될 수 있는 사회계약설 개념이다. 이에 대해 후일에 많은 사람이 비판을 가했지만, 대부분의 경우 홉스의 이론이 갖는 진정한 역사적 의미를 비껴가는 것들이었다. 홉스의 이론이 갖는 진정한 의미는 당시까지의 국가이론의 기초를 이루던 기독교적 윤리체계가 무력해진 상황에서 국가권위의 필요성을 제기하는 새로운 세속 이론적 시도였다는 맥락을 무시하면 그 의미를 제대로 파악할 수 없다. 홉스의 경우는 정체의 변화와 공동체 구성원과 무관하게 정치권위가 존재해야 할 이유에 대한 이론적 설명이었다.

그러나 후일 시민혁명이 성공한 후 국가를 그 구성원, '국민nation'이라는 집합적 이름을 갖게 된 시민들의 필요에 복무하는 조직으로 재규정하는 작업이 시도되었다. 이러한 구성원 사이의 유기적 연결성을 바탕으로 국가를 정의하는 작업은 개체로서 규정되는 인적 집단Volk의 존재를 확인했는데, 그에 상응하는 국가라는 정치조직을 갖지 못했던 독일에서 보다 활발하게 시도되었고, 이것은 뒤에 국법학·국가학 등의 학술적 이론화의 틀로 나타났다. 동아시아에 전달된 이러한 국가 개념의 전통은 국가의 중요성을 강조하는 이데올로기로서의 유용성 때문에, 그리고 그 이론이 갖는 동아시아 전통적 국가 개념과의 친화성 때문에 대단히 쉽게 수용되었다.

이 결과로 나타난 것이 민족주의 색채를 강력하게 드러내는 민족국가사상이었다. 한국사의 경우 장지연이나 신채호 등에서 나타나는 강력한 민족주의는 모두 서양에서의 진화론과 국가유기체설의 영향을 받고 만들어진 것으로 생각된다. 이러한 민족주의적 국가이론이 일본 제국주의에 대한 저항이론으로 기능하는 경우에는 큰 문제가 없었으나, 일단 조직된 국가권력에 의해 사용될 경우에는 국가조직의 권력 사용을 정당화하는 이데올로기로 모습이 변화되는 위험한 경향을 보인다. 이러한 점은 일본의 메이지 헌법체제에서 드러났고, 또한 해방 이후 한국에서의 국가권력 주도의 권위주의적 민족주의운동 또는 국가지상주의에서 드러난 바 있다.

흥미로운 일은 식민지 지배하에서 만들어진 민족주의적 국가이론은 식민통치가 사라지면서 국가의 중요성에 대한 인식을 바탕으로 국가지상주의가 성장하고, 다시 이것은 권위주의 정치를 옹호하는 이론으로 활용되었다는 점이다.[194] 이러한 국가지상주의와 민족주의를 명분으로 하는 권위주의를 극복하기 위하여 이에 대처하는 이론적 준비가 없었던 상황에서 또 다른 이론적 자원을 수입했어야 한 것이 1950년대 이후의 상황으로 판단된다. 이 이론적 자원은 국가를 부인하거나 비판적으로 규정하는 자유주의 정치이론, 예컨대 영국의 다원주의 또는 미국의 다원주의이론을 통해서 그 수용이 이루어졌다.

우리가 여기에서 눈여겨보아야 할 중요한 사항은 영미 국가의 경우 군이 국가유기체설 같은 이론이 정착하지 않았어도 강력한 국가조직을 만들어 냈다는 점이다. 역으로 강력한 국가를 만들어 냈기 때문에 군이 유기체이론을 만들어 낼 필요가 없었는지도 모른다. 그러나 중요한 점은 영미에서는 국가를 기계적으로 보는 사고의 틀 덕분에 국가조직을 미화하는 전통이 상대적으로 약했다는 사실이다. 이러한 독특한 전통은 국가지상주의의 발전을 막았을 뿐 아니라 국

---

194 광복 직후 남한에서의 민족지상주의와 국가지상주의 운동에 대해서는 박찬승(2002), 앞의 논문, pp.231~242 참조.

가의 지위를 사회집단의 하나로 상대화하는 독특한 이론 전통을 만드는 데 기여했음에 유의 해야 할 것이다.[195] 그리고 국제정치상에서 우월적인 지위를 누렸기 때문에 군이 민족주의를 강조할 필요도 없었던 것으로 여겨진다. 그들에게 그러한 우월적 지위를 정당화하고 다른 나라들의 민족주의를 편협한 것으로 평가절하 또는 폄하하는 작업이 곧 그들의 '민족주의'였다는 점을 상기해야 할 것이다.

서양 국가들의 형성 과정과 함께 그 국가들이 발전시킨 독특한 국가 개념을 검토할 때 그 어떤 독특한 국가 개념 또는 국가이론은 자신들이 처한 정치적 문제와 관련하여 구성되었음을 알 수 있다. 물론 이러한 작업에 필요한 이론적 자원이 반드시 국내적으로 조달된 것은 아니었다. 유럽의 경우 그러한 이론적 자원은 유럽 전체 국가들이 공유한 전통, 즉 그리스 철학 · 로마법이론 · 기독교 사상 등에서 마련되었다. 특히 상대적으로 뒤늦은 유럽 국가들의 중앙집권화 작업과 국내적 정치권력을 견제한 교회의 전통, 그리고 종교 갈등과 상업경제의 발전으로 인한 단일 지적 권위의 붕괴 등으로 인하여 비교적 자유로운 사고의 공간을 가질 수 있었다는 사실을 기억해야 할 것이다. 르네상스나 계몽주의 사조 등은 바로 이러한 환경에서 성장했던 것이다.

이러한 점을 한국의 전통에 비추어 검토할 때 다음과 같은 몇 가

---

195 콜(G. D. H. Cole), 라스키(Harol Laski), 피기스(J. N. Figgis) 등으로 대표되는 영국의 정치적 다원주의 전통을 말한다. 이에 대해서는 Dyson(1980), 앞의 책, pp.193-196 ; Meadowcroft, J.(1995), *Conceptualizing State : Innovation and Dispute in British Political Thought 1880~1914*, Oxford : Oxford University Press ; Laborde, Cecile(2000), "The Concept of the State in British and French Political Thought," *Political Studies*, Vol.48 참조.

지의 문제점을 발견할 수 있다. 중국으로부터의 영향 이외에는 일체의 외래 사조나 이론의 유입이 없었기 때문에 대안 구상을 위한 자유로운 사고의 장이 마련되지 못했다. 더욱이 정치문제와 관련해서는 일체의 비판적 사고를 억제하는 지적 환경 탓으로 변화하는 정치환경에 독자적인 해결책을 찾을 수 있는 지적 능력의 개발을 위한 환경이 없었다는 점을 지적해야 할 것이다.

이러한 환경 속에서 일단 외래 사조가 유입되었을 때 이것들을 독자적으로 소화해서 자신에게 맞게 재단할 수 있는 작업이 이루어질 수 없었다는 점을 인식할 필요가 있다. 이러한 한계점을 보충하기 위하여 지속적으로 외래 기성이론의 수입이 필요했다. 그 결과 자신의 문제를 독자적으로 개념화하는 능력은 계속 개발될 기회를 갖지 못하게 되었다. 그리고 수입된 사조나 이론들은 원래의 사조나 이론이 갖고 있는 현실적 의의와 폭과 깊이가 사상捨象된 채 적용되었기 때문에 항상 유연성이 결여된 협소하고 원리주의적인 사고가 더 지배적이 되었다.

국가 개념의 올바른 설정은 사회변화를 위한 효과적인 힘의 조직과 조직된 힘의 올바른 사용 및 견제를 위해서 대단히 중요한 작업이다. 그리고 이러한 작업은 자신의 사회가 처해 있는 대단히 특수한 상황에 맞추어 설정되어야 하기 때문에 어떠한 좋은 이론도 바로 빌려다가 사용될 수 있는 것이 아니다. 자신의 상황에 가장 알맞게 국가의 개념을 설정하고, 독자적으로 이론을 재구성할 수 있는 능력을 곧 해당 국가국력의 핵심 부분으로 판단하는 것은 바로 그러한 연유 때문인 것으로 여겨진다.

카를 슈미트가 말했듯이 "어떤 한 나라는 외국의 법, 특히 국제법의 어휘와 관념에 굴복할 때 비로소 정복되는 것"임을 잊어서는 안 될 것이다.[196] 여기에서 외국에 정복당한다는 위험도 중요한 문제이지만, 그보다는 빌려 온 이론이나 개념에 내포되어 있는 원래 만들어진 곳의 문제가, 그 이론이나 개념의 차용자 자신의 진정한 현실의 문제를 밀어내고 새로운 (가상의) '현실'의 문제로서 제시될 수 있다는 점이 더 큰 위험으로 여겨진다.

---

196 이 구절은 슈미트가 1933년 강연했던 「근대 제국주의의 국제법적 형식(Völkerrechliche Formen des modernen Imperialismus)」에 나오는 구절이다. 인용문은 Schmitt, Carl(1988), *Positionen und Begriffe*, 2nd ed., Berlin : Cuncker & Humblot, p.179.

Part 2

주권

4. 근대 유럽사에서 주권 개념의 형성 과정[197]

　인간생활과 관련된 다른 모든 제도가 그렇듯이 국가 주권의 개념에 입각한 근대 국제질서도 분명히 역사적 산물이다. 세계 수준에서 근대적 권력질서의 독특한 역사적 성격은 그 구성인자로서 국가가 보유하는 것으로 이해되는 주권 개념의 성격과 관련된다. 근대 이후 분명한 모습을 갖게 된 주권 개념의 특성은 그것이 단순한 정치적 사실에 대한 기술을 넘어서서 규범적 또는 윤리적으로까지 고양되어 있다는 점에서 발견된다. 바로 이 점 때문에 근대 국제질서의 쉬운 변화는 예상하기 어렵다. 실제 주권 개념이 그러한 강고성을 획

197　이 글은 필자가 『세계정치』 제25집 제1호(2004 봄 · 여름, 서울대학교 국제문제연구소)에 발표한 「근대 주권 개념의 발전과정」에서 상당 부분 취한 것임을 밝힌다.

득할 수 있었던 것은 개념 내용의 호소력이 컸던 점과 관련되지만, 무엇보다도 국가의 주권을 깰 수 있는 어떤 대안적 역사 상황도 출현하지 않은 점을 염두에 둘 필요가 있다. 즉 수많은 전쟁을 겪는 동안 최소한 강대국 사이에서 혼자의 힘만으로는 어떤 특정 국가의 존재를 부인할 수 없다는 점이 확인되었고, 중소국가의 경우에도 강대국과의 동맹을 통해 자신의 존재를 유지할 수 있었다. 다국적기업 같은 초국가적 조직이 출현함에 따라 전통적 국가 주권의 의미가 퇴색하게 되었다는 주장도 있지만, 비교적 최근의 현상일 뿐 아니라 그러한 주장을 뒤집는 증거는 많다. 더욱이 19세기 중반 이후 현재까지 열기를 잃지 않고 있는 민족주의에 의해 주권의 개념은 국제관계 속에서 확고부동한 최고 규범의 자리를 차지하게 되었다. 즉 국가의 대외적 주권은 국가 수준의 행동규범을 넘어서서 개인들의 민족주의 열망을 압축적으로 표현하는 상징이 되었다.

잘 알려져 있듯이 주권의 문제는 기본적으로 서유럽에서 일정한 역사적 연관 속에서 만들어진 정치제도 또는 질서에 관한 문제이다. 달리 표현하여 주권 개념의 역사적 형성 문제는 근대국가와 근대 국제질서 형성과 관련된 정치투쟁 및 그에 수반된 이론적 논쟁의 문제이다. 이러한 주권 개념에 대한 논의가 갖는 비장함은 그러한 투쟁과 논쟁의 심대함에서 비롯하는 것이다. 그리고 이 주권의 문제는 경제 영역의 자본주의와 이념 영역의 개인주의, 자유주의, 민주주의와 함께 근대 세계의 정치적 측면을 규정하는 기본 개념의 하나이다.[198] 따라서 그 개념의 정착 과정에 대한 올바른 이해 없이는 미래

198 Onuf, Nicholas Greenwood(1991), "Sovereignty : Outline of a Conceptual History,"

의 올바른 전망이 어렵다는 점에서 주권 개념의 형성 과정과 배경에 대한 재조명의 작업이 필요한 것으로 여겨진다.

이 글에서는 우선 서양 근대사 속에서 주권의 개념이 확립된 과정에 대한 개념사적인 변화·발전의 궤적을 살펴본다. 다음으로 서양과는 전혀 다른 개념을 바탕으로 수립되어 있던 중국적 천하질서에 포함되었던 조선이 이 새로운 개념을 받아들이는 궤적을 추적하고자 한다.

서양 주권이론의 전사前史

우선 주권이라는 개념에 대한 자세한 정의를 내리기에 앞서 그 개념으로 지시되는 핵심적인 내용을 이해할 필요가 있다. 아마도 이 점에 대해서는 최초의 근대 주권이론가로 지적되는 장 보댕의 논의에서 가장 짧고 분명한 답을 얻을 수 있을 것이다. 그에 따르면 주권은 '최고의 명령 권력'[199]을 말하는 것이다. 이것을 현대적으로 바꾸어 말하면 그것은 곧 '정치공동체 내부에 당연히 있을 것으로 상정되는 궁극적이고 절대적인 정치권위'[200]라고 말할 수 있을 것이다.

최고통치자를 '주권자souverain'라는 말로 부른 것은 13세기 프랑스

Alternatives, 16, p.426.

199 Bodin, Jean(1992), *On Sovereignty : Four Chapters from the Six Books of the Commonwealth*, Julian H. Franklin(ed. & tr.), Cambridge : Cambridge University Press, p.1.

200 Hinsley, Francis Harry(1986), *Sovereignty*, 2nd ed., Cambridge : Cambridge University Press, p.26.

189
주권

의 법학자 필리프 드 보마노와르Philippe de Beaumanoir, 1247?~1296였던 것
으로 알려지고 있지만,[201] 최고통치권을 주권souveraineté이라는 명백한
개념으로 제시한 이는 보댕이다. 보댕 자신은 이 주권이라는 개념을
라틴어의 maiestas에서 따온 것임을 분명히 함으로써 자신의 논의
가 로마법 사상에 뿌리를 두고 있음을 밝힌다. 그러나 그는 이미 그
의 『국가론』보다 10년 전인 1566년에 저술한 『역사의 쉬운 이해를
위한 방법Methodus ad facilem historiarum cognitionem』에서 다양한 시기의 다
양한 지역의 비교연구를 통해 주권의 개념이 모든 정치공동체에 공
통적으로 나타나는 현상이라는 점을 밝힘으로써 자신의 주권론을
로마적 연관에서 해방시키고자 하는 노력을 보여 왔다. 그가 주권문
제를 처음으로 언급하는 『국가론』 제1권 제8장의 첫머리에서 주권
에 해당되는 라틴어뿐 아니라 그리스어, 이탈리아어, 그리고 헤브라
이어 단어를 소개하는 것은 단순히 자신의 현학을 자랑하기 위한 것
만은 아니었다.

　이 점은 우리가 흔히 국가라는 이름으로 부르는, 정치권력의 보유
와 행사를 전담하는 정치기관이 분화되어 있는 모든 정치공동체에
공통되는 궁극적인 정치권위의 문제이다.[202] 이러한 기관이 갖는 권
력의 최고성 또는 궁극적 성격에 대한 명백한 규정은 보댕이 자신
있게 말하고 있듯이 그 이전의 어떤 사람에 의해서도 시도된 바 없
지만, 그렇다고 그러한 최고 권력의 존재가 의식되지 않은 것은 아
니다. 이런 의미에서 주권 또는 최고권의 관념은 이미 상당히 오래

201　울만, W.(2000), 『서양중세정치사상사』, 박은구·이희만 역, 숭실대학교출판부, p.173.
202　Hinsley(1986), 앞의 책, p.17 참조.

된 것이라고 말할 수 있고, 체계적 개념은 아니더라도 그러한 현상을 지칭하는 말은 이미 있어 왔다.[203]

서양사의 전통에서 근대 주권 개념에 가장 상응하게 나타난 개념은 로마제국의 정치 전통에서 확립되었던 imperium, 즉 최고 지배권의 개념이었던 것으로 지적된다.[204] 기원후 1세기 후반에 와서 최고 지배권으로 확립된 imperium은 모든 법(실정법과 관습법)의 상위에 존재하는 황제의 지위와 관련된 원리였다. 이러한 점이 뒤에 근대 주권이론에서 반복되었던 것이다. 이러한 관념은 3세기 초 로마제국의 법학자였던 울피아누스에 의해 만들어진 "통치자는 법의 구속을 받지 않는다(princeps legibus solutus est)"라는 법언法諺으로 잘 요약된다.[205] 이 말은 최고통치자는 일체의 실정법에 구속되지 않는다는 점을 의미하는 것인데, 즉 최고통치자는 자신 또는 자신의 전임자가 만들어 놓은 실정법을 무시하고 새로운 입법을 할 수 있다는 주장이다. 이러한 점은 울피아누스에 의해 "통치자의 마음에 드는 것은 법의 효력을 갖는다(quod principi placuit legis habet virgorem)"라는 또 다른 유명한 법언으로 만들어졌다.

로마적 최고 지배권의 관념은 서로마제국이 멸망한 이후 동로마제국에서 계승되었다. 그러나 이 비잔틴제국도 영토의 상당 부분은

---

203 Pennington, Kenneth(1993), *The Prince and the Law, 1200~1600 : Sovereignty and Rights in the Western Legal Tradition*, Berkeley : University of California Press는 바로 이러한 점을 밝히는 것을 주목적으로 하는 작업이다.

204 imperium의 개념은 시대에 따라 의미가 변화했다. 우리가 알고 있는 최고통치권으로서의 개념 정착에 이르는 동안의 변화에 대해서는 Hinsley(1986), 앞의 책, pp.36~41 참조.

205 'legibus solutus'라는 법언의 출현과 관련된 다양한 의미에 대해서는 Pennington(1993), 앞의 책, pp.78~90 참조.

주변의 이슬람·터키 및 슬라브족에 의해 상실되었고, 나머지 지역에 대한 지배권도 약화되었다. 또한 주변 지역에서는 세습지주들에 대한 봉토 할양이 이루어짐으로써 로마로부터 물려받은 단일국가의 관념은 공허한 것이 되었다. 이러한 상황 속에서 최고 지배권 또는 주권의 개념은 더 이상 발전하지 못했다.

서유럽 지배질서의 분절적 성격은 비잔틴제국의 경우보다 훨씬 심각했다. 제국의 질서가 붕괴된 이후에도 남아 있던 단일지배질서의 회복 노력은 분권적인 지방 왕국들에 의해 시도되었는데, 실제 그 노력은 군사 정복의 양태를 띠고 이루어졌다. 가장 대표적인 것으로 샤를마뉴Charlemagne, 742~814의 작업을 들 수 있을 것이다. 그 작업은 로마제국을 계승한다는 명분하에 이루어졌는데, 그 과정에서 로마적 지배권의 관념과 연결된 용어들이 사용되었다. 그러나 다양한 정치 세력에 의한 분권적인 성격은 극복되지 못하고 대신 단일세계라는 관념은 기독교에 의해 종교적으로 유지되었을 뿐이었다. 11세기 이후 발전된 정치이론은 교황을 수장으로 하는 단일기독교세계와 관련된 신학이론이었다. 이러한 환경은 주권적 권위에 의해 지배되는 단일정치세계 형성에 대한 장애 요인으로서 작용했다. 이당시에 제기되었던 정치이론예컨대 양검론(兩劍論)은 교황과 신성로마 황제의 상대적 우위성에 관한 논쟁의 와중에서 출현한 것인데, 이 논쟁은 교권과 세속권 사이의 갈등이라기보다는 두 개의 신정적神政的 권위 사이의 반목으로 보는 것이 더 타당한 것으로 지적된다.[206]

10세기 동프랑크왕국의 국왕 오토 1세Otto I가 샤를마뉴 사망 이후

---

206 Hinsley(1986), 앞의 책, p.60.

붕괴되었던 중부 유럽 지역을 다시 통일하고 샤를마뉴의 후계로서 세계의 지배자dominus mundi라는 의미의 로마 황제라는 칭호를 교황청으로부터 부여받음으로써 로마의 통치권imperium의 관념을 부활시키는 듯했다. 그러나 이 로마제국이라는 관념은 비잔틴제국의 영향에서 벗어나기 위한 방책으로 로마 교황청이 만든 지적 산물에 불과했던 것으로 여겨진다.[207] 제국의 옹호론자들은 부분적으로 로마의 유산인 통치권의 관념을 사용하기도 했지만, 제국의 옹호는 교황청의 간섭을 상대로 이루어졌기 때문에 세속적 통치권의 최고성에 대한 주장보다는 이미 잘 확립되어 있어 쉽게 이용할 수 있는 양검론이라는 신학이론에 더 크게 의존했다. 이러한 사실은 당시의 사회가 표면적으로는 단일기독교권이라는 단일공동체의 관념이 강조되었지만, 실제로는 분권적 상황이 상당히 진척되어 황제의 최고통치권이라는 관념이 현실성을 가질 수 없었다는 점에 기인하는 것이기도 하다.[208]

독일의 황제가 세계의 주인 또는 지배자로서 로마 황제라는 칭호를 교황청으로부터 부여받아 자신이 보편적 정치권위라는 점을 내세웠지만, 11세기 이후 유럽에는 황제의 지배권을 이탈하는 독립적 정치조직이 출현하기 시작했다. 영국과 프랑스에는 자신의 배타적 지배영역을 주장하는 영토 군주들이 출현했고, 독일 지역에는 사실상의 정치적 독립을 확보한 봉건 영주들이 출현했으며, 이탈리아에는 다수의 자치도시국가가 등장하여 황제의 정치권위에 도전하는

---

207 울만(2000), 앞의 책, pp.99~100.
208 Hinsley(1986), 앞의 책, p.59.

형국을 연출했다.

그러나 이 왕국들도 내부적으로는 중앙정부에 저항하는 지방 유력자들의 강한 저항으로 군주의 중앙집권화 작업은 결코 쉬운 것이 아니었고, 따라서 별도의 정당화 작업을 필요로 했다. 그러나 아직 이 정당화 작업은 근대적 주권 개념의 확립과는 거리가 먼 것으로 여전히 신학적 또는 종교적 성격의 것이었다. 최소한 11세기까지 군주들은 자신들을 육신과 불멸의 신의 대리인이라는 두 개의 신체를 갖는 존재로 내세움으로써 자신들의 지위를 정당화했다.[209]

한편 교황청은 초기에는 영토 군주들을 지원했으나, 11세기 이후부터는 세속 군주들의 점증하는 영향으로부터 위협을 느끼면서 군주의 중앙집권화 시도에 저항하여 재래의 권리를 유지하고자 하는 지방 유력자들과 정치적으로 연합하여 이들의 분권주의적 주장을 지원했다. 그 결과 이들의 정치적 저항을 단순히 권리로 보는 데 그치지 않고 교회법에 규정된 불복종의 의무로 만들기도 했다.[210] 궁극적으로는 영토 군주들이 지방 유력자들과 교황청의 연합에 굴복하지 않았으나, 여하튼 군주와 귀족 양측이 모두 교황청의 종교적 권위에 의존하여 자신들의 주장을 관철하고자 하는 과정에서 종교와 교황의 권위는 더욱 강화되었다.

이렇게 보편적 권위로서 기독교질서와 분권적인 지방 귀족들의 동맹을 바탕으로 하던 중세적 정치질서에서 지배적인 법 관념은 귀

---

209 이 논지에 관해서는 Kantorowicz, Ernst H.(1957), *The King's Two Bodies : A Study in Medieval Political Theology*, Princeton : Princeton University Press 참조.
210 Hinsley(1986), 앞의 책, p.66.

족들의 전통적 특권을 규정하던 관습법과 교회를 주체 세력으로 하는 신법이 혼재된 것이었다. 이러한 법의 특징은, 법은 누군가에 의해 만들어지는 것이 아니라 이미 마련되어 있는 원리로서 사람들에 의해 발견될 뿐이라는 관념에서 찾을 수 있다. 그리고 이러한 법은 지배자와 공동체 양자의 행동을 모두 구속하는 것으로 이해되었다. 그러나 이러한 법은 근대적 시각에서 볼 때 시공을 초월하는 도덕원리 또는 법 이상에 불과한 것이다. 즉 통치자 또는 공동체가 필요에 의해 제정하는 실정법 중심의 근대적 법의 관념과는 거리가 먼 것이었다. 기본적으로 명령 권력으로서의 주권은 이 법률 제정의 권리를 의미하는 것인데, 법의 제정이라는 관념이 없는 곳에서 주권의 개념이 성장할 수 없었다.

근대적 주권 개념을 위한 준비

근대식 주권 개념의 정착을 위해, 우선 윤리 및 법 이상이 법으로부터 아직 분리되어 있지 않은 전통적인 법의 관념이 바뀌어야 했다. 서양에서 이러한 일은 12세기 로마법에 대한 관심이 이탈리아를 중심으로 부활하면서 이루어지기 시작했다.

프랑크족의 침입 후 거의 잊혔던 로마법은 이탈리아에서는 기독교 세계의 수장으로서 교황의 지위를 확립하는 과정에 원용되면서 교황청을 중심으로 조직적으로 연구되기 시작했다.[211] 533년 (동)로마 황제 유스티니아누스 1세Justinianus I, 483~565의 명에 의해 편찬·반포

---

211 울만(2000), 앞의 책, pp.25~28.

된 「로마법대전」은 한동안 잊혔다가 11세기 중엽에 다시 발견되어 볼로냐 대학을 중심으로 조직적으로 연구되기 시작했다.

로마법에 대한 관심의 부활은 당시 성직서임권을 둘러싼 교황 그레고리우스 7세Gregorius VII, 1020?~1085와 독일 황제 하인리히 4세Heinrich IV, 1050~1106 사이의 대립에 의해 크게 자극되었다. 이 갈등을 통해 제기된 다양한 쟁점을 철저히 검토하기 위해 신정적 제도가 근거하고 있던 기본 개념들에 대한 학문적 검토가 시도되었는데, 예컨대 권위의 본질, 영역 및 한계, 법률의 개념, 입법권의 개념 등이 그러한 것들이다.[212] 당시의 로마법 연구는 기본적으로 학술적 작업이었는데, 볼로냐 대학이 그 중심을 이루었다. 1000년대 중반부터 이루어진 로마법 연구는 처음에는 민간인 학자들을 중심으로 이루어졌지만, 12세기 중반부터는 성직자들에 의해 이루어졌다.

서양 중세의 정치이론, 특히 통치 이념은 기본적으로 법률의 틀을 바탕으로 제시되었다. 기독교 사회의 공공생활과 관련된 교회의 지침은 법률의 형태를 띤 교황의 교령敎令 · decretal으로 반포되었다. 따라서 성직자들의 법이론 연구는 곧 교리의 형식에 관한 연구였다. 한편 교황에 반대하는 이론적 공박도 자연히 법률적 논쟁의 형식을 띠었고, 따라서 로마법이 가장 적절한 수단으로 여겨졌다.

12세기부터 무시할 수 없는 존재로 등장한 지방의 왕국이나 자치도시들과 제국의 이념 논쟁도 기본적으로는 로마법을 둘러싼 해석상의 논쟁 양태를 취했다. 예컨대 1155년 독일 황제로 취임한 프리드리히 1세Friedrich I Barbarossa, 재위 1155~1190는 이탈리아 군주권의 확인

---

212 울만(2000), 앞의 책, pp.130~131.

을 위해 전후 여섯 차례나 이탈리아를 침공했다. 1158년의 침공 시 론 칼리아Roncaglia에서 개최된 이탈리아 도시 대표들과의 회의 때는 4명의 볼로냐 대학의 최고 법률가들을 대동하고 갔던 것으로 전해진다.[213] 그는 세계의 지배자dominus mundi로서 자신의 지위를 재확인하고자 했는데, 이러한 의도는 로마법적 관념인 최고(순수)통치권merum imperium이라는 용어를 통해서 표시되었던 것으로 전해진다.[214] 이러한 최고통치권의 개념은 "최고통치자는 법의 구속을 받지 않는다" 또는 "최고통치자를 만족시키는 것은 법의 효력을 갖는다" 같은 로마법의 법언들을 통해서도 표현되었다.

 "법의 구속을 받지 않는다"라는 말은 몇 개의 상이한 의미로 해석될 수 있지만,[215] 일반적으로 실정법을 폐지하거나 변경할 수 있는 최고통치자의 권위를 의미하는 것으로 이해된다. 이러한 관념이 로마법에서 다시 불러들여진 것은 비록 중세적 세계질서를 상징하는 황제의 권위를 강화하기 위해서였지만, 여하튼 법은 만들어지는 것이 아니라 발견된다는 중세적 개념으로부터의 이탈이라는 관점에서 근대 주권 개념의 확립과 관련하여 대단히 중요한 의미를 갖는다.

 로마법을 통해 황제의 최고통치권이 주장될 수 있음에도 불구하고 황실은 이 로마법의 정치적 함의를 끝까지 추적하는 대신 신학적

---

213 이 회의에는 14개 북부 이탈리아의 도시를 대표한 28인의 법률가들도 참석했는데, 이들은 모두 프리드리히 1세의 주장을 지지했다고 전해진다. Martines, Lauro(1979), *Power and Imagination : City-States and in Renaissance Italy*, Baltimore : Johns Hopkins University Press, p.25.

214 Pennington(1993), 앞의 책, pp.20~21.

215 Pennington(1993), 앞의 책, p.21.

정당화로 후퇴했다. 예컨대 프리드리히 1세는 자신의 제국을 신성 제국으로 불렀다. 로마법의 정치적 함의를 끝까지 추적하면 황제의 통치권은 근대적 주권 개념에 유사한 것으로 발전할 수 있었으나, 그럴 경우 황제의 법과 신법을 동일한 것으로 취급하는 결과를 낳게 되고, 이 점은 종교적으로 수락될 수 없는 일이었다.

12세기 말부터 교황청은 황제에 반대하는 지역왕국의 독립성을 사실상 인정하기 시작했다. 예컨대 1202년 교황 인노켄티우스 3세 Innocentius III, 1160?~1216는 교황의 권위가 상당히 상실된 것을 절감하고 최소한 종교적 문제에 대해서만은 교황의 권위를 유지할 것을 목적 으로 세속사에 관해서 양보를 결정했다. 그 대신 교황은 종교적 문 제에는 황제와 지역왕국의 군주가 동일하게 교황에 종속한다는 점 을 주장할 의도에서 프랑스 국왕이 프랑스 국내에서는 세속사에 관 해서 최상위의 권위를 갖는다고 선언했다. 그 결과 지역왕국의 국왕 들이 자신의 영역 내에서 누리던 사실상 최고 지위는 "국왕은 자신 의 왕국 안에서는 황제이다(rex in regno suo imperator est)"라는 공식으로 굳 어졌다. 로마법에서 출전하지 않은 이 법언의 정확한 의미에 대해서 는 논쟁이 있어 왔다.[216] 근대 주권 개념에 상당히 근접하는 듯한 이 법언은 그러나 세계의 주인dominus mundi으로서 신성로마 황제의 법적 지위에 대한 재확인을 바탕으로 하고 있다. 즉 기독교권 전체에 군 림하는 황제의 존재에도 불구하고 군주는 자신의 영역 안에서 독립 된다는 주장인 만큼 주권 개념과는 아직 거리가 있는 것으로 보아야 할 것이다.

216 Pennington(1993), 앞의 책, pp.35~37.

이러한 제한적 주권의 논의를 군주국에 한정시키지 않고 다른 종류의 사실상의 독립적 정치단위로 확장시킨 논의로서 우리는 14세기의 법률가인 삭소페라토의 바르톨루스Bartolus de Saxoferrato, 1313~1357와 그의 제자인 우발디스의 발두스Baldus de Ubaldis, 1327?~1400의 주장을 들 수 있다. 바르톨루스는 이탈리아에서 생겨난 도시국가들은 동의를 바탕으로 시민단체가 별도의 상급자의 허가 없이 법을 만들 수 있다고 말하고, 이러한 경우 도시국가 자체를 최고통치자civitas sibi princeps로 보는 것이 가능해짐으로써 로마법에서 말하는 '자신의 영역 안에서 황제'와 같은 지위를 부여받는 것이라고 그는 주장했다.[217]

이때 주권체로 규정되는 (집합적) 개체로서 시민단체는 populus라는 이름을 갖는 개별 시민들로 구성되는 집합체인데, 이러한 관념은 바르톨루스에 의해 처음으로 제시되었고 그의 제자인 발두스에 의해 더욱 발전되었다. 발두스는 시민단체를 이중적 성격, 즉 개체로서의 성격과 복수의 시민으로 구성된 복합체의 두 가지 성격을 갖는 단체라는 점을 규정한다. 따라서 이러한 단체는 구성원과는 구분되는 법적 개체 및 그것을 구성하는 사람들로서의 두 측면에서 모두 검토될 수 있다. 특히 전자의 측면은 법인의 개념으로 이어지는데, 말하자면 이러한 추상적 단체는 법적 권리와 의무를 가질 수 있다는 것이다. 이러한 법인의 개념은 로마법에는 없었던 것으로 발두스와 그의 동시대 중세 법률가들이 처음으로 만들어 낸 것이다.

---

217 Ullmann, Walter(1961), *Principles of Government in the Middle Ages*, London : Methuen, pp.282~285 ; Canning, Joseph P.(1996), *A History of Medieval Political Thought, 300~1450*, London : Routledge, pp.470~471.

그러나 이러한 시민단체의 또 다른 성격, 즉 다수의 사람으로 구성되어 있다는 점은 시민단체가 하나의 개체로서 행동할 수 있게 만드는 중요한 원천이 된다. 말하자면 다수의 시민이 동의를 바탕으로 시민단체가 개체로서 입법과 통치를 할 수 있게 한다는 것이 발두스의 중요한 논점이다. 즉 구성원들의 동의를 통해 개체로서 관념되는 시민단체는 자신의 상위에 존재하는 별도의 권위의 승인 없이도 동의의 과정을 거쳐 자신을 다스리는 최고 권위의 원천이 될 수 있다는 것이다.[218] 바로 이것이 시민단체 또는 도시국가의 주권이론이다. 이러한 논의는 단순히 도시국가의 주권을 확인한다는 사실 자체로 그치는 것이 아니라, 구성원의 성격과는 별개로 존재하는 실체로서 근대적 국가 관념의 발전에 중요한 초석이 된다. 그러나 이러한 주권은 일정 지역 내에 한정되는 최고통치권을 의미하는 것이지 아직 다른 권위체와의 대외적 평등을 의미하지는 않는 것이었다. 즉 모든 자치정치단위는 영토의 크기에 따라 서로 위계관계에 놓이는 것으로 본다. 황제는 자신의 지배 지역 안의 모든 부분을 통치하는 것은 아니지만 여전히 최고의 권위로서 세계 전체의 지배자였다.

발두스는 자치도시들이 최고통치자라는 말을 직접 하지는 않지

---

218 발두스의 주권체로서의 시민단체(populus)에 관한 더 자세한 논의는 Canning, Joseph P.(1980b), "The Corporation in the Political Thought of the Italian Jurists of the Thirteenth and Fourteenth Centuries," *History of Political Thought*, 1, pp.9~32 ; Canning, Joseph P.(1980a), "A Fourteen-Century Contribution to the Theory of Citizenship : Political Man and the Problem of Created Citizenship in the Thought of Baldus de Ubaldis," in Brian Tierney and Peter Linehan(eds.), *Authority and Power : Studies on Medieval Law and Government Presented to Walter Ullmann on his Seventieth Birthday*, Cambridge : Cambridge University Press, pp.197~212 참조.

만, 그렇다고 황제의 대리인이라고도 말하지 않는다. 대신 그는 황제의 통치가 직접 미치지 않는 곳에서 자치도시국가들은 황제를 대신하는 것이라고 말함으로써 당시 정치적으로 점차 약해 가던 황제의 지위의 결과로서 도시국가의 주권을 새로운 현실의 각도에서 보고 있다.[219]

이렇게 14세기에 이르면 개별 국가의 대내적 주권 개념은 대단히 분명한 모습을 띠면서 정착되기 시작했다. 그러나 동시에 국제적으로는 주권단위 사이의 위계질서가 인정되는 중세적 정치질서에 근본적인 변화가 없어 중세와 근대의 두 질서가 아직은 섞여 있음을 알 수 있다.

"국왕은 자신의 왕국 안에서는 황제이다"라는 법언과 관련하여 우리는 다음과 같은 점에 유의해야 할 것이다. 이 법언은 분명히 보편 권위에 대한 지역왕국의 독립성을 주장하는 것을 의미하지만, 동시에 개별 왕국들 안에서 이루어지던 중앙집권화 노력에 대한 지방 유력자들의 저항을 극복하기 위한 노력이라는 맥락에서도 이해될 필요가 있다. 이러한 점을 염두에 둘 때 각 지역에서 출현하기 시작한 왕국의 군주들은, 대내적인 저항을 극복하는 과정에서 자신들의 성장에 두려움을 느끼고 지방의 유력자들을 지원한 교황이나 황제를 정치적으로 중립화하기 위해 이들에게 항상 배척적인 자세를 취할 수 있는 것은 아니었다. 또한 다수의 왕국으로 구성되는 단일기독교권 세계의 지배자로 표상되는 황제의 존재는 개별 왕국 내에서 국왕의 지위를 분권주의적 귀족들을 상대로 설명하는 데 도움이 되

219 Canning(1996), 앞의 책, pp.472~473.

기도 했다. 따라서 지역왕국들은 황제와 교황으로부터의 독립을 주장하면서도 이들의 존재 자체를 부인하는 극단으로까지는 가지 않았다.

이렇게 최상위에는 교황과 황제가 있고, 다음 수준에 각 지역의 군주들, 그리고 그 밑에 지방 귀족들이 위계질서를 이루면서 병존하는 독특한 정치질서는 13세기 중엽 이후 15세기에 이르기까지 서유럽을 지배했던 토마스 아퀴나스의 정치이론에 의해 지지되었다. 기독교적 우주관에 아리스토텔레스의 정치사상을 접목한 이 토미즘 Thomism 은 다양한 권위체의 위계질서로 구성되는 조화로운 단일세계의 모습을 제시했는데, 이 사상은 유럽의 각 지역에서 출현한 영토 군주의 승리와 함께 붕괴되기 시작했다.

근대 주권이론의 탄생
─보댕과 홉스
교황과 황제의 보편권위와 지방의 분권적 귀족들의 방해와 저항을 꺾고 이루어진 영토 군주의 왕권 확립은 이 군주들의 정치적 승리의 결과로서 얻어진 것이었다. 여기에서 우리가 주의해야 할 점은 그 승리의 결과로서 주권이론이 자동적으로 등장한 것이 아니라 그 승리를 얻는 과정, 즉 왕권 확립을 둘러싼 갈등의 심각성이 그러한 이론의 출현을 자극했다는 사실이다.

주권 확립과 관련된 갈등은 교황·황제와 영토 군주 사이에서는 거의 일어나지 않았다. 이것은 교황·황제가 지배권을 주장한 기독교권이란 실제 지역을 근거로 하는 정치공동체가 아니었던 관계로 영토 분쟁 등 구체적 분규의 대상이 없었기 때문이다. 황제와 지역 군주 사이에 벌어진 갈등은 황제가 특정 지역의 영토 군주를 겸하고 있을 때에 일어난 것이었다.

새로이 강력한 왕권을 확립하려는 군주에 저항하는 귀족세력의 힘이 강했던 곳에서 특히 주권 개념의 명시적 제시가 필요했고, 이러한 필요가 주권이론의 제출을 자극했다. 그 반대의 예로 영국 튜더 왕조의 경우 백년전쟁 및 그 전쟁의 실패 후 전개된 30년간의 장미전쟁으로 귀족세력의 힘이 상당히 꺾인 상태에서 절대주의체제가 구축되었기 때문에 귀족들의 저항도 상대적으로 작았고, 군주와 귀족의 이해관계가 비교적 일치되었기 때문에 실제로 이루어진 군주권의 확립에 상응하는 주권이론의 발전은 없었다.[220]

근대 주권이론은, 영토 군주의 중앙집권화 작업이 강력하게 시도되었지만 분권적 귀족의 저항도 강하여 장기간의 내란을 겪었던 프랑스에서 처음 제출될 수 있는 요건을 갖추고 있었다. 16세기 후반 프랑스는 강력한 중앙집권화를 시도하던 국왕과 이에 저항하는 지방 귀족 사이의 갈등으로 혼란을 겪었다. 이러한 갈등은 당시 막 진행되기 시작하던 종교개혁과 맞물림으로써 더욱 복잡하게 진전되었다. 1562년부터 시작된 신구교파 사이의 갈등은 1598년 앙리 4세 Henri IV, 1553~1610의 낭트칙령으로 인해 종교관용정책이 선포될 때까

---

220 Huntington, Samuel P.(1966), *Political Order in Changing Societies*, New Haven : Yale University Press, pp.100~101. 헨리 8세 때 확립된 주권 개념은 절대군주의 주권이라기보다는 의회 내의 군주(king in parliament), 즉 입헌군주의 주권이었다고 지적된다. Elton, G. R. (1974), *England under the Tudors*, 2nd ed., London : Methuen, pp.167~168.

지 전쟁 규모로 지속됨으로써 프랑스는 사실상의 무정부 상태를 겪게 되었다.

이러한 무정부 상태를 극복하기 위해서는 법질서의 확립이 시급한 것이었고, 법질서의 확립은 법질서를 버티어 줄 수 있는 강력한 정치권위의 수립을 필요로 한 것이었다. 종교전쟁의 와중에서 이러한 혼돈 상태를 직접 겨냥하여 저술된 것이 장 보댕의『국가론』이었다. 보댕이 자신의 저술에서 겨냥한 것은 혼돈된 정치현실과 이것을 반영하는 정치사상이었다. 구교파와 신교파 어느 쪽에도 속하지 않고 진정한 종교의 수립이 아니라 질서의 유지가 국가 본연의 임무임을 주장하던 종교관용파Politique Party에 속해 있던 보댕은 그러한 국가 목적에 필요한 조치를 취할 수 있는 군주의 절대적 권위를 지지했다. 그는 절대적 권위의 승인만이 당시 프랑스가 겪고 있던 무정부 상태를 극복할 수 있는 것으로 보았다. 따라서 그 절대권위는 주권으로서 법적으로 인정되어야 한다고 주장했다. 절대권위의 존재는 그의 논의의 출발점이 되고 있는데, 이러한 관점은 1566년의『역사의 쉬운 이해를 위한 방법』에서 이루어진 역사 연구를 통해 역사상 존재했던 모든 정치공동체에서 주권의 존재는 공통적으로 나타나는 현상이라는 결론에 의해 뒷받침된 것이기도 했다.

이 논의는 그의『국가론』제1권 제8장에서 처음으로 주권이라는 이름을 갖는 명백한 개념으로 제시되고 있다. 이 주권이라는 말은 그 자신이 밝히고 있듯이 라틴어의 maiestas라는 말을 옮긴 것이다. 그가 이 로마적 정치 전통에 뿌리를 두는 개념을 통해 의도한 바는 공동체 내의 절대적이고 항구적인 권력이 존재한다는 사실을 확정 짓는 것이었다. 이 점은 정치공동체 내에서 정치권력의 보유와 사용을 전담하는 정치기관 — 우리는 이것을 흔히 국가the state라는 이름 으로 부른다 — 의 발생과 직결되는 사항이다.

보댕은 정치체제가 군주정 외에도 귀족정 또는 민주정의 형태를 취할 수 있다고 보지만(『국가론』의 제2권은 이 문제를 집중적으로 다룬다), 그의 기본 적 관심은 군주의 주권문제이다. 그에 따르면 주권의 핵심은 백성들 의 동의 없이 백성들에게 법을 만들어 주는 것이다. 그가 특히 강조 하는 점은 그의 상급자든 하급자든 간에 어느 누구의 동의도 구하지 않고 전적으로 자신의 의지에 따라 법을 만들고 필요하다면 법을 바 꿀 수 있다는 점이다.[221] 만일 군주가 그 법에 구속을 받는다면 그 법 을 개정하거나 폐지할 수 없기 때문에 논리적으로 군주는 실정법의 구속을 받는 것으로 볼 수 없다. 바로 이 점에서 주권자의 존재는 "통치자는 법의 구속을 받지 않는다"라는 로마 법언을 통해 설명되 는 것이다.

우리가 앞에서 보았듯이 보댕 이전에도 주권이라는 말 자체는 아 직 사용되지 않았지만 그 말로 지칭되는 현상에 대한 인식은 상당히 오랜 기간 있어 왔다. 이러한 점에서 보댕이 자신의 논의가 그 이전 까지는 누구에 의해서도 시도된 바 없다고 한 자부는 가치절하될 필 요가 있지만, 그가 이러한 모든 문제를 주권이라는 단일개념을 통해 논의할 수 있게 만든 공적을 인정함에는 인색할 필요가 없을 것으로 보인다.[222]

---

221 Bodin(1992), 앞의 책, p.23, p.56. 보댕은 라틴어의 법(lex)이라는 말이 어원상 주권자의 명 령을 의미하는 것이라 한다. Bodin(1992), 앞의 책, p.11.

222 Pennington(1993), 앞의 책, p.283. 보댕의 논의의 역사적 성격을 논의함에 있어 일부 학자 (예컨대 스키너)는 그의 근대성을 강조하지만, 페닝턴은 중세 법학자들과의 연속성을 더욱 강 조한다.

주권 개념의 확립으로 결론지어진 보댕의 문제의식은 시대의 문제에 대한 그의 인식을 바탕으로 만들어진 것이다. 그의 주권 개념이 중요한 것은 그의 논의가 전적으로 독창적이었기 때문이 아니다. 그보다는 종교 갈등의 형태로 표출된 지속적 내란 상태를 겪고 있던 프랑스의 정치적 위기에 대한 해결책으로서 그가 제시한 주권의 사상과 그것을 바탕으로 하는 정치적 주장이 당시 시대적 문제의 핵심을 잘 대변하고 있다는 점 때문이다. 또한 이러한 사정은 반드시 프랑스에만 국한된 것이라기보다는 서유럽 대부분의 국가에서 공통으로 나타난 것이어서 주권 개념을 낳게 만든 그의 정치적 경험과 문제의식은 폭넓게 공감될 수 있었다. 따라서 그의 주권 개념은 곧 17세기 선반 근대적 영토 국가를 중심으로 하여 정치질서를 구축해 나가던 서유럽 전역에 걸친 정치담론의 중심적 화두가 될 수 있었다. 보댕의 뒤를 이어 주권 개념의 위치를 이론적으로 더욱 강화시킨 토머스 홉스의 저술도 1640년 내란의 경험을 직접적으로 반영한 것이었다.

　　장 보댕의 논의가 사실상 중세 법학자들의 논의방식을 상당 부분 그대로 따르고 있다는 점에서, 비록 주권의 문제가 근대의 문제임에도 보댕의 주장은 중세 이론의 연장에서 볼 수 있다. 이에 비해 토머스 홉스의 논의는 전적으로 새로운 논리 구성방식을 따르고 있다. 외면상 홉스의 논의도 기본적으로는 자연법의 논의로부터 출발한다. 전통적인 자연법이론이 개인의 도덕적 의무를 전제로 논의가 구성되지만, 홉스에게 기초적인 도덕적 사실은 의무가 아니고 권리이다. 그는 갑작스런 죽음을 피하고자 하는 개인들의 자기 보존 욕구가 가장 원천적인 권리라고 주장한다. 그런 의미에서 자연법이론은

자연권으로 규정되며, 모든 도덕이론은 이 자연권의 개념에서 출발해야 한다는 것이다.[223]

잘 알려져 있듯이 홉스에게서는 개인의 자연권 개념을 바탕으로 그 자연권의 주장을 포기할 것을 명령하는 새로운 자연법의 개념이 도출된다. 이러한 추론 과정에서 자연상태에 대한 그의 암울한 기술, 평화를 달성하기 위해 각자 자신의 자연권 행사를 억제할 것에 대한 사람들의 약속, 그리고 신약covenant을 통한 주권자의 설치 등에 관한 논의가 제시되는 것도 잘 알려진 사실이다. 결국 홉스에게 자연법이론은 자연권이론을 바탕으로 도출되지만, 이것은 논리적으로 더욱 강력한 자연공법, 즉 주권의 이론으로 귀착된다.

대외적 주권

1) 국제사회의 부인자들

지금까지 보아 왔듯이 주권 개념의 확립 과정은 정치사적으로는 절대주의체제의 성립 과정과 상응하는 것이었다. 기든스의 표현을 빌린다면, 영토성이라는 국가의 본성이 주권이론으로 바뀐 것이다.[224] 이 영토성은 내부질서 공고화 작업의 결과로 확립된 것으로 이 작업이 곧 절대주의체제의 완성 과정임을 우리는 잘 알고 있다.

---

223 홉스의 이러한 논지는 Strauss, Leo(1953), *Natural Right and History*, Chicago : University of Chicago Press, p.181에서 자세하게 부연 설명되고 있다.

224 Giddens(1985), 앞의 책, p.88.

근대 서유럽에서 이러한 내부 체제 완비의 작업이 어떤 한두 개의 특정 국가에 의해 우연적으로 이루어진 것이 아니라, 이미 존재했던 전쟁 지향적인 국제관계의 상황을 전제로 복수의 국가 사이에서 동시적으로 이루어진 것에 대해서도 이미 많이 논의되었다.[225] 국가체제의 완비와 경쟁적 국제체제의 존재 두 가지 가운데 어느 것이 먼저 시작되었든 일정 영역 안에서 배타적 주권을 주장하는 정치질서는 필연적으로 자신의 경계에 관심을 갖게 되고, 주변의 정치조직과 긴장된 관계에 들어가게 된다.[226] 이러한 의미에서 대내적 주권문제는 그 안에 이미 대외적 주권문제를 동반하는 것으로 이해된다.

주권의 개념은 국내 정치적으로는 하나의 공동체 안에는 단 하나 최고의 절대적 정치권위가 존재한다는 신념을 의미한다. 이러한 제한된 의미에서의 주권 개념은 앞에서 보았듯이 이미 14세기에 이르기까지 잘 확립되었다. 그런데 권위의 최고성의 개념에는 국내의 세력뿐 아니라 외부 세력의 간섭으로부터 완전한 독립이라는 논지가 자동적으로 포함된다. 그러나 현실세계에서 한 주권체가 대내적으로 최고성을 누린다고 해서 외부의 다른 권위체들과의 관계에서 평등한 지위를 누린다는 것을 보장하지는 않는다. 앞에서 바르톨루스에 의해 제안된 것처럼 세계는 독립적이지만 상호 위계관계에 놓이

---

225 박상섭(1986), 『근대국가와 전쟁』, 나남출판 참조. 기든스는 이 점과 관련하여 국민국가의 주권은 유럽 국제체제에 앞서 생겨난 것이 아니라 처음부터 반추적으로 감시되는 국가들 사이의 관계를 바탕으로 발전된 것임을 강조한다. Giddens(1985), 앞의 책, p.263.

226 Murphy, Alexander B.(1996), "The Sovereign State System as Political-Territorial Ideal : Historical and Contemporary Considerations," in T. Bierstecker and C. Weber(eds.), *State Sovereignty as a Social Construct*, Cambridge : Cambridge University Press, pp.90~91 ; Giddens(1985), 앞의 책, pp.49~51, pp.88~90.

는 복수의 정치권위체로 구성된 것으로 관념될 수 있고, 실제 그러한 관념이 완전히 제거되기까지에는 상당한 시간이 소요되었다. 즉 주권 개념이 확립되던 구체적인 역사적 과정을 살펴보면 대내적 주권 개념의 확립에서 국제적 주권 개념의 확립 사이에는 상당한 시차가 존재했던 것이다.

평등한 관계에 있는 주권적 정치단체들로 구성된다는 근대적 국제관계의 관념이 정착되기 어려웠던 이유로는 로마제국에 대한 기억과 그 기억을 바탕으로 하는 단일기독교권의 관념이 너무 강했던 것과 관련지어 설명된다. 14세기가 되어 독립왕국들의 존재를 더 이상 부인하기 어렵게 되면서 기독교권이 실제로는 다수의 개별 정치단체로 나뉘어 있다는 사실에 대한 인정과 기독교권은 여전히 단일 정치사회라는 재래의 관념 사이에 타협이 이루어지기 시작했다. 우선 개별 왕국들이 생겨나면서 사람들은 전통으로 이어져 내려온 자연법을 수정하여 개별 국가들의 행동을 설명할 수 있게끔 만들었다. 그러면서 보편권위에 의해 지배되는 단일정치체로서의 제국의 관념을 비판했다. 그러나 황제와 교황의 권위를 완전히 박탈하게 될 경우, 자연법을 해석하고 집행을 담당할 기관에 관한 문제는 여전히 남게 되었다. 또한 단일공동체로서의 기독교권에 대한 감정적 애착도 전혀 줄지 않았다.

이러한 문제와 관련하여 제출된 여러 의견들 중에는 '귀족정적 세계정부'라 불릴 수 있는 오캄William of Ockham, 1285~1349의 주장도 포함되어 있다. 그에 의하면 모든 인류를 포함하는 단일공동체의 정부는 과거와 달리 개별 왕국의 지배자들로 구성되는 귀족정이 바람직하다고 하여 전통적인 보편권위가 지배하는 단일제국의 관념에서 벗어나고 있음을 볼 수 있다.[227] 즉 여기에서 우리는 국제사회로서의 기독교권에 관한 새로운 관념의 싹을 엿볼 수 있다. 그러나 이 국제사회의 구성원이 독립국가라는 관념은 아직 없고, 따라서 국제적 또는 대외적 주권의 개념도 발견되지 않는다.

14세기에 이르면 유럽 각지의 왕국들은 더 이상 부인할 수 없는 현실이 되었다. 따라서 이러한 왕국들의 존재와 단일기독교권 관념 사이의 타협점이 마련될 필요가 있다는 생각이 들기 시작했다. 그러나 아직 왕국들 자체 사이의 접촉이 드물었고, 단일제국의 관념도 강한 상태에서 타협은 국가들의 공동체에 법인적 성격을 부여하는 것으로 낙착되었다.[228] 아직 국가 간의 접촉이 많지 않았기 때문에 국가 간 관계를 규율할 법의 발전도 그 필요성이 크게 느껴지지 않아 재래의 자연법이 그 역할을 담당하는 것으로 이해되었다.

그런데 지역왕국 간의 관계를 규율하는 기본 규범으로서 자연법의 적용과 해석을 위한 권위체의 존재가 필요하다는 점이 제기되었고, 이러한 사법적 기능의 담당자로서 교황과 황제의 역할이 다시 논의되기 시작했다. 또한 전쟁문제와 관련하여 '정전正戰'의 여부를 선언할 역할도 교황과 황제에게 부여하자는 의견이 증가했고, 실제로 교황과 황제의 국제적 승인은 지역왕국들이 치르는 전쟁을 공식화하는 데 대단히 중요한 조건이 되었다. 전쟁의 정당성에 대한 이들의 승인이 있는 경우에 한하여 자신의 백성들에게 조세를 부과하고 전쟁 기피 행위를 반역으로 다스릴 수 있었다. 이렇게 전쟁 수행

227 Hinsley(1986), 앞의 책, p.168.
228 Hinsley(1986), 앞의 책, p.170.

과 관련된 여러 가지의 저항을 꺾는 데 황제나 교황의 지지는 대단히 중요한 일이었다. 따라서 특정 황제에 반대하는 지역왕국의 군주들도 황제직 자체의 존속에는 반대하지 않았다. 13세기까지 군주들은 황제가 자신의 영역 안에서의 최고 지위를 부인하지 않는 한 황제와의 충돌을 피했다.

그러나 왕국이 강화되면서, 특히 프랑스는 국왕이 교황의 권위를 부인하는 정도에 이르기까지 했다예컨대 1305~1377년 사이의 아비뇽 유수(幽囚) 사건. 종교개혁 시 교황의 세력이 약화되어 교황에 대한 프랑스의 영향이 너무 강해지는 것을 두려워한 독일 황제는 자신이 직접 교황이 되는 것까지 생각할 정도였다. 프랑스 국왕은 더 나아가 기독교제국의 제위가 독일에서 프랑스 국왕으로 이전되어야 함을 주장하기도 했다. 실제로 나폴레옹에 이르기까지 프랑스의 대외정책은 이러한 황제 지위에 대한 야심에 의해 추진되었다. 황제 지위에 대한 야심은 반드시 프랑스 국왕에게만 국한된 것도 아니었다.

황제의 실제 영향력은 30년전쟁에서 신성로마제국이 프랑스와 스웨덴 연합군에 패퇴한 뒤 현저히 감소했다. 그럼에도 황제의 위신은 여전히 높은 채 남아 있었다. 이러한 사실은 당시의 이론가 사이에서도 현실의 인식과 비현실적 관념이 불안한 공존관계를 유지하고 있었다는 점에서 잘 반영되고 있었다. 여기에서 현실은 지역왕국의 성장을 말하고, 비현실은 황제를 정점으로 하는 단일기독교제국의 존재에 대한 관념을 말한다. 비현실적 관념을 견지하던 이론가들은 자연법과 만민법ius gentium이 기본 규범으로 작용하는 단일세계질서의 존재를 믿었고, 현실을 직시하던 이론가들은 단일질서의 허구성과 자연법, 만민법의 무력성을 강조하는 대신 독립국가들의 관계를 규제할 새로운 실정법의 필요성을 제기했다.

이러한 자연법 기반의 단일세계정치권의 관념에 대한 비판적 자세는 장 보댕에서 처음으로 분명하게 나타나고 있다. 보댕은 자연법을 단지 법원리로서 국내적 또는 국제적 행동이 도덕적으로 허용되는 범위를 말하는 것에 불과할 뿐이며, 행동의 실제 규율은 별도로 제정되는 실정법에 따라야 함을 말한다. 국제관계에서 적용될 법은 만민법이 아닌 페티알리스 법ius fetiale이어야 한다고 말하는데, 이러한 주장은 국가 간 관계를 규정하는 법이 국가들로 구성되는 국제사회와 국가의 상위에 존재하는 국제적 권위체의 존재를 전제로 하지 않는다는 점을 명시적으로 강조하기 위한 것으로 해석된다.[229]

이러한 보댕의 입장을 극단적으로 몰고 간 정치이론가로서는 홉스와 스피노자가 언급된다. 이들은, 국가들은 전적으로 상호 적대적인 자연상태 속에서 살고 있다. 그런데 이들의 공격적 행동을 강제력을 바탕으로 규제할 수 있는 권위체가 별도로 존재하지 않기 때문에 국가 간 관계를 규율하는 법은 자연법 외에는 있을 수 없다고 주장한다. 그러나 이 자연법을 강제로 집행할 수 있는 권위체가 없기

---

229 보댕의 『국가론』 제5권 제6장의 제목은 프랑스어판에서는 '군주 사이의 동맹과 조약의 확실성에 관하여라고 되어 있는데, 자신이 만든 라틴어 번역판에서는 '페티알리스 법(iure fetiale)'이라는 구절이 추가되어 있다. 1606년의 영어 번역판에서는 라틴어판을 따르고 있다. 원래 페티알리스 법은 로마가 외국과의 조약이나 동맹을 맺을 때 적용된 법으로 현재의 국제법에 더 가깝다. 로마가 제국으로 확장된 뒤에 로마가 외국과 대등한 관계를 유지하지 않았기 때문에 이 법은 사실상 폐지되었고, 대신 단일영역 관념을 전제로 하는 만민법으로 대치되었다. 보댕이 만민법이 아닌 페티알리스 법을 로마가 멸망한 이래 처음으로 다시 끄집어 낸 것은 국제법을 운위할 때 단일권위체의 지휘를 받는 단일국제사회의 존재를 부정한다는 의미를 지니는 일로 보인다. 이 점에 대해서는 Hinsley(1986), 앞의 책, p.181. 여기에서 페티알리스란 고대 로마에서 전쟁과 강화의 선포를 담당하는 제관(祭官)을 말하는 것이다.

때문에 그것은 진정한 의미의 법은 아니다. 결국 이들은 국제법의 존재를 부인한다. 따라서 이들에게는 '국제법의 부인자'라는 이름이 붙여져 있다.

17세기 독일의 법학자였던 푸펜도르프도 홉스와 유사한 입장을 취하여 국가 사이에는 자연법 외에는 아무런 법이 존재하지 않는다고 주장한다. 그러나 자연법의 법적 성격을 부인하는 홉스와는 달리 푸펜도르프는 자연법을 사람의 생물학적 충동에서 도출하지 않고 그로티우스와 유사하게 인간의 사회성을 바탕으로 도출된 도덕적 규범으로 보고 있다. 다만 그로티우스가 사회성을 인간의 본성으로 본 데 비해, 푸펜도르프는 인간이 자신의 보존을 위해 자연법의 명령에 따라 지켜야만 할 규범으로 풀이한다. 국가 간 관계에서도 자연법이 유일한 법이지만, 이러한 주장이 홉스에게서는 국제법의 부인으로 결론지어지는 것과는 달리 국가들이 공존하고 있는 한 따르지 않으면 안 될 규범으로 언급함으로써 홉스보다는 그로티우스에 가까운 국제법 관념을 보이고 있다.

국가의 대외적 주권문제와 관련하여 푸펜도르프의 언급 가운데 특기할 점은 국가의 대외적 독립과 자유를 개인의 자유와 비유해 보고 있는 사실이다. 즉 그에 의해 '국가의 영혼'이라고까지 명명된 주권은 그에 따르면 불가분하고 절대적이며 또한 신성한 것이다. 이러한 점은 자연상태 속의 개인의 자유와 동일한 것으로 이것은 국가의 안녕을 위해 선택할 수단을 판단할 능력을 의미한다. 여기에서 우리는 국가의 대외적 주권에 관한 분명한 개념화의 시도를 발견할 수 있다.

2) 국제사회의 이론가들

국가의 대외적 주권 개념이 명료해짐에 따라 기독교권이라는 단일국제사회에 대한 믿음은 점차로 붕괴되었다. 이러한 붕괴는 기존의 단일기독교권의 개념이 국가의 주권이라는 새로운 관념의 출현을 포섭하지 못한 결과로 평가된다.[230] 이러한 사실을 새롭게 인지한 푸펜도르프의 논의도 다른 극단으로 치우침으로써 국가의 주권이 상호 인정될 수 있는 공동의 장, 즉 주권국가들로 구성되는 새로운 사회의 존재마저 부인한다는 의미를 지니는 것이었다. 그런데 사실상 대외적 주권이라는 개념은 다른 국가들의 존재를 전제로 만들어진 것이었고, 또한 국가들 상호 간의 인정을 전제로 하는 것이었다. 따라서 단일정치질서로서의 중세적 기독교권 관념으로부터 벗어나는 새로운 국가들 사이의 공동체 관념이 제시될 필요가 있었다.[231]

이러한 관념은 전통적인 단일기독교제국의 관념과 홉스적 국제사회부인론 사이의 타협을 의미하는데, 그로티우스의 국제법이론에서 나타나는 국제사회의 관념은 이러한 중간적 위치를 차지하는 것으로 평가된다. 우선 그로티우스는 다른 국가들로부터 완전한 독립

---

230 Hinsley(1986), 앞의 책, p.185.

231 국가 주권은 타국에 의해 인정될 때 비로소 그 최고성을 인정받을 수 있다는 근대국가체제의 역사적 특성은 헤겔의 다음과 같은 형이상학적 진술을 통해 대단히 잘 요약되어 있다. "국가로서의 국민은…… 지상에서의 절대적 힘이다. 바로 이런 까닭에 한 국가는 타국에 대한 주권의 독립성을 지니는 것이다. 오직 이러한 국가로서 타국에 대하여 존재한다는 것, 다시 말하면 타국에 의하여 인정된다는 것이야말로 국가가 지니는 제일의 절대적 권능이다. ……개인이 타인과의 관계가 절연된 상태에서 현실적으로 살아 있는 인격일 수 없듯이, 국가 또한 타국과의 관계가 결여된 상태에서는 현실적 개체일 수가 없다"(『법철학』, pp.507~508). 이러한 점은 20세기 사회학의 시각에서 기든스에 의해 "근대국가의 주권의 발전은 처음부터 국가들 사이에 반추적으로(reflexively) 감시되는 관계군에 의존했다"고 새롭게 규정되고 있다. Giddens(1985), 앞의 책, p.263.

을 주장할 뿐 아니라 자신보다 상위에 있는 정치적 권위의 존재를 인정하지 않는 절대주의 국가들이 성장하던 17세기 유럽의 정치현실을 목도하면서 기독교를 기초로 하는 단일세계국가라는 재래적 관념을 더 이상 고집할 수 없었다. 그렇지만 이 국가들의 행동을 구속할 수 있는 도덕적 또는 법적 유대가 전혀 없다는 주장에 동감하지도 않았다. 비록 개별 국가에서 발견되는 것과 유사한 중앙적 제도나 권위가 존재하지는 않지만, 이들 사이에 독립의 중요성이나 조약 준수의 의무 같은 상호 합의되는 공통 이익이나 가치가 있을 경우 이들 사이에는 사회가 존재하는 것으로 보아야 한다는 것이다.[232] 이러한 그로티우스의 주장은, 새로이 출현하던 주권국가라는 현실과 정치적 그리고 도덕적 단위체로서 기독교권 관념 사이에 타협 또는 조화점을 발견할 수 있다는 의미로 해석된다.

주권국가의 등장과 번성이라는 새로운 정치적 사실에 대한 인정은 국제법의 원천에 대한 그의 새로운 주장에서 잘 드러난다. 그가 주권국가의 현실을 인정하면서도 재래의 단일기독교 사회의 관념에 여전히 미련을 보였듯이 그는 자연법이 여전히 개별 국가들의 행동을 규율하는 규범임을 강조한다.

그러나 그의 자연법 관념은 기독교 사상으로부터 해방되어 있었

---

232 그로티우스적 국제사회의 관념을 현대 국제정치이론으로 발전시킨 헤들리 불은 그로티우스적 국제사회가 중앙정부를 갖추지 않은 사회라는 의미에서 무정부적 사회(anarchical society)라는 이름을 붙이고 있다. Bull, Hedley(1977), *The Anarchical Society : A Study of Order in World Politics*, New York : Columbia University Press. 그로티우스의 국제사회 및 국제법에 관한 대단히 설득력 있는 논의로는 Tuck, Richard(1999), *The Rights of War and Peace : Political Thought and the International Order from Grotius to Kant*, Oxford : Oxford University Press, ch.3 참조.

고, 또한 이것만이 유일한 법의 원천인 것은 아니었다. 국가들의 관행과 동의에 바탕으로 두는 실정법이 또 다른 중요한 국제법의 원천임을 강조한다. 즉 그에 따르면 인간의 사회적 본성이 모든 법의 근원이지만, 이것만이 인간관계를 규율하는 것이 아니라 편익便益 · expediency 또한 법적 원리를 생산하는 것이다. 국제관계에서 이러한 편익에 대한 고려에서 국가들의 상호 합의를 바탕으로 하는 법이 수립된다. 그로티우스는 이것을 자연법과 구분하여 만민법ius gentium 이라 부르는데,[233] 이것은 어떤 특정의 국가들이 아니라, 국가들로 구성되는 대사회의 이익이라는 관점에서 명명된 것이다.[234]

이 대인류사회magna societas humani generis의 관념은 원래는 키케로에 의해 명백한 개념으로 제시되었던 것으로 중세에는 기독교와 연결되어 단일기독교권 관념으로 발전한 것이다. 그로티우스도 이 전통을 기초로 하여 자신의 논의를 전개한 것이다. 이러한 대인류사회의 관념과 실정 국제법의 필요성의 인정은 그로티우스에게서 발견되는 이상과 현실의 타협 또는 병존을 말하는 것이다. 이러한 두 가지면은 그의 후계 이론가들에 의해 계승 · 발전되었다. 전자는 17세기 후반의 프러시아 법학자인 크리스티안 볼프Christian Wolff, 1679~1754에 의해, 후자는 18세기 외교관 출신의 법학자 에머리히 드 바텔Emmerich de Vattel, 1714~1767에 의해 대표된다.

국제관계의 문제와 관련하여 볼프에 미친 그로티우스의 영향은

---

233 Grotius, Hugo(1916), *On the Law of War and Peace*, Francis W. Kelsey(tr.), Washington : Carnegie Foundation, Prolegomena 16.
234 Grotius(1916), Prolegomena 17.

볼프가 제시하는 대국가civitas maxima라는 개념에서 잘 드러난다. 기존의 국가들을 기본 구성원으로 하면서 만들어지는 이 대사회는 국가들이 협력을 통해 공동선을 증진시키는 목적을 갖는다고 그는 말하는데, 바로 이러한 목적으로부터 이 대사회를 지배하는 규칙, 즉 법이 만들어지는 것으로 이해된다.

이 법은 볼프의 논의에서는 순수한 자연상태에서 만들어지는 자연법 즉 필수법ius necessarium과 구별되는 주의법主意法 · ius voluntarium이라고 불리는데, 이것은 도덕적 이상상태로서의 자연상태가 타락한 현실세계에서 나타나는 자연법의 성격을 지니는 것이다. 볼프의 대사회의 논의가 뒤에 비판받게 된 중요한 이유 중의 하나는 이러한 법의 제정 및 집행과 관련하여 가정되는 개별 국가의 상위에 존재하는 별도의 권위체의 관념이 주권국가의 관념과 상치되기 때문이다. 이점이 바로 바텔에게 국제법을 새로 쓰게 한 근본적 이유가 된다. 바텔에 따르면, 그러한 명령을 내릴 수 있는 상위 권위체는 "국가들 사이에서는 생각될 수 없는 관념이다. 모든 독립 국가는 다른 모든 나라로부터 독립되어 있다고 주장하거나 실제도 독립되어 있다."[235] 바텔에게서도 그로티우스와 마찬가지로 자연법은 국제법의 원천이다. 그러나 그에게 자연법의 근원적 원리 즉 제일 원리는 독립국가의 주권이다. 바텔에 따르면, 개별 국가들은 정신적 (인위적) 인격체moral person로 간주될 수 있다. 국가들은 자신에게 특유한 이해, 의지 및 권력을 갖기 때문이다. 그리고 개인들이 사회를 이룩하듯이 사회나 국

---

235 Vattel, Emmerich de(1916), *The Law of Nations*, Washington, D.C. : Carnegie Institution of Washington, p.9a.

가들과 인류의 자연적 사회의 법에 의거하여 다른 사회나 국가들과 같이 살아 갈 의무가 있다.[236]

또한 개인들은 자신들의 완성을 위해 서로 돕는데, 이 점은 국가의 경우에도 마찬가지이다. 따라서 모든 국가 사이에는 상부상조를 목적으로 하는 대사회가 자연에 의해 수립된다. 그러나 이러한 사회도 최고의 자연법원리인 개별 국가의 자유와 독립을 깰 수 있는 것은 아니다. 여기에서 이러한 대사회의 두 가지 일반법칙이 마련된다. 첫 번째는 모든 나라는 다른 나라들의 행복과 발전에 대해 자신이 할 수 있는 한 기여해야 한다는 것이고, 두 번째는 각 나라는 자연에 의해 자신에게 속하는 자유를 평화롭게 향수할 수 있도록 내버려 두어야 한다는 점이다. 모든 국가는 자유롭고 독립해 있기 때문에 무엇을 하고 안 하고는 자신의 양심에만 의거하여 판단한다. 즉 자신의 의무의 범위는 자신이 결정한다. 이에 대해 타국이 강제할 수 없다. 이렇게 되면 이것은 곧 국가의 자유에 대한 침해이기 때문이다. 바로 이러한 사실의 논리적 귀결은 주권 평등이다. 각국의 주권은 평등하기 때문에 이 주권국가들은 "각자 독립적이지만 공동의 이익에 의해 서로 묶여 질서의 유지와 자유의 보존을 위해 단결함으로써 일종의 국가를 형성"하게 되는 것이라고 그는 말한다. 바로 여기에서 "어떤 국가도 다른 국가에 대해 절대적인 명령권을 갖거나 지배하지 못하게 일을 처리하는 방안을 의미하는 세력균형이라는 유명한 원리가 발생하는 것"이라고 그는 설명한다.[237]

---

236 Vattel(1916), 앞의 책, p.6.
237 Vattel(1916), 앞의 책, p.251.

결국 국가의 대외적 주권문제는 국가 간의 평등의 관념을 낳고, 또한 이러한 국가 사이에 만들어지는 독특한 사회, 즉 세력균형의 원리에 의해 어떤 한 나라가 다른 나라의 주권을 침해하지 못하게 함으로써 질서가 유지되는 그러한 국제사회의 관념으로 귀결했다. 바로 이러한 국가들의 주권 평등과 이러한 국가들로 만들어지는 독특한 국제사회의 관념은 현재 우리가 살고 있는 국제정치의 세계인 것이다.

근대 국제정치질서에서 최고 규범으로서의 주권

우리는 흔히 주권을 대내적 측면과 대외적 측면으로 나누어 논의한다. 대내적으로는 최고의 명령권력을 의미하고, 대외적으로는 모든 다른 권력체의 간섭과 통제로부터 자유로운 독립성과 평등성을 의미한다. 그러나 실제로 이것은 하나의 동일한 권력체의 성격을 다른 각도에서 조명한 것에 불과하다. 전자는 하나의 공동체 안에서의 성격을 말하고, 후자는 유사한 타 권위체들과의 관계에서 성격을 지적할 뿐이다.

이러한 주권은 국가조직을 발생시키는 모든 정치공동체에서 발견되는 현상이다. 국가조직이 기본적으로 명령권력의 조직을 의미할 때 명령을 내릴 수 있는 효과적인 힘(권력)이 실제 존재해야 하고, 또한 이에 대한 정당화 작업이 수반되어야 한다. 이러한 최고 명령권에 대한 관념은 서양의 경우 고대 로마에서 비교적 선명하게 제시되었다.

그러나 우리가 알고 있는 주권이라는 개념을 바탕으로 하는 이러한 정치현상에 대한 지적과 설명, 나아가서는 정당화하는 작업은 근대 유럽에서 본격적으로 시도되었다. 이것은 고대 단일제국의 기억과 기독교라는 단일신앙체계의 복합체를 바탕으로 하던 단일세계 정치질서의 관념이 붕괴되고 그 뒤를 잇는 지역왕조 국가의 출현에 상응하는 작업이었다. 서양 중세의 정치현실은 봉건제, 자치도시, 지역왕국 등 다양한 분권적 정치조직에 의해 일상적 정치 과정이 진행되면서 황제와 교황을 정점으로 하는 보편적 권위체가 이들 위에 명분으로 군림하는 질서였다. 이것이 단일세계 정치질서의 실제 내용이었다.

11세기 말부터 이러한 단일세계질서의 주변에서는 기존의 자치적 정치조직보다 강력한 지역왕국들이 성장하기 시작했다. 이러한 왕국들은 내부적으로는 봉건귀족 또는 기타의 자치조직들을 군사적으로 복속시키고, 대외적으로는 기존의 최고 권위를 대표하는 황제와 교황에 대하여 도전했다. 이렇게 다양한 정치조직이 혼재하는 상황 속에서 최고 명령권력의 성격과 그것의 소재에 관한 논의들이 중세 법학자들에 의해 전개되었는데, 이러한 것들은 장 보댕에 의해 처음으로 체계적으로 이루어진 주권의 개념화 작업을 위한 지적인 토양이 되었다.

프랑스 또는 영국 같은 지역왕국들의 내부 체제 정비작업은 지방 귀족들의 탈군사화 및 탈정치세력화 작업을 당연히 수반했다. 이러한 과정에서 발생한 정치적 저항을 극복하는 작업은 국왕에게 집중된 권력의 정당화 작업을 필요로 하였다. 영국과 같이 귀족세력이 전쟁과 내란 중에 이미 상당히 무력화되어 있었던 경우는 절대주의적 중앙집권화 작업의 강도도 상대적으로 약했고, 따라서 정당화의 필요성도 약했다. 이에 비해 프랑스는 귀족의 저항이 강했기 때문에 절대주의화 작업은 강도 높게 진행될 수밖에 없었고, 이에 따른 정당화 작업도 보다 적극적으로 이루어졌다. 특히 프랑스의 경우 이러한 저항은 당시 유럽 전역에 걸쳐 진행 중이던 종교개혁과 맞물림으로써 그 갈등은 전국적 규모의 종교전쟁의 양상을 띠게 되었다. 이러한 극심한 정치적 혼란의 극복을 위한 최고 명령권력체 수립의 필요성이 문제로서 제기되었다. 이것이 결국에는 주권의 문제를 효과적 정치질서의 필수 사항으로 정당화하는 계기가 되었다.

근대 유럽에서 주권의 문제가 명백한 형태를 취하면서 제기된 것은 유럽 근대국가가 개별적으로 성장한 것이 아니라 주위의 다른 정치조직들과 무력경쟁을 하며 성장했다는 사실에서 연유한다. 따라서 배타적 지배 영역의 관념은 주권 개념의 전제가 되고 있다고 해도 과언이 아니다. 따라서 주권 개념에서는 배타적 영역 바깥의 존재가 당연히 전제되고 경계선이 문제로 제기된다.[238] 대내적 주권의 문제는 개별 왕국 내의 정치권위가 강화되면서 수락될 수 있었으나, 이 주권의 관념은 대외적으로는 기존의 단일 보편적 정치권위로서 황제·교황의 관념과 충돌되었다. 정치조직 사이의 위계에 관한 이 문제는 이론적 논쟁으로 그칠 성질의 것이 아니었다. 익히 잘

---

238 바텔슨은 푸코적 사상사의 시각에서 근대 주권 개념의 등장 과정을 다루면서 주권 개념이 등장할 수 있는 배경으로 유럽에서 처음으로 '바깥(outside)'에 대한 문제의식이 발생되어야 했음을 언급한다. 그러한 작업을 한 세 사람의 이론가로서 마키아벨리, 프란세스코 비토리아(Francisco de Vitoria) 및 토머스 모어를 들면서 대단히 흥미로운 논의를 제시하고 있다. Bartelson, Jens(1995), *A Genealogy of Sovereignty*, Cambridge : Cambridge University Press, ch.4.

알고 있듯이 30년전쟁을 마감하는 베스트팔렌조약Peace Treaty of West-phalia을 통해 새로운 영역국가들이 주권적 존재로서 그 위치를 확보했다.

보편적 정치권위로서 황제의 위신은 30년전쟁 이후 현저히 감소했으나 황제·교황으로 대표되는 보편적 세계정치질서의 관념은 쉽게 사라지지 않았다. 초기의 주권이론가들은 보편적 질서의 존재 자체를 부인했다. 이들에게는 주권국가의 현실과 기존의 보편 정치질서의 관념은 양립 불가했다. 그런데 30년전쟁의 참혹상을 경험하면서 개별 국가의 주권을 인정하는 경우에도 여하한 방법으로라도 국가들의 행동을 규제해야 할 필요가 절실히 느껴졌다. 이 전쟁을 겪으면서 보편질서의 관념이 허구에 불과하다는 점이 백일하에 드러났지만, 주권의 최고성을 부인하지 않는다는 전제하에서 이러한 주권국가들의 행동을 규제할 수 있는 방안의 모색이 중요한 문제로 부각되었다.

이것은 곧 국가들의 행동을 규제할 국제법의 문제였다. 홉스나 스피노자 같은 초기 주권이론가들에 의한 보편질서의 부인은 바로 국제법의 존재에 대한 부인이었다. 국제법이 가능하기 위해서는 이 법이 적용될 국가들의 공동체로서 세계질서와 그 법의 집행을 담당할 권위체의 존재가 필요했다. 그러나 30년전쟁의 결과 황제의 권위가 실추된 현실을 감안할 때 보편질서의 존재는 추억에 불과하게 되었다. 이러한 상황에서 국제법을 최초로 진지하게 논의한 그로티우스는 국제법이 자연법에서 나올 수도 있고, 또는 단순히 국가 간 합의에 의해 만들어질 수도 있다는 절충적 입장을 제시했다.

이러한 절충적 입장은 주권국가가 더 이상 부인할 수 없는 현실로 되어 가던 상황에 맞추어 보다 현실적인 논의들에 의해 대체되기 시작했는데, 개별 국가의 독립과 자유를 최고의 국제법적 규범으로 확정한 바텔에 의해 가장 분명한 모습을 갖추면서 제출되었다. 개별 국가의 존재를 신성시하는 논의는 비단 바텔에 의해서만 제출된 것은 아니다. 바텔은 어쩌면 당대 지식계의 일반적 분위기를 대변하고 있는 것으로 볼 필요도 있다. 세계정부와 같은 초국가권위체에 의한 영구 평화의 가능성을 생각하던 루소는 현실의 국가들이 갖는 한계점 때문에 전쟁이 발발할 수밖에 없다는 점을 잘 인식하면서도 세계정부안이 더 위험한 존재가 될 수 있다는 결론에 도달하여 결국에는 개별 국가의 존재에 손을 들어준다. 칸트의 경우도 국제적인 평화 달성의 노력이 기본적으로 개별 국가의 존재를 전제로 해야 함을 역설한다.[239]

이렇게 18세기까지 이미 그 존재론적 지위를 확고히 한 개별 주권국가는 19세기 민족주의 시대에 와서 더욱 강화되어 거의 신성불가침의 지위를 획득하게 된다. 이러한 점은 앞에서 인용된 "국가로서의 국민Volk als Staat은 자기의 실체적 합리성과 직접적 현실성을 띠고 나타난 정신이며, 따라서 이것은 지상에서의 절대적 힘이다"라는 헤겔의 언명에서 가장 확실한 형태로 드러난다. 즉 이제 주권의 문제는 효과적 권력조직과 관련된 사실의 문제를 넘어서서 국민nation이라는 사상 처음 나타난 새로운 집단정체성의 근원적 성격으로 규

---

239 칸트는 『영구평화론』의 두 번째의 확정 조항에서 "국제법은 자유로운 국가 간의 연합체 원칙에 입각하여 만든다"라고 말하고 있는데, 바꾸어 말하면 국제평화를 위한 어떤 방안도 일단은 개별 국가들의 독립과 자유, 즉 주권적 지위를 출발점으로 해야 한다는 것이다.

정됨으로써 결국에는 국제정치의 제일 도덕적 원리, 즉 옳고 그름의 기준으로 고양되었다. 개별 국가·국민의 존재를 위태롭게 만드는 모든 행동은 불법이고, 그 존재의 유지를 위한 행동은 도덕적으로 정당한 것이 되었다.

전통적으로 개별 국가들의 현실주의적 권력정책의 다른 표현으로 이해되던 세력균형이 바텔에 와서 법적 규범으로 된 것은 개별 국가의 상위에서 법의 집행을 담당하는 별도의 기관을 인정할 수 없었다는 사실과 관련된다. 즉 국제법은 국가의 상위에서 강제되는 규범이 아니라 국가들 상호 간의 견제를 통해 집행되는데, 이러한 방식의 행동 규제방식으로는 세력균형 외에 달리 생각할 수 있는 것이 없다. 세력균형이 주권을 보장해 주는 주된 방식으로 생각되었다.

제1차 세계대전의 종료와 함께 시작된 미국 주도의 국제정치원리를 천명하는 미국 윌슨 대통령의 '14개 조항The Fourteen Points'은 기본적으로 세력균형의 원칙하에 운영되던 기존 국제정치체제에 대한 전면적 비판이라는 의미를 갖는다. 흥미로운 점은 그 세력균형을 통해 지키고자 했던 국민주권의 이상은 제국이 배제되고 국민국가들로만 구성되는 국제질서의 관념하에서 오히려 더욱 강화되었다는 사실이다. 이로써 국가 주권의 문제는 곧 민족주의의 문제가 되었다. 현재 우리가 경험하고 있는 현실 세계 속에서는 기존의 배타적 주권 개념에 입각한 정치질서를 무력하게 만드는 듯한 여러 가지 변화가 발생하고 있다. 그러나 민족주의와 배타적 국가 주권의 관념은 세계적 수준에서 기존의 권력 배분에 불만을 갖는 국가들을 중심으로 여전히 강력한 정치적 가치의 기반으로 남아 있다. 그리고 국민국가체제를 대체할 만한 어떤 효과적인 권력조직의 방식이 아직 제시되지 않는 상황에서 국가 주권의 문제, 보다 구체적으로 베스트 팔렌 체제는 여전히 활발히 살아 있는 현실의 문제로 남아 있는 것이다.

5. 주권 개념의 조선 전래

주권 개념 전래의 의미

앞에서 지적했듯이 '주권'의 개념은 서양식 근대 국제질서의 중심 개념이다. 따라서 이 '주권' 개념의 전래란 단순히 '주권'이라는 용어를 알게 되었다는 점을 넘어 서양식 질서 자체를 받아들인다는 점을 의미하는 것이다. 따라서 '주권 개념의 수용 과정'이라고 할 경우 '주권'이라는 용어를 처음 인지한 이후부터 '주권적' 존재로서 국제적으로 인정받을 때까지의 전체 과정을 지적하는 것이다.

그런데 이러한 변화가 정부의 결정으로 갑작스럽게 이루어지는 것은 결코 아니다. 그러한 변화가 실질적으로 있기까지에는 엄청나게 많은 이해 당사자 사이의 갈등과 이해 조정, 그후 이루어지는 일정한 합의 등을 거쳐야 한다. 구체적으로는 전쟁, 점령, 정치적 저항과 억압, 그리고 다시 전쟁과 새로운 질서의 합의로 이어지는 일련의 폭력적 갈등이 수반된다. 조선의 경우에는 국제적인 이해 당사자들, 즉 조선을 둘러싼 강대국들과 조선 내부의 다양한 정치세력, 사회세력 등이 이러한 일련의 갈등에 연루되어 왔다.

이것은 곧 국제적 수준에서 기존 권력질서의 전면적 개편을 의미하는 것이다. 즉 주권 개념의 완벽한 수용이란 조선과 관련시켜 말할 경우, 기존 권력질서의 궁극적 보장을 제공하던 상위 정치체인 중국과의 관계를 전면적으로 바꾸는 것을 의미한다. 다시 말해 개별국의 주권 개념을 중심으로 하는 서양식 국제질서로 편입함을 의미하는 것이다.

서양 국제정치사를 통해 잘 알려진 사실이지만, 서양 내부에서도 이러한 주권 평등을 전제로 하는 근대식 국제질서가 보편적 질서로 되기까지는 '제국'의 지위를 누리는 것으로 자부하고 부분적으로는 다른 국가들에 의해 암묵적으로 승인되던 국가들이 그러한 지위를 박탈당하는 '수모'를 겪어야만 했다. 당연한 일이지만 그러한 경험이 '수모'인 한에서는 강제력의 개입이 필수적이었는데, 좀 더 간단한 말로 전쟁에서의 패퇴를 의미한다. 구체적으로 합스부르크제국은 나폴레옹 군대에 의해 그 격이 떨어졌고, 나폴레옹제국은 영국군을 중심으로 하는 유럽 연합국에 의해 좌절되었다. 그리고 제국의 지위를 누리던 오스만제국과 오스트리아·헝가리 이중왕국도 제1차 세계대전의 패퇴와 함께 영구적으로 해체되었다. 천하제국으로서 중국의 지위와 자부심이 붕괴된 것도 유럽 열강에 의한 무력 침탈 과정의 결과였다.

실제 중국으로서 서양식 국제질서를 받아들인다는 일은 '강등'을 의미하는 것이었기 때문에 이에 대해 상당한 저항이 있었다. 그 하나의 예로서 우리는 서양 국제법의 서책들이 중국에 전해질 때의 사례들을 들 수 있을 것이다. 중국에 선교 목적으로 와 있었던 선교사 마틴W. A. P. Martin, 1827~1916은 미국 출신의 법률가 겸 외교관이었던 헨리 휘튼의 『국제법 원리Elements of International Law』1836를 한역漢譯했는데, 이 책은 초기에는 중국 관리들에 의해 배척되었다.[240]

조선이 서양식 근대 국제질서에 편입되었다는 말은 서양식 국제질서와는 별개의, 그리고 상당히 다른 내용을 갖고 있는 독자적인 국제질서를 갖는 것으로 자부하던 중국이 더 이상 종주국으로서의 지위를 누릴 수 없게 되었다는 사실을 전제하는 것이었다. 따라서 조선 말 주권 개념을 중심으로 하는 서양식 국제질서의 제도들을 수용한다는 것은 중국과의 기존 관계에 대한 전반적인 수정을 의미하기 때문에 국제정치적 지위가 상승된다는 사실에 단지 기뻐만 할 수 있는 일은 아니었고, 상당한 위험부담을 수반하는 사태였다.

서양식 주권 개념의 수용은 전통적인 사대질서의 부정을 의미했다. 당시 조선 사대부들이 갖고 있던 중화 관념이 단순히 강대국에 대한 약소국의 편의적 행동지침으로서 사대자소로 그친 것만은 아니었다.[241] 따라서 조선을 중국과 대등한 관계에 있는 나라로 생각을

---

240 김용구(1997), 앞의 책, p.134. 서양식 주권국가체제를 인정하지 않던 중국이 주권의 개념을 도입한 일은 단순한 번역을 위한 단어 선택에 그치지 않는 대단히 복잡한 작업이었음은 충분히 짐작되는 일이다. 이러한 과정에 대한 상세한 논의는 최근에 발표된 훌륭한 논문을 소개하는 것으로 대신하고자 한다. Svarverud, Rune(2010), "Sovereignty and Conceptual Change in Late Qing China," 『개념과 소통』 제6호, pp.169~193. 이 글의 번역으로는 다음을 볼 것. 스바르베루드, 뤼네(2012), 「청대 후기 중국에서의 주권 개념의 도입과 변화」, 양일모 외, 『개념의 번역과 창조 : 개념사로 본 동아시아 근대』, 돌베개, pp.344~363.

241 사대자소(事大字小)의 국제질서의 관념에 대해서는 朴忠錫(1982), 『韓國政治思想史』, 삼영

바꾸는 데에는 심리적으로 상당한 저항과 갈등이 따랐다.

또한 중국이 아무리 몰락해 가는 나라라고 할지라도 조선에 비할 때 군사적으로는 여전히 위협적인 지위에 있는 나라였다. 그 때문에 특별히 중국을 상대로 하는 게임에서 중국의 군사적 위협에 맞서 군사적 보호를 제공할 수 있는 나라가 있기 전에는 중국은 여전히 위협적이었다. 청일전쟁에서의 패배 후 조선에서 청국이 물러나기 전 10여 년간 조선은 바로 이러한 상황을 뼈저리게 경험할 수밖에 없었다.

한편 서양식 국제질서로의 편입은 국내 체제의 정비를 통해 서양식 국가에 근접하는 체제를 갖추는 일이 수반되어야 하는데, 이것은 곧 내정개혁 즉 정치체제의 개편을 의미했다. 이러한 일이 단순히 정부 관료들의 태도 변화로 이루어질 수는 없었다. 우선 개편에 따라 실질적인 면에서 손해를 보는 지배층 내 세력들의 저항도 컸고, 기존의 유교적 세계관과는 급격히 다른 서양식 제도의 도입은 일반 대중들의 심성과도 큰 마찰을 일으키는 일이었다.

이렇게 서양적 질서로의 편입 문제는 결코 서책을 통한 새로운 개념의 학습을 통해서 될 수 있는 간단한 일이 아니었다. 무엇보다 먼저 기존의 세계관과 그것을 떠받치는 철학적 사고의 틀이 바뀌어야 했고, 또한 변화에 대한 국내외적 저항을 극복할 수 있는 실질적 힘을 갖추고 있어야만 했다. 그러나 이러한 것들 중에서 어느 하나 제대로 갖추지 못하고 있던 것이 당시의 상황이었다.

사, pp.48~66 및 정옥자(1998), 『조선후기 조선중화사상 연구』, 일지사 참조.

김윤식과 양편론 · 양득론

조선이 서양적 국제질서의 관념을 처음으로 경험하게 된 것은 실상은 서책이 아니라 1876년 조선 정부가 일본과 맺은 한국역사상 최초의 근대식 국제조약이었던 조일수호조규였다. 앞에서 이미 언급된 바 있지만 총 12조로 되어 있는 조일수호조규의 제1관은 "조선국은 자주지방自主之邦으로서 일본국과 평등한 권리를 보유한다"라고 규정하고 있다. 이 규정은 기존의 사대자소의 원리에 입각한 유교적 국제질서의 전면적인 부인을 의미하는 것이기 때문에 청국으로부터 상당한 저항이 있었고, 따라서 이 규정이 공식화되기까지에는 일본 측의 외교적 노력을 필요로 했다. 무엇보다 조선 정부도 이러한 자주지방의 선언과 관련하여 나타날 청국의 반발을 두려워했던 것으로 전해진다. 구체적으로 조선 정부는 조일 교섭 전말을 청국에 보고하면서 "소방小邦이 상국을 섬기는 것은 천하 공지의 사실입니다. 그러나 병자조약에서 소방을 자주국이라고 한 제1조는 일본이 임의로 자서自書하여 강요한 것입니다"242라고 하여 청국에 대한 종속적 지위를 그대로 인정하는 태도를 분명히 해야 했다.

여하튼 이 조일수호조규 이후 서양적 국제질서에 대한 관심이 높아졌고 구체적으로는 관련된 서책이 도입되어 읽혔는데, 당연히 그 기본적인 서책은 국제법 즉 『만국공법』에 관한 것이었다. 당시 동양어로 번역되어 있던 것은 위에서 언급된바 마틴이 1864년 한문으로 번역했던 휘튼의 『만국공법』이었다. 이 『만국공법』의 정확한 도

---

242 정용화(2004), 「근대 한국의 주권 개념의 수용과 적용」, 『세계정치』 제1권, p.49에서 재인용 [세종대왕기념사업회(1998), 『국역 통문관지』 제11권, 민창문화사, pp.259~260].

입 시기에 관해서는 이론異論이 있기는 하지만, 일반적으로 1877년 12월에 일본 공사 하나부사 요시모토花房義質가 예조판서 조영하趙寧夏에게 기증했다는 것이 공문서상으로 나타난 첫 기록이다.[243]

정확한 도입 시기의 문제와 무관하게 중요한 사실은 이『만국공법』을 통해 주권의 개념이 처음 알려졌다는 점이다.『만국공법』에서는 sovereignty를 주권主權이라는 신조어로 처음 번역하여 나라를 다스리는 최고의 권력(治國之上權)으로 풀이하고 있는데, 대내적 주권(在內之主權)과 대외적 주권(在外之主權) 두 가지로 구분하고 있다. 전자는 타국의 간섭을 받지 않고 국내 문제를 '자주'로 처리하는 것을 말하고, 후자는 각국이 타국의 명을 받지 않고 '자주'로 전쟁과 평화 교제를 할 수 있는 권리를 의미한다.[244]

앞에서 이미 지적했듯이 주권의 문제는 단순히 새로운 이론 또는 용어의 도입·수용의 문제로 그치는 것이 아니었다. 즉 서양의 근대식 국제질서에 편입되는 과정에서 기존의 대중국관계의 문제가 필

---

243 김용구(1997), 앞의 책, p.178. 1864년에 한역판이 출판된 이 책은 이미 조선에 전래되어 있을 가능성이 크다는 주장도 설득력 있게 제시되고 있다. 이광린(1982), 「한국에 있어서 만국공법의 수용과 영향」,『한국개화사의 제 문제』, 일조각. 한편 흥미 있는 일은 1876년 2월 12일에 있었던 신헌(申櫶)과 일본의 구로다 기요타카(黑田清隆)와의 회담을 마친 후 신헌이 작성한 보고문『고종실록』2월 14일조(음 1월 20일)에는 '만국공법'이라는 말이 분명히 나오고 있어 이미 '만국공법'이라는 말이 1877년 이전에 유통되고 있지 않았는가 하는 생각을 들게 한다는 점이다. 이 점에 관해서는 김용구(1997), 앞의 책, pp.182~184 참조.『만국공법』이 조선에 처음 소개되던 전후 사정에 관한 자세한 논의로는 김세민(2002),『韓國近代史와 萬國公法』, 경인문화사, pp.13~36 참조.

244 韓國學文獻研究所 편(1981)『만국공법』, 아세아문화사, pp.92~95. sovereignty는 기본적으로는 주권으로 번역되지만, 문맥에 따라 自治自主之權, 管轄地權, 國權 등으로도 번역된다. 보다 자세한 것은 강상규(2007),『19세기 동아시아의 패러다임 변환과 제국 일본』, 논형, p.45 참조.

연적으로 제기될 수밖에 없었던 현실적으로 대단한 긴박감을 준 난제였다. 이 문제와 관련하여 처음으로 제시된 '현실적' 타협안으로는 아마도 김윤식金允植에 의해 제안된 '양편론兩便論' 또는 '양득론兩得論'이 이야기될 수 있을 것이다.

이러한 타협안이 제시된 것은 1881년 말 중국에서 진행되고 있던 조미수교 협상 과정에서였다. 이때 중국의 리훙장李鴻章, 1823~1901은 조미수호통상조규에 "조선은 오랫동안 청국의 속방이었으나 외교와 내치는 자주"[245]라는 별도의 한 항목을 넣으려고 시도했다. 이러한 시도에 당시 대미 교섭의 임무를 갖고 중국에 머물고 있던 영선사領選使 김윤식은 다음과 같이 언명함으로써 긍정적으로 반응했다. "폐방弊邦은 중국에 대해서는 속국이지만 각국에 대해서는 자주라고 하는 것이 명분이 바르고 말이 순리에 맞아 실제와 이치 양쪽 모두 편리兩便하다고 할 수 있습니다. 그러므로 조약 안에 이 한 조항을 첨가하는 것이 매우 좋을 듯합니다."[246]

한편 이러한 속방 조항의 이점을 고종에게 설득하기 위하여 양득兩得의 논리로 설득했다. 즉 조약문 안에 조선이 중국의 속방임을 명기한다면 중국이 유사시 조선을 돕지 않을 수 없어 각국은 우리를 가볍게 볼 수 없는 실리를 취할 수 있고, 속방임을 인정해도 자주권의 보유를 명기한다면 각국과 외교하는 데 무해하여 평등권을 사용할 수 있기 때문에 사대의 의義에도 배반되지 않고 자주권 상실의

245 김윤식(1958), 『陰晴史』, 국사편찬위원회, p.52.
246 김윤식(1958), 앞의 책, pp.52~53. 번역은 정용화(2003b), 「전환기 자주외교의 개념과 조건 : 19세기 말 조선의 대청외교의 이론적 고찰」, 『국제정치논총』 제43집 제2호, p.204에서 재인용.

걱정도 없으므로 양득이라고 할 수 있다고 주장한다.[247]

이러한 김윤식의 주장에 따르면, 조선과 중국의 관계를 규제하는 전통적 사대자소의 논리와 조선이 자주국으로서 각국과 평등한 입장에서 외교관계를 맺는, 즉 서양적 공법질서에 편입하는 것은 양립할 수 있게 된다. 이러한 논리는 물론 그 동기나 문제의식 면에서는 상당한 차이가 있지만, 우리가 앞 절에서 살펴본 14세기 이탈리아의 법학자 바르톨루스와 발두스의 도시국가의 자주권을 주장한 논리와 상당히 흡사한 면이 있어 흥미롭다. 김윤식은 자신의 주장을, 중국의 옛 조공국 베트남·미얀마·유구가 모두 서양식 공법체제에 편입되면서 주권을 상실한 예를 들어 정당화했다.[248]

결국 주권 개념의 수용은 중국과의 관계에서만 예외가 인정되는 타협적인 형태로 이루어졌는데, 이것은 '독립'과 '자주'의 차별을 통해 이론적으로 수용되었다. 즉 중국으로부터의 '독립'은 유보하는 대신 내치와 다른 외국들과의 교섭에서의 '자주'가 추구되었다. 이러한 정책이 단순히 이론적 규정으로 그친 것만은 결코 아니었다. 1885년 영국 함정이 거문도를 불법적으로 점거하고 있을 때 당시 교섭통상사무아문의 독판督辦이었던 김윤식은 청국 주재 영국 대리공사에게 항의 서한을 보내 영국의 행동이 서양식 공법질서에 위배되는 행동임을 상기시켰을 뿐 아니라, 조선에 주재하고 있는 각국 공사관에도 서한을 보내 영국의 행동이 국제법에 위배되는 것임을

247 김윤식(1958), 앞의 책, pp.57~58.
248 한국학문헌연구소 편(1980), 『金允植全集 2』, 아세아문화사, p.513 ; 정용화(2003), 앞의 논문, pp.206~207에서 재인용.

환기시키고 문제 해결을 위한 협조를 부탁하기도 했다.[249]

유길준과 양절체제

1882년 임오군란의 결과로 이루어진 청국 군대의 조선 주둔은 뒤에 청일전쟁에서 청국이 패배하여 철군할 때까지 이어졌는데, 이 과정에서 청국은 조선에 대한 전통적인 지배권을 재확립하려는 노력을 지속했다. 그 결과의 하나가 1882년 10월에 체결된 조청상민수륙무역장정朝淸商民水陸貿易章程이었다. 이 조약은 조선과 청국 두 나라 사이에 전통적으로 인정되어 왔던 속방 관계를 근대 조약의 형식으로 명문화하려는 삭업이었다. 이후 약 10년간은 청의 조선 내정 개입이 극도에 달해 내외적으로 반청 감정이 고조되던 시기였다.

청국이 조선의 내정에 간여하고자 조선에 파견한 외교고문 파울 게오르크 폰 묄렌도르프Paul Georg von Möllendorf가 1885년 한아밀약사건에 연루되어 청국에 의해 파직된 후 그를 이어 외교고문으로 부임한 데니O. N. Denny는 1888년 *China and Korea*「청한론」[250]라는 글을 발표하여 조선의 자주독립적 지위를 옹호했다. 이에 대하여 묄렌도르프는 청국의 입장에서 반박문을 써서 조선이 청국의 속국임을 주장했다. 이러한 상황 속에서 유길준은 조선의 자주적 지위를 밝히고 이를 국내외적으로 널리 알리기 위해 「국권國權」을 저술했는데,[251] 이때 주로

---

249 김용구(1997), 앞의 책, pp.239~243 ; 정용화(2004), 앞의 논문, p.51.
250 데니, O. N.(1999), 『청한론 외』, 신복룡 · 최수근 역주, 집문당.
251 兪吉濬全書編纂委員會 編(1971c), 『兪吉濬全書 Ⅳ : 政治經濟』, 일조각, pp.25~46.

참조한 서적은 당시 널리 읽히고 있던 『만국공법』과 데니의 *China and Korea*였다. 이 글은 그가 뒤에 『서유견문』을 쓸 때 약간의 수정을 거쳐 「제3편 방국의 권리」에 편입시켰다.

주권의 문제를 집중적으로 다루고 있는 『서유견문』의 「제3편 방국의 권리」는 따라서 당시에 조선 지식인에게 주어진 가장 긴박한 문제를 다루고 있는 글이라 하겠다. 이러한 까닭으로 그는 국가란 무엇인가라는 원론적인 문제가 아니라 국가가 국가로서 불릴 수 있는 첫 번째의 조건, 즉 자주성의 문제를 상기시키면서 글을 시작한다. 그는 이러한 국가의 권리를 주권으로 부르고 있는데, 이것에는 두 가지 종류가 있다고 본다. 즉 내용內用 하는(국내적인) 주권과 외행外行 하는(대외적인) 주권이다.[252]

외행하는 주권은 독립과 평등의 원리에 따라 외국과 교섭하는 권리를 말하는데, 한 나라의 주권은 그 나라의 형세의 강약, 그 기원의 선부善否, 토지의 다과多寡, 인민의 다과에 무관하게 당연하게 갖는 것이다. 이러한 주권의 권리는 다른 나라의 권리를 침범하지 않을 때에는 누구나 행사하는 것이다. 또한 나라를 나라답게 만들기 위해 현실적으로 가장 긴급하고도 절실한 힘(實要)인데, 그는 이러한 힘을 나라의 근본을 세우는(立本) 권리라고 말한다. 이러한 나라의 근본을 세우기 위한 권리 즉 주권에는 7가지가 포함되는데, 그것들은 자보권自保權 · 독립권 · 호산권護産權 · 입법권 · 교린파사통상권交隣派使通商

---

252 兪吉濬全書編纂委員會 編(1971a), 앞의 책, p.85. 주권의 대내적, 대외적 측면에서의 구분은 앞에서 언급된 데니의 『청한론』에서 길게 인용되고 있는 휘튼의 『만국공법』에서의 주권 구분론을 거의 그대로 따르고 있음을 알 수 있다. 데니(1999), 앞의 책, p.17 참조.

權・강화결약권講和結約權 그리고 중립권이다. 이것들은 본래부터 있는 [자유(自有)한] 권리이며, 나라가 나라 되는 도리인 것이기 때문에 하나라도 결여하면 나라가 될 자격이 없다고 보았다.[253]

유길준은 「국권」보다 훨씬 이른 1883년에 저술한 「세계대세론」이라는 글에서 국권의 3가지 기본 요소로서 일국주재권─國主裁權(외국인에 대한 재판권)・일국독립권 및 일국동등권을 말하면서 국권의 기본은 병력이라고 말한 적이 있는데,[254] 이것은 국제정치를 보는 그의 시각이 상당히 현실적임을 말해 주는 증거라고 할 수 있다. 즉 그는 국제정치가 단순히 규범에 의해 지배되는 영역이 아님을 잘 인식하고 있었던 것으로 보인다. 주권의 소유가 힘의 강약에 무관한 것으로 말하면서도 힘이 강한 나라가 힘을 휘두르면 약소국으로서는 자신을 보호하기 위하여 다른 나라의 보호를 구하거나(受護國), 또는 침략을 강행하는 강국에 대해 조공을 제공하는 것을 조건으로 그러한 무력 침략을 면할 수 있다(贈貢國)고 주장한다. 이 주장 역시 휘튼의 논지를 바탕으로 조선이 비록 청국에 조공을 바친 사실로 인해 조선이 청국의 속국이었다는 점은 사실이 아니라는 데니의 논지를 인용하는 부분이다. 이 글에서 휘튼은 '근세의 공법학사'라는 이름으로 직접 인용되고 있다.[255]

즉 그는 힘이 약해 다른 나라의 보호를 받거나 다른 나라에게 조공을 바친다고 해서 그 나라의 주권이나 독립권이 손상받는 것은 아

---

253 俞吉濬全書編纂委員會 編(1971a), 앞의 책, pp.86~88.
254 俞吉濬全書編纂委員會 編(1971b), 『俞吉濬全書 Ⅲ : 歷史』, 일조각, pp.89~90.
255 俞吉濬全書編纂委員會 編(1971a), 앞의 책, pp.90~91.

니라고 말한다. 증공국과 속국을 구별하지 못하는 사람이 가끔 있지만, 이것은 시세에 익숙하지 못하거나 공법에 어둡기 때문에 그러한 구별을 못 하는 것이라고 그는 주장한다. 속방은 "복종하거나 섬겨야 하는 나라의 정령과 제도를 따르고 국내외 여러 가지 사무를 자주적으로 처리할 권리를 전혀 갖지 못한 나라"를 말하는 것이고, 증공국은 "강대국의 침략을 면하기 위하여 자기 나라가 대적하기 어려운 형세인 것을 스스로 헤아려 알고 비록 본심에는 맞지 않더라도 강대국이 내세운 조약을 준수하여 공물을 보내고 그들이 누리는 권리의 한도에 따라 독립 주권을 얻는"[256] 나라를 말하는데, 이들도 당당한 독립주권국이라고 그는 말한다. 또한 속국과 달리 증공국은 다른 독립 · 주권국과 동등하게 수호조약 · 항해조약 및 통상조약을 맺을 수 있으며, 조약을 체결한 나라에 사절을 파견할 수 있고 교전이나 강화를 선언할 권리가 있다는 것이다.[257]

조선과 청국의 관계는 조공관계와 근대적인 국제법 관계를 공유하는 특수한 관계로 설명되는데, 이러한 특수한 관계를 설명하기 위하여 유길준은 양절兩截(위아래, 또는 앞뒤가 잘린)이라는 말로 설명한다. 이 부분은 당시 미국 주재 전권대신으로 파견되어 있던 박정양朴定陽, 1841~1904이 청국의 간섭으로 제안되었던 영약삼단另約三端을 지키지 않았다는 이유로 귀국하게 된 사건을 언급하는 것으로 보인다. 즉 유길준은 비록 조선이 증공국이기는 하지만 다른 나라들과 평화조

---

256 兪吉濬全書編纂委員會 編(1971a), 앞의 책, p.92. 여기에서 인용된 번역문은 유길준(2004), 앞의 책, pp.111~112.

257 兪吉濬全書編纂委員會 編(1971a), 앞의 책, p.92.

237
주권

약을 맺거나 통상조약을 맺는 것에 대해 수공국이 개입하거나 저지할 수 없다고 말한다. 이를 설명하기 위해 증공국, 수공국, 그리고 여타 국가 사이의 관계를 '양절'이라는 말로 해명한다.

受貢國이 然卽 諸國을 向ㅎ야 동등의 禮度를 행ㅎ고 贈貢國을 對ㅎ야 獨尊혼 체모를 擅ㅎ리니 此ᄂ 증공국의 체제가 受貢國及諸他國을 向ㅎ야 前後의 兩截이오 수공국의 체제도 贈貢國及諸他國을 대ㅎ야 亦前後의 兩截이라 제국이 受貢國及贈貢國의 양절체제를 一視홈은 何故오.[258]

이 물음에 대하여 그는 바로 이어지는 문장에서 그것은 국제공법에 따른 국가관계의 이해가 형세의 강약이 아니라 각국이, 비록 약소국의 경우라도 주권독립국으로서 갖는 권리라는 각도에서 이루어지기 때문임을 말한다.

유길준 이후

앞 절에서 보았듯이 유길준의 주권론은 두 가지 각도에서 그 의미를 다룰 수 있다. 하나는 당시 중국 중심의 사대자소적 동아시아

---

258 兪吉濬全書編纂委員會 編(1971a), 앞의 책, p.97. 그렇다면 수공국은 여러 나라에 대하여는 동등한 예우를 행하면서도 증공국에 대하여는 혼자 높이는 자세를 취하게 될 것이다. 이는 증공국의 체제가 수공국 및 그 밖의 여러 나라에 대하여 앞과 뒤가 잘린 셈이며, 수공국의 체제도 또한 증공국과 그 밖의 여러 나라에 대하여 앞과 뒤가 잘린 셈이 된다. 여러 나라가 수공국과 증공국의 앞뒤 잘린 체제를 한 가지로 보는 것은 어찌 된 까닭인가? 형세가 강한지 약한지는 돌아보지 않고 권리가 있는지 없는지만 따졌기 때문이다. 유길준(2004), 앞의 책, pp.117~118.

국제질서를 벗어나 근대적 공법질서로 편입을 시도하던 조선에게 가해진 청국의 집요한 압력을 극복하고자 한 당시 개화 지식인들의 절실한 문제의식이 표현되었다는 점이다. 다른 하나는 그러한 정치적·지적 작업을 위한 이론적 도구의 전래 과정과 국내적 수요라는 이론적 차원의 문제이다. 사실 이 두 측면은 하나의 문제의 다른 측면의 것으로 보아야 할 것이다. 이러한 지적이 옳다면 적실성을 갖춘 모든 이론적 작업은 결국 정치적 작업의 의미를 지니는 것으로 이해되어야 할 것이다. 이러한 관점에서 주권의 개념을 핵심적 문제 사항으로 다루고 있는 '만국공법'의 수용 문제는 단순한 서양의 서책이나 이론의 도입으로 그치는 것이 아니라 훨씬 복잡한 정치적 행위의 의미를 지니는 것이라 하겠다.[259]

이러한 각도에서 볼 때 조선의 근대로의 느린 전환과 그에 따른 여러 가지 정치적 역경은, 다른 근대적 개념에 대한 인식의 경우에도 마찬가지이겠지만, 주권 개념에 대해 보인 상대적으로 낮은 이론적 또는 현실정책적 관심도에 비례했던 것처럼 보인다. 유길준이 『서유견문』에서 주권을 논의하기 이전에 주권이라는 용어가 직접 사용된 예는 없지만 유사한 의미로서 '치국지권治國之權'이라는 말이 『한성순보』 1884년 2월 7일자 「譯民主與各國章程及公議堂解」라는 논설 속에서 나타나기도 했다. "泰西各國所行諸大端 其中最關緊要 而爲不拔之 基者其治國之權 屬之於民 仍必出之於民而究爲民間所設 也(서양 각국의 여러 가지 제도의 가장 중요한 요점으로 뺄 수 없는 기초는 나라를 다스리는 권력이 국

---

259 예컨대 일본에서의 '만국공법'의 도입과 『만국공법』 보급의 문제는 단순한 학술적 관심의 발현 그 이상의 것으로서 일본의 근대국가체제로의 편입과 전환이라는 정치적 문제와 직결된 일임은 잘 알려진 일이다. 이 점에 관해서는 강상규(2007), 앞의 책, 제2장 참조.

민에게 있고, 모든 권력이 국민에게서서 나와 시행되고 있다는 점이다).″[260] 아마도 이것이 주권에 관한 최초의 언급인 것으로 보인다.

1896년에 발간된 『독립신문』이 후일 설립된 독립협회의 주도 인물들에 의해 발간되었고, 또한 이 협회의 설립 취지가 청국으로부터의 독립과 직접 관련되었던 만큼 이 신문에서는 주권의 문제가 자주 언급되었을 것으로 기대된다. 그러나 '독립'이라는 단어가 '백성'과 '인민' 다음으로 사용빈도가 높았지만(1896년 131회, 1897년 199회, 1898년 358회, 1899년 85회), 이에 비해 주권이라는 단어는 전혀 사용되지 않고 이와 같은 의미로 볼 수 있는 '국권'의 경우는 각기 1회, 0회, 11회, 6회가 되었다.[261]

한편 『데국신문』 1902년 9월 19일자에는 「해면을 관할하는 주권」이라는 논설을 실어 주권의 문제를 상세히 다루고 있는데, 그 요지는 다음과 같다. 토지를 개간하고 인민을 보호해야 할 주권이 실질적으로 보호하는 힘을 세우지 않으면 허명에 불과하고 주권을 찾자면 힘을 먼저 세워야 한다. 공법상 해면 10리 안은 다 내 관할이라고 하지만, 경찰보호를 못하여 타국 병선이 임의로 출입하나 금지할 힘이 없거나 도적이 창궐하되 금단치 못하면 주권이 없는 것으로 간주된다. 주권은 얻기도 어렵지만 지키기도 어렵다.

이 이후로 주권의 문제는 언론보다는 거의 법률학 교과서에서 독점적으로 다루는 주제가 되었다. 우선 언급되어야 할 것은, 앞에서 논의한 유치형의 『헌법』이다. 일본의 헌법학자 호즈미 야쓰카의 강

---

260 번역은 김효전(2008), 『한국개념사총서 3 : 헌법』, 도서출판 소화.
261 김동택(2004), 앞의 논문, p.94.

의를 바탕으로 저술된 이 책에서 저자는 국가와 다른 조직을 구별하는 가장 중요한 것으로 주권의 존재 여부라고 말하면서 주권에 관해서 다음과 같이 언급한다.

苟 國家라 云호즉 其大小廣狹을 不問ᄒ고 主權이 必有ᄒ며 主權이 無ᄒ즉 國家가 無ᄒᄂ니 主權은 卽 國家의 存在를 代表혼 者니라. 主權이라 홈은 獨立이오 且 絶對無限의 權力을 云홈이나 獨立이라 홈은 他 權力下에 不立ᄒᄂ 意義오 絶對무한이라 홈은 國民約束을 依ᄒ야 然홈이 아니오 國民이 此에 服從홈에 當ᄒ야 一定혼 限界가 無홈을 意味홈이라.[262]

역시 앞에서 언급한 1908(?)년 『헌법』을 출판한 김상연은 책의 4분의 1 이상에서 국가의 문제를 다루고 있는데, 당연히 주권의 문제가 다루어진다. 그에 따르면 주권은 '최상·최고의 권력'을 말한다. 이때 이러한 최상·최고의 권력을 갖는 기관이 곧 국가인데, 이 국가의 권력 지위는 어떤 다른 기관이나 사람들이 아니라 스스로의 능력으로 확보되기 때문에 국가는 최고 기관이 될 수 있는 것이다. 김상연의 교과서가 저본으로 삼고 있는 책은 일본의 소에지마 기이치副島義一의 『일본제국헌법론日本帝國憲法論』이었다.[263]

이외에 내부의 관리였던 조성구도 1908년에 강술한 『헌법』에서 주권의 문제를 국가의 3요소 중 하나로 들고 있지만, 주권에 관한 추가적인 설명은 따로 없다.[264]

262 俞致衡(1981), 『헌법』, 아세아문화사 영인본, pp.4~5.
263 김상연의 『헌법』은 2004년 관악사에서 영인본이 발간되었다.
264 조성구의 『헌법』은 2004년 관악사에서 영인본으로 출간되었다.

주권 현실의 부재와 주권 개념 확립의 지연

서유럽에서 처음 발생할 당시의 맥락 속에서 주권의 문제를 검토할 때 그것은 우선 종교분쟁과 기타 분권적인 봉건세력들과의 갈등을 극복하고 중앙집권화의 필요성을 설득하기 위한 논의의 결론으로 나온 것이었다. 주권이 국내적으로 인정되는 최고의 권력 지위를 말하는 것이라면, 그것은 어떠한 세력에 의해서도 간섭받지 않는다는 것을 의미한다. 이러한 물리쳐야 할 간섭에는 당연히 대외적인 것도 포함된다. 따라서 대외적인 간섭으로부터 독립될 수 있어야 한다는 주장은 대내적 주권 확립의 필요성에 관한 논지에 이미 포함되어 있다. 물론 역사적으로 이러한 논리적 함의가 자동적으로 정치현실로 만들어진 것은 아니지만, 그러한 내외적 독립을 추구하는 과정에서 동원된 논리에는 대내적 최고성의 논지가 포함되어 있었다.

그런데 조선의 경우 이미 오랜 기간 효과적인 중앙집권체제를 누려 왔기 때문에 서양식 주권이론에 해당되는 정당화 이론이 제기되어야 할 현실적인 필요가 없었다. 따라서 별도의 주권이론이 만들어지지 않았다. 이러한 점은 오랫동안 중앙집권적 국가 생활을 누려 왔기 때문에 국가 자체를 설명하거나 정당화하는 별도의 논의 전통이 없었던 점과 짝을 이루는 현상이라고 볼 수 있다. 대내문제와 관련하여서는 특별한 경우를 제외하고서는 자치를 누렸지만, 대외적인 주권의 경우 중국을 상위 국가로 인정했기 때문에 서양식의 주권 개념을 제시할 수 있는 것도 아니었다.

주권의 개념이 처음으로 문제로 의식되었던 것은 앞에서 보았듯이 조선이 중국 중심의 사대질서를 벗어나고 대신 서양식 국제질서로 편입되는 과도기의 일이었다. 이 과정에서 조선이 서양식의 주권 지위를 추구할 때 기왕의 종주국인 중국에게는 이것이 자신의 권력 지위의 약화 또는 그러한 점에 대한 인정을 의미하는 것이었기 때문에 쉽게 받아들일 수 있는 일이 결코 아니었다. 이에 따라 나름대로 기왕의 지위를 유지하려는 노력을 상당히 기울였다. 이것이 당시 지식인들에게 근대식 주권의 문제의식을 불러일으킨 결정적인 계기가 되었다. 구체적으로는 유길준의 '양절체제' 논의가 가장 대표적인 것이다.

그러나 '양절체제'의 논의가 새로운 주권 개념에 대한 자각을 대표한다는 말 자체는 상당히 어폐가 있어 보인다. 왜냐하면 유길준의 논의에 공명하면서 동시에 그것을 계승할 만큼 이론적 진척을 보인 또 다른 논의들이 이어지지 않았기 때문이다. 말을 바꾸어 국권 수호나 유지를 위한 다양한 국민적 반응이 있었지만, 서양식 근대 국제질서의 사고틀을 바탕으로 하는 주권 개념이 표출된 논의는 유길준의 논의가 전부였던 것으로 보인다. 이러한 점에서, 근대식 주권의 개념에 대한 '사회적 수준에서의 수용'이라는 말을 하기에는 아직 이른 일이었다고 보는 것이 아마도 더 정확한 기술일 것이다.

유길준의 논의에 대하여 공명하는 논의가 있기 위해서는 사회 전체의 수준에서 근대식 국제체제의 특성에 대한 어느 정도의 예비지식을 갖고 있어야 함이 전제사항으로 여겨진다. 그러기 위해서는 독립적 또는 주권적 지위를 근대 국제정치의 맥락에서 이해할 수 있는 이론적 교육과 토론의 과정을 가졌어야 하는데, 그렇지 못했던 것은 잘 알려진 일이다. 이 문제는 '만국공법' 질서에 대한 사회적 차원의 관심을 전제로 하는 것이었다. 그러나 그 수용이 갖는 의미에 대한 이해 부족으로 초기에는 상당한 저항이 수반되었다는 점도 잘 알려진 사실이다. 특히 서양식 국제규범이 군사력을 바탕으로 하는 정치적 세력관계 위에서 작동한다는 현실에 대한 이해 부족으로 너무 많은 기대와 함께 너무 이른 좌절감으로 귀착되었다.[265] 이러한 점은 일본에서의 빠르고 활발했던 국제법 수용 과정과 여러모로 대비되는 일처럼 보인다.[266]

일단 국권을 완전히 상실한 시기에 주권문제에 대한 논의는 곧 국권회복운동을 의미하는 것이었다. 그 때문에 온전한 논의가 이 시기에 있을 수 없었던 점은 충분히 짐작되는 일이다. 따라서 주권문제에 관한 본격적 논의가 일단 국권이 회복된 1945년 이후의 일일 수밖에 없는 사정은 국가의 개념과 동일한 것이라 하겠다. 실제 국가의 개념이 곧 주권의 개념을 전제로 하는 것인 만큼 이 두 개념에 대한 사회적 토론의 부침은 동일한 궤적을 그릴 수밖에 없었던 것으로 여겨진다.

---

265 이 점과 관련되는 논의는 한림대학교 한국개념사총서 시리즈의 제1권인 김용구(2008), 『한국개념사총서 1 : 만국공법』, 도서출판 소화, pp.91~185 참조. 김세민(2002), 앞의 책, 3장과 4장은 당시 조야 지식인들과 언론의 태도를 다루고 있다.

266 일본에서의 기민한 만국공법 수용과 높은 사회적 관심도에 관해서는 강상규(2008), 「근대 일본의 대외인식 전환과 만국공법」 제2장에서 집중적으로 다루어지고 있다. 이러한 서양 문제에 대한 관심의 한일 간의 차이는 앞에서(제1부 제4장) 잠시 지적되었듯이, 후쿠자와의 『서양사정』이 해적판을 포함해서 25만 부나 팔렸던 것에 비해 『서유견문』은 1천 부를 저자 자신이 출판하여 친지들에게 배포했던 점과 비견되는 일로 보인다.

이 글에서 필자가 설정한 기본적인 목적은 한국사회에서의 국가 개념의 변천과정을, 우리 정치사의 경험이 갖고 있는 중층성重層性을 충실하게 반영하고 있다는 관점에서 설명하고, 나아가서 이것을 바탕으로 주체적인 정치의제 또는 프로그램의 설정과 관련된 적실성 있는 개념 정립의 전제조건을 성찰하는 데 있다.

표면적으로 볼 때 현재 우리의 정치체제는 서양에서 도입된 근대 국민국가the modern nation-state로 규정되고 있다. 현재 우리가 경험하고 있는 대내외적 정치문제는 1차적으로는 세계적 수준에서의 근대국가 체제의 틀을 기초로 규정된다. 이 때문에 우리의 의지와 무관하게 우리의 국가 관념의 상당 부분은 서양적 개념에 의해 지배되고 있다. 따라서 현재 우리가 갖고 있는 국가 개념의 형성 과정을 알기 위해서는 서양적 국가 개념의 역사적 뿌리를 알아야 할 필요가 생긴다.

그러나 실제의 행동이나 그 행동을 규정하는 정치의식 또는 정치문화는 여전히 전통적인 요소에서 완전히 벗어난 것은 아니다. 따라서 현실정치의 진정한 모습을 알기 위해서는 도입된 정치제도와 상호작용함으로써 그 도입된 제도가 원래의 생산지에서와는 다른 방식으로 작동하게끔 만든 전통적 정치문화의 실상을 이해할 필요가 있다. 우리가 압도적으로 서양식 제도를 채택하고 있는 정치현실 속에서도 우리의 전통정치 사상을 공부하는 것은 전통문화가 알게 모르게 우리의 현실에서 그 일부를 이루고 있어서 오늘의 현실을 제대로 이해하기 위해서는 필수적인 작업이기 때문이다.

서양적 국가 개념이 우리의 전통적 국가 개념을 대신하여 새로운 중심 개념이 되었다는 말은 단순한 이론 수용의 수준을 넘어서서 국가 및 그와 관련되는 일련의 정치적·사회적 가치, 규범 및 제도의 수용을 의미하는 것이다. 이러한 서양식 제도의 수용은 서양식 국가 체제가 갖는 권력조직으로서의 우월한 효용성과 관련된다.

우리가 앞에서 보았듯이 서양에서 새로운 (근대적) 국가 개념의 창출은 서양 사회가 갖는 성장 또는 발전과 유기적으로 연결된 다양한 내부적 갈등의 과정과 그 결과를 그대로 표출하는 것이었다. 근대국가the modern state는 16세기 유럽에서 배타적 영토 관념을 기반으로 만들어진 중앙집권적인 독특한 권력조직의 유형을 말한다. 이러한 배타성은 유사한 주변국들의 존재를 전제로 하는데, 말하자면 주변국들과의 긴장된 군사적 경쟁관계는 이들이 출현하였던 환경적인 조건이었다. 우리는 이 (정치적) 환경을 일컬어 근대국가 체제the modern state system라고 부른다. 서양에서 고대와 중세적 정치 경험을 바탕으로 하는 'republic · commonwealth'로서의 국가의 개념을 뒤로 밀어내고 'state'라는 새로운 개념이 국가를 지칭하는 대표 이름으로 정착하게 된 것은 근대국가를 중심적 체제로 하는 새로운 질서의 수립 과정을 그대로 반영하는 것이다.

주변국들과의 군사적 경쟁관계 속에서 근대국가가 태어났다는 사실은 이 국가들의 항구적 역동성의 원인이 되었고, 또한 이러한 역동성은 개별 국가들의 구조 속에 각인되었다. 경쟁관계 속에서의 생존을 위한 노력은 내부적으로 일원적이고 효율적 통치제제 수립의 필요성을 직접 자극하였고, 또한 이를 위한 작업은 각종 저항을 야기하였다. 이에 따른 정치적 · 사회적 및 종교적 갈등은 효과적인 정치권위에 의한 정치안정화 작업의 필요성을 더욱 자극하였다. 그 결과 제출된 논의가 국가주권론이었다. 이러한 의미에서 근대국가의 이론은 곧 주권의 이론이었고, 근대국가 개념의 역사는 주권 개념의 역사와 동일한 궤적을 그려 왔다고 이야기될 수 있는 것이다.

서양의 경우 고대에서 중세에 이르기까지의 국가 개념의 특성을 기본적으로 주어진 공동체 또는 그 구성원의 특성과의 연계 속에서 이해하고자 했다는 점에서 찾을 수 있다. 즉 국가는 특정 정체라는 관점에서만 이해되었다. 이에 비해 토머스 홉스에 의해 처음 성공적으로 시도되었다고 평가되는 근대적 국가 개념화 작업은 정체의 성격과 무관하게 모든 정치공동체라면 당연히 갖추고 있어야 할 최고의 정치권위, 즉 주권적 실체라는 점에서 정립된 것이었다. 그의 논의는 기본적으로 정체의 종류에 무관하게 주권적 권위체의 존재 이유를 밝히는 작업이었다. 기왕의 기독교적 설명을 배제한 바탕 위에서 인간적 효용이라는 새로운 관점에서 볼 때 안정된 사회는 자기보존이라는 점에서 그 필요성이 설명되었고, 이러한 사회는 그것을 필요로 하는 사람들 상호 간의 합의와 약속을 통해 수립된다고 주장되었다. 그러나 그에 따르면 칼swords로 무장한 최후의 심판자의 보증이 없는 사람들 사이의 약속은 단지 말words에 지나지 않는다. 따라서 우리는 주권자의 존재를 반드시 필요로 하고, 따라서 다시 새로운 계약을 통해 주권자를 수립한다고 말한다. 이 주권자는 우리의 필요와 효용 때문에 우리가 인위적으로 수립한 권위체인데, 홉스에게 국가는 바로 이것을 지칭하는 것이다.

서양에서 국가이론이 단일한 형태로 만들어지고 유포된 것은 결코 아니다. 홉스의 주장은 그것이 제시될 때의 영국과 프랑스의 내란 상황을 염두에 두고 이루어진 것이었다. 이러한 특수한 성격에도 불구하고 그것이 모든 국가에게 공통적으로 적용되는 보편성이 있었기 때문에 그 뒤 여러 나라에서 지속적으로 논의되었다. 그러나 그러한 보편성에도 불구하고 다른 나라들에게는 나름대로의 특수한 사정이 있었던 까닭으로 국가의 논의는 홉스의 그것과는 다른 측면에서 강조되면서 다시 짜이게 되었다.

홉스의 논의는 국가라는 권위체를 그것이 봉사하게 되는 모체 사회 또는 공동체의 구체적 성격과 애써 분리시킨 채 정의하는 작업이었는데, 실제에서 국가조직과 공동체는 역사적으로 분리되어 존재한 것은 아니었다. 또한 이러한 논의는 절대주의 왕정을 지지하는 이데올로기로서 기능하였기 때문에 국가라는 조직의 결합을 공동체의 결합이라는 관점에서 새롭게 설명하는 시도가 더 큰 대중적 설득력을 갖게 되었다. 특히 이러한 이론적 시도는 문화적 단일체 의식은 갖추고 있었지만, 그것에 합당하는 단일한 정치조직으로서 통일국가를 갖추지 못했던 독일에서 강력하게 이루어졌다. 이곳에서 국가는 단순히 모체사회의 안녕을 보장해 주는 수단적 장치의 성격을 넘어서서 이미 단일한 조직으로서 결성되어 있는 민족집단Volk의 정치적 외피로 규정됨으로써 민족에 대한 규정은 그대로 국가에 적용되는 것이었다. 즉 처음에는 민족이 하나의 유기체적 존재로서 비유적으로 규정되는 데에서 출발하여, 이러한 유기체적 성격이 바로 국가를 규정하는 특성이 되었다. 그리고 국가는 윤리적 실체로서 고양되기에 이르렀다.

한국에서 처음 수용한 서양적 국가 개념은 바로 독일에서 성장한 이 유기체이론이었음은 이미 앞에서 지적된 바 있다. 한국을 포함한 동아시아에서도 나름대로 상당히 오래된 국가의 개념이 있었다. 그러나 서양과 달리 '국가 부재'를 경험한 시기가 없었던 관계로 국가의 개념은 상당한 안정성을 누려 왔다. 현실의 정치에서는 상당한 어려움이 많았음에도 주어진 정치공동체를 포괄하는 윤리적 공동체라는 관념이 유교이론을 바탕으로 생명력을 이어 왔다. 이러한 관념은 서양의 commonwealth, republic으로서의 국가 관념에 비유될 수 있는 것으로 여겨진다.

그러나 19세기 중반 이후 서양 제국주의의 전 지구적 확장 과정에서 동아시아적 국가조직의 후진성이 여실히 폭로되었고, 이 과정에서 겪은 '수모'를 극복하려는 개혁운동은 국가에 관한 새로운 개념화 작업으로부터 출발하였다. 물론 이러한 개혁운동의 자발성 자체에 대해서는 아무런 의심의 여지가 없지만, 그 구체적 프로그램은 서양에서 유래된 국가 개념에서 자극된 바 적지 않다. 우선 일반 대중을 국민으로서 재규정하여 국가적 활력의 원천으로 활용하는 민족주의 프로그램이 먼저 제시되었고, 부국강병을 바탕으로 하는 국가 능력의 제고가 그다음의 작업으로 이어졌다.

실제 근대국가의 성장과 관련된 핵심문제는 두 번째의 작업을 위해 첫 번째의 작업을 진작하는 일이었다. 물론 이러한 '근대화' 작업의 선도국에서는 구체적으로 그러한 문제에 대한 별다른 의식 없이 작업이 이루어졌지만, 후발 국가에서는 의식적으로 그러한 프로그램을 이론화하는 작업이 반드시 이루어져야 했는데, 아마도 독일을 그 성공적인 사례로 꼽을 수 있을 것이다.

독일에서의 이러한 성공 사례와 유기체적 국가이론이 갖는 동아시아의 가부장적 권위주의와의 친화성 때문에 독일의 국가이론들이 일본과 중국의 이론가들을 거쳐 한국에도 비교적 쉽게 전파되었다고 여겨진다. 우리는 이러한 사실의 단적인 예를 단재 신채호의 경우에서 발견할 수 있다. 그의 논의들이 그에 앞선 논객들과 구분되는 점은 바로 이러한 근대적 의미의 민족문제를 국가론의 중심 논지로서 채택했다는 사실에서 발견된다.

그러나 불행하게도 이러한 논의의 맥락이 한일합방에 따른 국권상실의 사태와 함께 일단 중단되었다. 이 문제에 대한 논의가 다시 한국사회에서 공개적으로 이어진 것은 해방 이후의 일이었다. 그러나 해방 이후 주어진 분단의 정치적 환경은 한국인의 정치적 정체성을 논의하는 이론적 환경을 바로 압도함으로써 자신의 위치를 규정하는 정치이론들도 분단된 형태를 취했다. 분단되지 않은 점을 들자면 남북한 모두에서 국제정치의 맥락에 유입된 외래의 정치이론들이 모두 강제적으로 부과되어 정치현실과 무관한 채 왜곡된 정치현실을 호도하는 이데올로기적 기능만 수행하게 되었다는 사실이다.

남북한 모두에게 또 다른 공통점을 발견할 수 있다. 장기간의 식민통치에서 해방된 이후 국가조직을 수립하는 과정에서 남북한 공히 민족주의의 이념이 갖는 정치적 권위는 다른 어떤 정치적 가치를 앞지르는 것이었다. 그리고 강력한 국가건설, 사회동원 및 경제기반의 구축은 절대적으로 중요한 사항이었다. 사회의 능력이 상대적으로 약했던 다른 동아시아 국가들과 마찬가지로 그러한 작업을 수행함에 강력한 국가의 역할이 필요했던 것 또한 남북한 모두 공통된 사항이었다. 한편 국가의 주도적 역할과 이로 말미암은 권위주의 정치의 정착은 별도의 정당화를 필요로 하는 작업이었다. 그런데 이러한 작업은 모두가 표면적으로는 최고의 정치적 가치 원천으로서 민족의 이름을 빌려 이루어졌다. 그리고 국가를 민족과 동일시하는 논의를 바탕으로 국가 그 자체를 최고의 정치적 가치로 삼는 국가주의 또는 국가지상주의의 사유가 성장하게 되었다.

남북한의 상황은 그다음부터는 다른 모습을 취하면서 전개되었다. 북한의 경우는 자유로운 지적 활동이 원천적으로 국가에 의해 봉쇄되었기 때문에 사회가 자신에 알맞은 새로운 정치이론 또는 사회이론을 만드는 일이 근본적으로 불가능해졌다. 남한의 경우는 자유로운 의사 표출을 중시하는 자유주의체제가 남북한의 이데올로기적 대결 구도 속에서 위선으로서만 존재할 수 있었고, 현실세계에서는 근대화와 민족주의의 명분하에 국가권위주의가 더욱 강화되었다.

특히 남한의 경우 장기간의 억압 상황을 벗어난 후 갑작스럽게 자유로운 토론 환경이 보장되었기 때문에 외래 세계와 접하게 되면서 이론적 세련도의 면에서 기성의 토착 이론들과는 비교할 수 없을 정도로 뛰어난 다양한 이론이 아무런 여과 과정이나 현실과의 적실성에 대한 검토의 기회도 갖지 않은 채 동시적으로 유입되어 현실문제에 대한 사회적 토론의 자원 또는 도구로 활용되었다. 따라서 우리 나름대로 갖고 있던 사회적 토론을 위한 전통상의 이론적 자원들이 일거에 경시되거나 부인되었고, 서양에서 유입된 다양한 논의들이 소위 '보편적 민주화'의 상황에서 그 원산지에서 갖고 있던 상호 연계성이나 맥락 또는 계층구조 등에 대한 별다른 비판적 고려 없이 무차별적으로 수용되는 지적 풍토가 강화되었다. 이러한 풍토는 현실과의 높은 적실성을 보이는 소위 '주체적'인 지적 환경의 성장을 현저히 방해하였다. 따라서 사회적으로 새로운 문제가 제기될 때마다 그와 관련된 논의는 수입된 기성 이론을 바탕으로 이루어지고 상황이 변해도 이러한 행태는 반복되는 양상을 보여 왔다. 이 점과 관련하여 우리는 주어진 국가 개념의 주제를 두고 해방 이후의 시기를 별도로 고찰해야 할 필요를 느낀다. 이러한 구체적 상황에 대한 논의는 이 글에서 다루어지지 않고 있지만, 이 책의 후속 작업으로서 새로 추진되어야 할 것이다. 여하튼 이 책에서 우선적으로 의도했던 점은 우리가 오랜 기간 갖고 있다고 생각했던 우리 나름의 국가 개념이 의외로 그리 오래전에 만들어진 것이 아닌 새로운 개념과 중첩되고 있다는 점, 그리고 서양에서 만들어져 변형을 거치면서 세계적으로 확산된 국가 개념과의 연계 속에서 우리의 국가 개념의 의미를 제대로 알 수 있다는 점 등을 밝히는 것이었다.

실제 국가의 개념은 국가에 관한 일반적 학설을 말하는 것이 아니라 국가라는 주어진 삶을 규정하는 큰 틀에 관해서, 해당되는 사회가 갖는 관념들의 복합체를 말한다. 여기에는 어떠한 삶이 가치

있고 의미가 있으며, 또한 인륜에 합치되는 것인가에 관한 나름대로 의 판단도 포함되어 있다. 어떤 특정한 방향으로의 선택을 강요할 수는 없는 일이지만, 바람직한 판단에 도달하기 위해서는 현실의 조 건에 맞는 일정한 제한된 폭을 갖는 의제 설정이 중요한 것으로 여 겨진다. 이와 관련하여 무엇보다 중요한 전제조건은 구성원 각자가 자유스럽게 의견을 제출할 수 있는 자유로운 지적 환경의 보장이다. 지적 토론의 자유는 반드시 보장되어야 하지만, 동시에 다양한 의견 사이에는 중요도에서 선후와 상하가 있다는 점 또한 강조할 필요가 있을 것이다. 자유로운 지식의 습득과 개진도 중요하지만, 다양한 지식 사이에 존재하는 질서가 있음을 인지하고 이러한 질서가 강제 없이 인정될 수 있는 사회적 분위기의 진작과, 동시에 지식문제와 관련하여 사회적으로 인정받는 권위의 수립 또한 대단히 긴요한 일 이라고 여겨진다.

| 참고문헌 |

1. 1차 문헌

1) 국내 자료

『經世遺表』http://www.krpia.co.kr/pcontent/?svcid=KR&proid=8

『國民須知』(1906)*

『畿湖興學會月報』

『大朝鮮獨立協會會報』

『大韓留學生會學報』

『大韓自强會月報』

『大韓學會月報』

『大韓協會會報』

『大韓興學報』

『磻溪隨錄』http://www.krpia.co.kr/pcontent/?svcid=KR&proid=44

『三國史記』http://www.krpia.co.kr/pcontent/?svcid=KR&proid=4

『三國遺事』http://www.krpia.co.kr/pcontent/?svcid=KR&proid=4

『西北學會月報』

『西友』

『朝鮮王朝實錄』http://sillok.history.go.kr

『太極學報』

『湖南學報』

權鳳洙(1906), 『法學通論』.

金都鍊 역주(1990), 『朱註今釋 論語』, 현음사.

김부식(1996), 『삼국사기』(개정판), 이병도 역주, 을유문화사.

金祥演(1908?), 『憲法』.

---

* 김효전(1996), 『서양 헌법 이론의 초기 수용』, 철학과 현실사, pp.422~431.

김윤식(1958), 『陰晴史』, 국사편찬위원회.

김윤식(1980), 『金允植全集』, 한국학문헌연구소편, 아세아문화사.

나진 · 김상연(1986), 『國家學』, 부산 : 민족문화.

『萬歲報』 연재 「국가학」(2003), 김효전 역주, 도서출판 관악사.

단국대학교 동양학연구소 편(1979~1989), 『張志淵全書』 전 10권, 단국대
학교출판부.

단재신채호선생기념사업회 편(1975), 『단재신채호전집』 전 4권, 형설출판사.

安國善(1907), 『정치원론』, 황성신문사.

安鍾和(1907), 『國家學綱領』.

유길준(1998), 『정치학』, 한석태 역주, 경남대학교출판부.

유길준(2004), 『서유견문』, 허경진 역, 서해문집.

俞吉濬全書編纂委員會 編(1971), 『俞吉濬全書 I : 西遊見聞(全)』, 일조각.

俞星濬(1905), 『法學通論』.

俞致衡(1908), 『憲法』.

일연(2002), 『삼국유사』, 김원중 역, 을유문화사.

鄭寅琥(1908), 『國家思想學』.

趙聲九(1908), 『憲法』.

朱定均(1908), 『법학통론』.

梁啓超(1935), 「政治學大家伯倫智理之學說」, 『飮冰室文集 13』, 上海 : 大達
圖書供應社.

2) 번역서

데니, O. N.(1999), 『淸韓論 外』, 신복룡 · 최수근 역주, 집문당.

루소, 장 자크(2004), 『장자크 루소와 국제정치』, 김용구 편역, 도서출판 원.

시에예스, E. J.(2003 / 1789), 『제3신분이란 무엇인가』, 박인수 역, 책세상.

헤겔, G. W. F.(1989), 『법철학』, 임석진 역, 지식산업사.

휘튼, 헨리(1981), 『만국공법』(한국근대법제사료총서 1), 아세아문화사.

3) 해외 자료

Aristotle(1958), *The Politics of Aristotle*, Ernest Barker(tr.), Oxford University

Press.

Bluntschli, Johann Kaspar(1885 / 2000), *Theory of the State*, Kitchener, Canada : Batoche.

Bodin, Jean(1962), *The Six Bookes of a Commonweale*, facsimile reprint of Knolles translation of 1606 with apparatus and introduction by Kenneth D. McRae, Cambridge : Harvard University Press.

Bodin, Jean(1992), *On Sovereignty : Four Chapters from the Six Books of the Commonwealth*, Julian H. Franklin(ed. & tr.), Cambridge : Cambridge University Press.

Grotius, Hugo(1916), *On the Law of War and Peace*, Francis W. Kelsey(tr.), Washington : Carnegie Foundation.

Hegel, G. W. F.(1999), *Political Writings*(Cambridge Texts in the History of Political Thought), Laurence Dickey and Hugo Barr Nisbet(eds.), Hugo Barr(tr.), Cambridge : Cambridge University Press.

Herder, Johann Gottlieb von(1969), *J. G. Herder on Social and Political Culture*, F. M. Barnard(tr. & ed.), Cambridge : Cambridge University Press.

Hobbes, Thomas(1996), *Leviathan*, Richard Tuck(ed.), Cambridge : Cambridge University Press.

Locke, John(1967), *Two Treatises of Civil Government*, Peter Laslett(ed.), Cambridge : Cambridge University Press.

Rousseau, Jean-Jacques(1992), *Discourse on the Origin and Foundations of Inequality among Men, The Collected Writings of Rousseau*, Vol.3, Hanover, N.H. : University Press of New England.

Vattel, Emmerich de(1916), *The Law of Nations*, Washington, D.C. : Carnegie Institution of Washington.

1. 2차 문헌

1) 국내 단행본

강상규(2007), 『19세기 동아시아의 패러다임 변환과 제국 일본』, 논형.

김도형(1994), 『大韓帝國期의 政治思想研究』, 지식산업사.

김세민(2002), 『韓國近代史와 萬國公法』, 경인문화사.

김영작(2006), 『한말 내셔널리즘 : 사상과 현실』, 백산서당.

김용구(1997), 『세계관 충돌의 국제정치학』, 나남출판.

김용구(2008), 『한국개념사총서 1 : 만국공법』, 도서출판 소화.

김용민(2004), 『루소의 정치철학』, 인간사랑.

김학준(2000), 『한말의 정치학 수용연구』, 서울대학교출판부.

金翰奎(1982), 『古代中國的 世界秩序研究』, 일조각.

김효전(1996), 『서양헌법이론의 초기수용』, 철학과현실사.

김효전(2000), 『근대한국의 국가사상』, 철학과현실사.

김효전(2008), 『한국개념사총서 3 : 헌법』, 도서출판 소화.

박상섭(1986), 『근대국가와 전쟁』, 나남출판.

박상섭(2002), 『국가와 폭력 : 마키아벨리 정치사상 연구』, 서울대학교출판부.

朴忠錫(1982), 『韓國政治思想史』, 삼영사.

宋榮培(1986), 『中國社會思想史』, 한길사.

신용하(1976), 『獨立協會研究』, 일조각.

신용하(1984), 『신채호의 사회사상 연구』, 한길사.

신용하(2001), 『甲午改革과 獨立協會運動의 社會史』, 서울대학교출판부.

신일철(1983), 『신채호의 역사상 연구』, 고려대학교출판부.

유영익(1992), 『한국근현대사론』, 일조각.

尹乃鉉(1984), 『商周史』, 민음사.

이광린(1979), 『한국개화사상연구』, 일조각.

전복희(1996), 『사회진화론과 국가사상 : 구한말을 중심으로』, 한울아카데미.

정옥자(1998), 『조선후기 조선중화사상 연구』, 일지사.

韓國學文獻研究所 편(1981) 『만국공법』, 아세아문화사.

2) 국내 논문

길진숙(2006), 「문명의 재구성 그리고 동양 전통 담론의 재해석 : 『황성신문』을 중심으로」, 이화여대 한국문화연구원 편, 『근대계몽기 지식의 발견과 사유 지평의 확대』, 소명출판.

김 근(2004), 「동아시아에 국가가 있는가?」, 『中國語文學誌』 제16권.

김동택(2004), 「『독립신문』의 근대국가 건설론」, 『社會科學研究』 제12권 제2호.

김영무(2004), 「張志淵의 梁啓超 수용에 관한 연구」, 『中國文學』 제42권.

박찬승(2002), 「20세기 韓國 國家主義의 起源」, 『韓國史研究』 제117호.

신연재(1991), 「동아시아 3국의 社會進化論 受容에 관한 연구 : 加藤弘之, 梁啓超, 申采浩의 사상을 중심으로」, 서울대학교 박사학위논문.

우남숙(1997), 「장지연의 국가론 연구」, 『한국정치외교사논총』 제17집.

우남숙(1999), 「한국근대사에서의 사회진화론 수용 양식 : 장지연·박은식·신채호를 중심으로」, 『한국정치외교사논총』 제21집 제1호.

이한수(2002), 「조선 초기 '家'와 '國家'에 관한 논쟁 : 양녕대군 폐세자와 세종의 즉위과정을 중심으로」, 『역사와 사회』 제28집.

정용화(1998), 「유길준의 정치사상 연구 : 전통에서 근대로의 복합체 이행」, 서울대학교 박사학위논문.

정용화(2003a), 「서구 인권 사상의 수용과 전개 : 『독립신문』을 중심으로」, 『한국정치학회보』 제37집 제2호.

정용화(2003b), 「전환기 자주외교의 개념과 조건 : 19세기말 조선의 대청 외교의 이론적 고찰」, 『국제정치논총』 제43집 제2호.

정용화(2004), 「근대 한국의 주권 개념의 수용과 적용」, 『세계정치』 제1권.

주진오(1993), 「독립협회의 주도세력과 참가계층 : 독립문 건립 추진위원회 시기를 중심으로」, 『동방학지』 제77~79집 합집.

홍원표(2003), 「독립협회의 국가건설사상 : 서재필과 윤치호」, 『국제정치논총』 제43집 제4호.

3) 번역서

루소, 장 자크(2004), 『장자크 루소와 국제정치』, 도서출판 원.

부르트하르트, 야코프(1983), 『이탈리아의 르네상스 문화』, 정운룡 역, 을
유문화사.

슈미드, 앙드레(2007), 『제국 그 사이의 한국』, 정여울 역, 휴머니스트

슈미트, 칼(1988), 『정치신학 외』, 김효전 역, 법문사.

옐리네크, 게오르크(2005), 『일반국가학』, 김효전 역, 법문사.

울만, W.(2000), 『서양중세정치사상사』, 박은구 · 이희만 역, 숭실대학교출
판부.

이시다 다케시(2003), 『일본의 사회과학』, 한영혜 역, 도서출판 소화.

폿지, 잔프랑코(1995), 『근대국가의 발전』, 박상섭 역, 민음사.

헬러, 헤르만(1997), 『국가론』, 홍성방 역, 민음사.

4) 해외 자료

Aris, Reinhold(1936), *History of Political Thought in Germany from 1789 to
1815*, London : Russell and Russell.

Asao Naohiro(朝尾直弘, 1991), "The Sixteenth Century Unification," in
John W. Hall et al.(eds.), *The Cambridge History of Japan*, Vol.4,
Cambridge : Cambridge University Press.

Barker, Ernest(1930), *Church, State and Education*, London : Methuen.

Barnard, Frederick M.(1965), *Herder's Social and Political Thought*,
Oxford : Clarendon.

Barnard, Frederick M.(1984), "Patriotism and Citizenship in Rousseau : A
Dual Theory of Public Willing?," *Review of Politics*, 46-2.

Bartelson, Jens(1995), *A Genealogy of Sovereignty*, Cambridge : Cambridge
University Press.

Bastid-Bruguière, Marianne(2004), "The Japanese-Induced German Con-
nection of Modern Chinese Ideas of the State : Liang Qichao and
Guojia lun of J.K. Bluntschli," in Joshua A. Fogel(ed.), *The Role of
Japan in Liang Qichao's Introduction of Modern Western Civilization
to China*, Berkeley, Cal. : Institute for East Asian Studies, University of
California.

Beiser, Fredrick C.(1992), *Enlightenment, Revolution, and Romanticism : The Genesis of Modern German Political Thought, 1790~1800*, Cambridge : Harvard University Press.

Beiser, Fredrick C.(2005), *Hegel*, London : Routledge.

Brunner, Otto, Werner Conze and Reinhart Koselleck(eds.)(1990), *Gechichtliche Grundbegriffe*, Vol.6, "Staat and Souveränität" 항목, Stuttgart : Klett-Cotta.

Bull, Hedley(1977), *The Anarchical Society : A Study of Order in World Politics*, New York : Columbia University Press.

Canning, Joseph P.(1980a), "A Fourteen-Century Contribution to the Theory of Citizenship : Political Man and the Problem of Created Citizenship in the Thought of Baldus de Ubaldis," in *Authority and Power : Studies on Medieval Law and Government Presented to Walter Ullmann on his Seventieth Birthday*, Brian Tierney and Peter Linehan(eds.), Cambridge : Cambridge University Press.

Canning, Joseph P.(1980b), "The Corporation in the Political Thought of the Italian Jurists of the Thirteenth and Fourteenth Centuries," *History of Political Thought*, 1.

Canning, Joseph P.(1996), *A History of Medieval Political Thought, 300~1450*, London : Routledge.

Davis, Winston(1996), *The Moral and Political Naturalism of Baron Kato Hiroyuki*, Berkeley, Cal. : Institute of East Asian Studies, University of California.

Dickens, Peter(2000), *Social Darwinism : Linking Evolutionary Thought to Social Theory*, Philadelphia : Open University Press.

Dyson, Kenneth(1980), *The State Tradition in Western Europe : A Study of an Idea and Institution*, New York : Oxford University Press.

Easton, David(1953), *The Political System*, New York : Alfred Knopf.

Elton, G. R.(1974), *England under the Tudors*, 2nd ed., London : Methuen.

Fogel, Joshua A.(2004), *The Role of Japan in Liang Qichao's Introduction of*

Modern Western Civilization to China, Berkeley, Cal.: Institute for East
Asian Studies, University of California.

Giddens, Anthony(1985), *The Nation-State and Violence*, Berkeley :
University of California Press.

Gierke, Otto(1957), *Natural Law and the Theory of Society, 1500 to 1800*,
Ernest Barker(tr.), Boston : Beacon.

Gilbert, Felix(1965), *Machiavelli and Guicciardini : Politics and History in
Sixteenth Century Florence*, Princeton, N. J. : Princeton University
Press.

Gluck, Carol(1985), *Japan's Modern Myths : Ideology in the Late Period*,
Princeton : Princeton University Press.

Hexter, John. H.(1973), *The Vision of Politics on the Eve of the Reformation*,
New York : Basic Books.

Hinsley, Francis Harry(1986), *Sovereignty*, 2nd ed., Cambridge : Cambridge
University Press.

Huntington, Samuel P.(1966), *Political Order in Changing Societies*, New
Haven : Yale University Press.

Iggers, Georg(1983), *The German Conception of History : The National
Tradition of Historical Thought from Herder to the Present*, Middletown,
Conn. : Wesleyan University Press.

Kantorowicz, Ernst H.(1957), *The King's Two Bodies : A Study in Medieval
Political Theology*, Princeton : Princeton University Press.

Laborde, Cecile(2000), "The Concept of the State in British and French
Political Thought," *Political Studies*, Vol.48.

Liu, Lydia H.(1995), *Translingual Practice : Literature, National Culture, and
Translated Modernity : China, 1900~1937*, Stanford : Stanford Uni-
versity Press.

Manicas, Peter T.(1987), *A History and Philosophy of the Social Sciences*,
Oxford : Blackwell.

Mansfield, Harvey C.(1996), *Machiavelli's Virtue*, Chicago : University of

Chicago Press.

Martimes, Lauro(1979), *Power and Imagination : City-States and in Renais-sance Italy*, Baltimore : Johns Hopkins University Press.

Meadowcroft, J.(1995), *Conceptualizing State : Innovation and Dispute in British Political Thought 1880~1914*, Oxford : Oxford University Press.

Meinecke, Friedrich(1957), *Machiavellism : The Doctrine of Raison d'État and Its Place in Modern History*, D. Scott(tr.), London : Routledge and Kegan Paul.

Mommsen, Wolfgang(1984), *Max Weber and German Politics 1890~1920*, M. S. Steinberg(tr.), Chicago : University of Chicago Press

Murphy, Alexander B.(1996), "The Sovereign State System as Political-Territorial Ideal : Historical and Contemporary Considerations," in T. Bierstecker and C. Weber(eds.), *State Sovereignty as a Social Construct*, Cambridge : Cambridge University Press.

Nettl, J. Peter(1968), "The State as a Conceptual Variable," *World Politics*, 20-4.

Onuf, Nicholas Greenwood(1991), "Sovereignty : Outline of a Conceptual History," *Alternatives*, 16.

Pennington, Kenneth(1993), *The Prince and the Law, 1200~1600 : Sovereignty and Rights in the Western Legal Tradition*, Berkeley : University of California Press.

Post, Gaines(1964), *Studies in Medieval Legal Thought : Public Law and the State, 1100~1322*, Princeton : Princeton University Press.

Richter, Melvin(1995), *The History of Political and Social Concepts : A Critical Introduction*, New York : Oxford University Press.

Riedel, Manfred(1984), *Between Tradition and Revolution : The Hegelian Transformation of Political Philosophy*, Walter Wright(tr.), Cambridge : Cambridge University Press.

Rubinstein, Nicolai(1971), "Notes on the Word Stato in Florence before

Machiavelli," in J. G. Rowe and W. H. Stockdale(eds.), *Florilegium Historiale : Essays Presented to Wallace K. Ferguson*, Toronto : University of Toronto Press.

Schmitt, Carl(1988), *Positionen und Begriffe*, 2nd ed., Berlin : Cuncker & Humblot.

Service, Elman(1975), *Origins of the State and Civilization*, New York : Norton.

Shennan, Joseph Hugh(1974), *The Origins of the Modern European State 1450~ 1725*, London : Hutchinson University Library.

Skinner, Quentin(1978), *The Foundations of Modern Political Thought*, 2 vols., Cambridge : Cambridge University Press.

Skinner, Quentin(1989), "The State," in Terence Ball, James Farr and Russell L. Hanson(eds.), *Political Innovation and Conceptual Change*, Cambridge : Cambridge University Press.

Spruyt, Hendrik(1996), *The Sovereign State and Its Competitors An Analysis of Systems Change*, Princeton, N. J. : Princeton University Press.

Stark, Werner(1962), *The Fundamental Forms of Social Thought*, London : Routledge & Kegan Paul.

Strauss, Leo(1953), *Natural Right and History*, Chicago : University of Chicago Press.

Svarverud, Rune(2010), "Sovereignty and Conceptual Change in Late Qing China," 『개념과소통』 제6호.

Tilly, Charles(1975), *The Formation of National States in Western Europe*, Princeton, N. J. : Princeton University Press.

Tuck, Richard(1993), *Philosophy and Government, 1572~1651*, Cambridge : Cambridge University Press.

Tuck, Richard(1999), *The Rights of War and Peace : Political Thought and the International Order from Grotius to Kant*, Oxford : Oxford University Press.

Ullmann, Walter(1961), *Principles of Government in the Middle Ages*, London : Methuen.

Ullmann, Walter(1968/1969), "Juristic Obstacles to the Emergence of the Concept of the State in the Middle Ages," *Annali di Storia del Diritto*.

Viroli, Maurizio(1992), *From Politics to Reason of State : The Acquisition and Transformation of the Language of Politics 1250~1600*, Cambridge : Cambridge University Press.

Weber, Max(1946), "Religious Rejections of the World and Their Directions," in H. H. Gerth and C. W. Mills(eds.), *From Max Weber : Essays in Sociology*, New York : Oxford University Press.

Weber, Max(1968), *Economy and Society*, G. Roth and C. Wittich(eds.), New York : Bedminster.

Weinacht, Paul-Ludwig(1968), *Staat : Studien zur Bedeutungsgeschichte des Wortes von den Anfängen bis ins 19. Jahrhundert*, Berlin : Duncker & Humblot.

尾形勇(1979),『中國古代の'家'と國家：皇帝支配下の秩序構造』, 東京：岩波書店.

石田雄(1976),『日本近代思想史における法と政治』, 東京：岩波書店.

石塚正英・柴田隆行 監修(2003),『哲學・思想飜譯語事典』, 東京：論創社.

小倉芳彦(1969),「補論・國家と民族」, 菅沼正久 他 編,『講座現代中國 第2：中國革命』, 東京：大修觀書店.

小倉芳彦(1978),『逆流と順流：わたしの中國文化論』, 東京：研文出版.

| 찾아보기 |

ㄱ

가마쿠라 막부(鎌倉幕府) 100

가족 77, 92, 95, 165, 167, 170, 171

가토 히로유키(加藤弘之) 158, 164

갑골문 90

겐츠(Friedrich von Gentz) 78

공가(公家) 97, 98

관가(官家) 98

광개토대왕 비문 104

구와바라 지쓰조(桑原隲藏) 95

국가이성 43, 44, 46~54, 73

국가지상주의 177, 180, 251

국민(nation) 69, 70, 83, 100, 134~
137, 141, 147, 152, 153, 161, 164~
166, 170, 173, 175, 176, 179, 223,
224, 243, 249

국민국가(the nation state) 69, 172

국민주권설(the theory of national sover-
eignty) 70

국법학(Staatsrechtslehre) 84, 85

국제(공)법 124, 140, 182, 213, 214~
217, 222~224, 228, 230, 233, 237,
244

국제사회 207, 210, 212, 214, 219

군민공치체제 133, 134

굼플로비츠(Ludwig Gumplowicz) 152

권봉수(權鳳洙) 153

귀차르디니(Francesco Guicciardini) 37,
38, 44

그레고리우스 7세(Gregorius VII) 196

그로티우스(Hugo Grotius) 72, 213~
217, 222

근대국가체제 20, 121, 172, 175

근대 국제질서 124, 126, 130, 187, 188,
226~228, 231, 243

기독교권 193, 198, 201, 202, 209, 210,
214~216

기든스(Anthony Giddens) 207

김상연(金祥演) 153, 154, 157, 158, 241

김성희(金成喜) 152, 163, 164

김윤식(金允植) 150, 230, 232, 233

김홍집(金弘集) 138, 145, 146

『경세유표(經世遺表)』 109, 116~118

『고사기(古事記)』 100

『국가론』(보댕) 69, 186, 200

『국가학(國家學)』(나진 · 김상연) 153~
155, 157, 158

『국민수지(國民須知)』 152

『국법범론(國法汎論)』 158

『국제법 원리(*Elements of International*

Law)』 228

『군주론(*Il Principe*)』 38~40

ㄴ

나진(羅璡) 153, 154, 157, 158

낭만주의 74, 78, 79, 163

낭트칙령 203

노데(Gabriel Naudé) 50

노발리스(Novalis) 78, 79

『논어(論語)』 96, 97

ㄷ

다원주의 180

다이묘(大名) 101

단자(monad) 74

대국가(civitas maxima) 217

대인류사회(magna societas humani generis) 216

대한자강회(大韓自强會) 152, 163

대한협회(大韓協會) 152, 163

데니(O. N. Denny) 234~236

도요토미 히데요시(豊臣秀吉) 101

도쿠가와 이에야스(德川家康) 101

독립협회 146, 240

동도서기(東道西器) 125, 149

『대한매일신보(大韓每日新報)』 165, 173

『뎨국신문(帝國新聞)』 240

『독립신문(獨立新聞)』 145~149, 240

『독일국가학사전(*Deutsches Staats-Wörterbuch*)』 86

ㄹ

라이프니츠(Gottfried Leibniz) 74

라트겐(Karl Rathgen) 138, 139, 143

로마법 30, 181, 190, 195~199

로크(John Locke) 61, 138

루소(Jean Jacques Rousseau) 65~69, 74, 138, 155, 223

리비우스(Titus Livius) 30

리슐리외(Armand Jean du Plessis Richelieu) 49, 50

리훙장(李鴻章) 232

립시우스(Justus Lipsius) 45, 50

『리바이어던(*Leviathan*)』 63

ㅁ

마르실리오(Marsiglio di Padova) 63

마르크스주의 88

마숑(Louis Machon) 50

마키아벨리(Niccolò Machiavelli) 38~41, 43, 44, 47

마테오 빌라니(Matteo Villani) 36

마틴(W. A. P. Martin) 228, 230

만민법(ius gentium) 211, 212, 216

메디치(Lorenzo di Piero de' Medici) 36, 37, 50

모어(Thomas More) 31

몰(Robert von Mohl) 84

몽테뉴(Michel Eyquem de Montaigne)

45, 50

밀렌도르프(Paul Georg von Mölendorf) 234

뮐러(Adam Heinrich von Müller) 78, 79

민족(Volk) 70, 74~79, 83, 87, 88, 135, 162, 167~169, 172~174, 249, 251

민족국가 169, 174, 175

민족정신(Volkgeist) 79, 152, 172~ 174

민족주의 20, 73, 74, 76, 78, 79, 82, 83, 142, 163, 170, 179~181, 188, 223, 224, 249, 251

밀턴(John Milton) 61

『만세보(萬歲報)』 154

『맹자(孟子)』 98

『묵자(墨子)』 97

ㅂ

바르톨로뮤 축일(8월 24일) 학살사건 50

바르톨루스(Bartolus de Saxoferrato) 199, 208, 233

바이나흐트(Paul-Ludwig Weinacht) 53

바커(Ernest Barker) 71

박은식(朴殷植) 150

박정양(朴定陽) 237

발두스(Baldus de Ubaldis) 199, 200, 233

백성의 안녕(salus populi) 65, 112

버크(Edmund Burke) 79

베버(Max Weber) 87

베스트팔렌조약(Peace Treaty of Westphalia) 222

베자(Theodore Beza) 57

보댕(Jean Bodin) 43, 57~62, 65, 189, 190, 202, 204~206, 212, 220

보마노와르(Philippe de Beaumanoir) 190

보쉬에(Jacques Bossuet) 56

보테로(Giovanni Botero) 40, 46~49, 51

볼프(Christian Wolff) 216, 217

분봉제(分封制) 92

브라터(Karl Brater) 86

브루니(Leonardo Bruni) 34

블룬칠리(Johann Kaspar Bluntschli) 83 ~86, 138, 154, 158, 160~162, 164, 170

비스티치(Vespasiano da Bisticci) 36

비잔틴제국 191~193

『반계수록(磻溪隨錄)』 109, 116~118

『법철학(Rechtsphilosophie)』 82

ㅅ

사대자소(事大字小) 111, 123, 228, 230, 233, 238

사비니(Friedrich Carl von Savigny) 78

사이토 도시로(齊藤俊郎) 100

사회계약 63, 65, 67, 68, 77, 80, 140

사회진화론 158, 166, 168, 171, 172, 174~176

살루스티우스(Gaius Sallustius Crispus) 30

샤론(Pierre Charron) 50

샤를마뉴(Charlemagne) 192, 193

서재필(徐載弼) 146

서학(기독교) 111, 115

선우순 165

세계정부 209, 223

세네카 31

세력균형 218, 219, 224

세종 113, 115, 116

소에지마 기이치(副島義一) 241

속국(속방) 129, 232, 234, 236, 237

수공국(受貢國) 129, 238

슈미트(Carl Schmitt) 182

슐라이어마허(Friedrich Ernst Daniel Schleiermacher) 78

스키너(Quentin Skinner) 144

스테파니(Marchionne Stefani) 36

스토아주의 45

시민단체(populus) 199, 200

시민사회(bürgerliche Gesellschaft) 67, 71, 80, 81, 135

시민혁명 69, 179

시에예스(Emmanuel Joseph Sieyès) 70

시황제(始皇帝) 94

신법 49, 51, 60, 195, 198

신채호(申采浩) 169~177, 179, 250

실정법 59, 191, 195, 197, 205, 212, 216

『사기(史記)』 98, 104

『사회계약론(Du Contrat Social, ou Principes du droit politique)』 67

『삼국사기(三國史記)』 103, 105~107, 117

『삼국유사(三國遺事)』 103, 107, 117

『서양사정(西洋事情)』 127, 132

『서유견문(西遊見聞)』 127, 133, 138, 140, 145, 235, 239

『순자(荀子)』 94

ㅇ

아관파천(俄館播遷) 138, 146

아리스토텔레스(Aristoteles) 33, 35, 52, 55, 56, 177, 202

아퀴나스(Thomas Aquinas) 33, 202

안국선(安國善) 155, 156

안종화(安鍾和) 161

암미라토(Scipione Ammirato) 48, 49, 51, 52

앙리 4세(Henri IV) 203

양검론(兩劍論) 192, 193

양계초(梁啓超) 160~164, 168, 170, 171, 175

양녕대군 115, 116

양득론(兩得論) 230, 232, 233

양절체제(兩截體制) 130, 234, 238, 243

양편론(兩便論) 230, 232

에도 막부(江戸幕府) 101

에머리히 드 바텔(Emmerich de Vattel) 216, 217, 223, 224

에퍼헨(W. F. von Efferhen) 52

역사주의 83, 85, 139, 159

역산각석문(嶧山刻石文) 94

연맹왕국(聯盟王國) 104

영약삼단(另約三端) 237

영토 국가 69, 93, 206

영토 군주(territorial ruler) 51, 193, 194, 202, 203

옐리네크(Georg Jellinek) 85

오가타 이사무(尾形勇) 97

오구라 요시히코(小倉芳彦) 99

오다 노부나가(織田信長) 101

오캄(William of Ockham) 209

오트망(François Hotman) 57, 58

왕국의 상태(공공복리 · status regni) 30, 32

울피아누스 31, 191

윌리엄(William of Moerbeke) 33

윌슨(Woodrow Wilson) 224

유기체적 국가이론(유기체론) 78, 81, 82, 163, 250

유길준(俞吉濬) 126~136, 138~140, 143~145, 150, 151, 163, 234, 236 ~239, 243

유성준(俞星濬) 156, 163

유스티니아누스 1세(Justinianus I) 195

유스티니아누스 법전 30

유치형(俞致衡) 157, 240

유향(劉向) 96

유형원(반계) 117

이성계(李成桂) 111

이지란(李之蘭) 111

인노켄티우스 3세(Innocentius III) 198

인문주의 31, 36, 45, 47, 51

『역사철학강의(Vorlesungen über die Philosophie der Geschichte)』 79

『영환지략(瀛環志略)』 125

『유토피아(Utopia)』 31

『일반국가학(Allgemeines Staatslehre)』 85, 160

『일본서기(日本書紀)』 99

ㅈ

자연권 64, 207

자연법 49, 60, 64, 72, 79, 81, 138~ 140, 158~160, 162, 206, 207, 209~ 213, 215~218, 222

자연상태 77, 207, 212, 213, 217

자유주의 83, 84, 139, 180, 188, 251

장지연(張志淵) 150, 151, 166~169, 179

절대주의 41, 54, 56~58, 60, 69, 71, 76, 83, 203, 207, 215, 220, 221, 248

정인호(鄭寅琥) 161

정전(正戰) 210

정체(政體) 30, 33, 35, 37, 38, 41, 55, 56, 61, 122, 133, 134, 136, 151, 154, 175, 177, 247

제실(帝室) 97~99

조공관계 129, 237

조국애(patriotisme) 66, 67, 69

조미수호통상조규 230

조반니 빌라니(Giovanni Villani) 35, 38

조성구(趙聲九) 158, 241

조영하(趙寧夏) 231

조일수호조규(강화도조약) 124, 230

조청상민수륙무역장정(朝淸商民水陸貿
易章程) 234

종법제(宗法制) 92

주권(souveraineté) 39, 53, 55, 57~62,
64, 65, 83, 126~128, 131, 154, 157,
158, 172, 174, 177, 187~192, 194,
195, 197~209, 213~215, 217~
228, 231, 233, 235~244, 247, 248

주권국가 123, 124, 127, 128, 214, 215,
217, 218, 222, 223, 237

중국적 세계질서(중화질서, 유교권적 세
계질서) 123, 124, 128, 140, 229

증공국(贈貢國) 129, 130, 237, 238

『정치원론(政治原論)』 155, 156

『정치학』(유길준) 138, 139, 144

『정치학(Politica)』 33, 34

『조선왕조실록』 108~110, 116, 117

ㅊ

천가(天家) 97

천부인권(설) 143, 145

천하(天下) 93~94, 99

최고(순수) 통치권(merum imperium)
186~189, 192~193, 196

『청의보(淸議報)』 157, 159

ㅋ

카르네아데스(Carneades) 48

칸트(Immanuel Kant) 223

칼뱅주의 57, 59

캄파넬라(Tommaso Campanella) 48

케임브리지 학파 18

켐니츠(Bogislaw Chemnitz) 53

클라프마르(Arnold Clapmar) 52

키케로(Marcus Tullius Cicero) 31, 45, 47,
51

ㅌ

타키투스(Publius Cornelius Tacitus) 45,
47, 51

탈인격화(국가 개념의) 55

『타키투스 논고』 48

ㅍ

페티알리스 법(ius fetiale) 212

폭군방벌론자(monarchomaques) 57,
58, 61

푸펜도르프(Samuel von Pufendorf) 70,
72, 73, 213, 214

프라케타(Girolamo Frachetta) 40

프리드리히 1세(Friedrich I Barbarossa)
196, 198

프리에작(Daniel de Priézac) 49

피히테(Johann Gottliebe Fichte) 73, 78

ㅎ

하나부사 요시모토(花房義質) 221

하인리히 4세(Heinrich IV) 196

헌정주의(자) 61, 62

헤겔(Georg Wilhelm Friedrich Hegel) 79, 80, 82, 83, 88, 159, 160, 223

헤르더(Johann Gottfried von Herder) 74~79, 159, 160, 170

헥스터(John H. Hexter) 38

헬러(Hermann Heller) 87

호즈미 야쓰카(穂積八束) 157, 240

홉스(Thomas Hobbes) 43, 63, 68, 71, 72, 74, 85, 87, 88, 138, 159, 178, 179, 202, 206, 207, 212~214, 222, 247, 248

화이관(華夷觀) 124, 140

황가(皇家) 97, 98

회의주의 45, 50

후쿠자와 유키치(福澤諭吉) 127, 132, 158

휘튼(Henry Wheaton) 130, 228, 230, 236

『한비자(韓非子)』 97

『한서(漢書)』 96

『해국도지(海國圖志)』 125

『황성신문(皇城新聞)』 150, 151, 153

『후한서(後漢書)』 99

기타

14개 조항(The Fourteen Points) 224

30년전쟁 51, 211, 222

China and Korea(『청한론』) 234

imperium 191, 193, 197